应用型本科院校"十三五"规划教材/思想政治教育类

Reading Classics —— the Literature Reading Guide of Ideological and Political Theory Course

品读经典

思想政治理论课文献导读

主 编 陈 威 邵春凤
副主编 陆鹏飞 张秀丽 刘信义
主 审 商桂珍

哈尔滨工业大学出版社
HITP HARBIN INSTITUTE OF TECHNOLOGY PRESS

内容简介

本书选编了涉及马克思主义经典作家马克思、恩格斯、列宁,中国共产党领导人毛泽东、周恩来、邓小平、江泽民、胡锦涛、习近平和中国近现代历史上杰出人物梁启超、方志敏、林觉民等关于爱国、理想、信念、使命、学习、修养及科学社会主义的基本理论、中国特色社会主义道路应坚持的原则等方面的 23 篇经典文献进行导读。每章既有经典文献的原文和译文,又有对文献写作背景、主要内容及重要意义的通俗的理论诠释,力求做到学术性和可读性的统一。

本书适合普通本科高等院校及应用型本科高等院校学生使用。

图书在版编目(CIP)数据

品读经典:思想政治理论课文献导读/陈威,邵春凤主编.
—哈尔滨:哈尔滨工业大学出版社,2014.1(2020.8 重印)
应用型本科院校"十三五"规划教材
ISBN 978-7-5603-4534-5

Ⅰ.①品… Ⅱ.①陈… ②邵… Ⅲ.①思想政治教育-教学研究-高等学校 Ⅳ.①G641

中国版本图书馆 CIP 数据核字(2013)第 300137 号

策划编辑	杜 燕 赵文斌
责任编辑	苗金英
出版发行	哈尔滨工业大学出版社
社 址	哈尔滨市南岗区复华四道街 10 号 邮编 150006
传 真	0451-86414749
网 址	http://hitpress.hit.edu.cn
印 刷	哈尔滨市工大节能印刷厂
开 本	787mm×960mm 1/16 印张 11.25 字数 238 千字
版 次	2014 年 1 月第 1 版 2020 年 8 月第 8 次印刷
书 号	ISBN 978-7-5603-4534-5
定 价	22.00 元

(如因印装质量问题影响阅读,我社负责调换)

《应用型本科院校"十三五"规划教材》编委会

主　任	修朋月	竺培国			
副主任	王玉文	吕其诚	线恒录	李敬来	
委　员	丁福庆	于长福	马志民	王庄严	王建华
	王德章	刘金祺	刘宝华	刘通学	刘福荣
	关晓冬	李云波	杨玉顺	吴知丰	张幸刚
	陈江波	林　艳	林文华	周方圆	姜思政
	庹　莉	韩毓洁	蔡柏岩	臧玉英	霍　琳
	杜　燕				

序

　　哈尔滨工业大学出版社策划的《应用型本科院校"十三五"规划教材》即将付梓,诚可贺也。

　　该系列教材卷帙浩繁,凡百余种,涉及众多学科门类,定位准确,内容新颖,体系完整,实用性强,突出实践能力培养。不仅便于教师教学和学生学习,而且满足就业市场对应用型人才的迫切需求。

　　应用型本科院校的人才培养目标是面对现代社会生产、建设、管理、服务等一线岗位,培养能直接从事实际工作、解决具体问题、维持工作有效运行的高等应用型人才。应用型本科与研究型本科和高职高专院校在人才培养上有着明显的区别,其培养的人才特征是:①就业导向与社会需求高度吻合;②扎实的理论基础和过硬的实践能力紧密结合;③具备良好的人文素质和科学技术素质;④富于面对职业应用的创新精神。因此,应用型本科院校只有着力培养"进入角色快、业务水平高、动手能力强、综合素质好"的人才,才能在激烈的就业市场竞争中站稳脚跟。

　　目前国内应用型本科院校所采用的教材往往只是对理论性较强的本科院校教材的简单删减,针对性、应用性不够突出,因材施教的目的难以达到。因此亟须既有一定的理论深度又注重实践能力培养的系列教材,以满足应用型本科院校教学目标、培养方向和办学特色的需要。

　　哈尔滨工业大学出版社出版的《应用型本科院校"十三五"规划教材》,在选题设计思路上认真贯彻教育部关于培养适应地方、区域经济和社会发展需要的"本科应用型高级专门人才"精神,根据前黑龙江省委书记吉炳轩同志提出的关于加强应用型本科院校建设的意见,在应用型本科试点院校成功经验总结的基础上,特邀请黑龙江省9所知名的应用型本科院校的专家、学者联合编写。

　　本系列教材突出与办学定位、教学目标的一致性和适应性,既严格遵照学科体系的知识构成和教材编写的一般规律,又针对应用型本科人才培养目标及与之相适应的教学特点,精心设计写作体例,科学安排知识内容,围绕应用讲授理论,做到"基础知识够用、实践技能实用、专业理论管用"。同时注意适当融入新理论、新技术、新工艺、新成果,并且制作了与本书配套的PPT多媒体教学课件,形成立体化教材,供教师参考使用。

《应用型本科院校"十三五"规划教材》的编辑出版,是适应"科教兴国"战略对复合型、应用型人才的需求,是推动相对滞后的应用型本科院校教材建设的一种有益尝试,在应用型创新人才培养方面是一件具有开创意义的工作,为应用型人才的培养提供了及时、可靠、坚实的保证。

希望本系列教材在使用过程中,通过编者、作者和读者的共同努力,厚积薄发、推陈出新、细上加细、精益求精,不断丰富、不断完善、不断创新,力争成为同类教材中的精品。

前　言

"问渠那得清如许,为有源头活水来。"这句诗表达了我们编写《品读经典——思想政治理论课文献导读》的初衷。

在漫长的历史长河中,出现过许多政治家、思想家,他们给后人留下了宝贵的精神食粮——著作,其中一些著作成为激励后人代代相传、不断前进的经典。

何谓经典著作?经典是指在人类历史发展的不同时期沉淀下来的、在关乎人类发展的关键问题上做出重大思想原创,并始终能够经受住时间的考验,而被人们公认的、具有典范性和权威性的思想文本。

经典之所以为经典,并不只是因为它有一副好的骨架,往往风韵尽在骨肉之中,没有肉的骨架,只是一具骷髅。德国哲学家叔本华说,如果你真正喜欢哲学,你应该到原著圣殿里面去寻找大师本人。经典原著所蕴含其中的智慧的切入、严密的推理、幽默的语言、恰到好处的例证以及触类旁通的比较、丰富而贴切的形象比喻,尤其是它所展现出的思辨的力量、真理的光辉、洗练的语言和常青的魅力,无不令人为之倾倒并深深折服。无怪乎哲人曾这样评价:"品味经典、走近崇高、汲取力量、净化灵魂。"

编者编写这本文献导读,希望通过阅读这些经典著作,走近大师,直接与大师对话,了解他们思想发展的脉络,提升同学们的文化思想理论素养。

由于编者的水平有限,编选篇目和解析经典中,不足之处在所难免,希望广大读者提出宝贵意见。

编　者
2013 年 9 月

目 录

第一章 青年在选择职业时的考虑 … 1
第二章 共产党宣言(节选) … 6
第三章 在马克思墓前的讲话 … 24
第四章 弗里德里希·恩格斯 … 28
第五章 青年团的任务 … 36
第六章 大学 … 48
第七章 少年中国说(节选) … 53
第八章 与妻书 … 61
第九章 敬告青年 … 67
第十章 反对本本主义 … 72
第十一章 可爱的中国 … 80
第十二章 青年运动的方向 … 84
第十三章 纪念白求恩 … 91
第十四章 我的修养原则 … 95
第十五章 为人民服务 … 97
第十六章 解放思想,实事求是,团结一致向前看 … 101
第十七章 坚持四项基本原则 … 111
第十八章 一靠理想二靠纪律才能团结起来 … 125
第十九章 爱国主义和我国知识分子的使命 … 129
第二十章 习近平:在同各界优秀青年代表座谈时的讲话 … 139
第二十一章 习近平:青年要自觉践行社会主义核心价值观 … 145
第二十二章 在庆祝清华大学建校100周年大会上的讲话 … 153
第二十三章 习近平关于"中国梦"的两篇讲话 … 161

参考文献 … 169

Chapter 1 第一章

青年在选择职业时的考虑 ^(1835年8月) *

一、原文

  自然本身给动物规定了它应该遵循的活动范围,动物也就安分地在这个范围内活动,不试图越出这个范围,甚至不考虑有其他范围存在。神也给人指定了共同的目标——使人类和他自己趋于高尚,但是,神要人自己去寻找可以达到这个目标的手段;神让人在社会上选择一个最适合于他、最能使他和社会都得到提高的地位。

  能有这样的选择是人比其他生物远为优越的地方,但是这同时也是可能毁灭人的一生、破坏他的一切计划并使他陷于不幸的行为。因此,认真地考虑这种选择——这无疑是开始走上生活道路而又不愿拿自己最重要的事业去碰运气的青年的首要责任。

  每个人眼前都有一个目标,这个目标至少在他本人看来是伟大的,而且如果最深刻的信念,即内心深处的声音,认为这个目标是伟大的,那他实际上也是伟大的,因为神决不会使世人完全没有引导,神总是轻声而坚定地作启示。

  但是,这声音很容易被淹没;我们认为是灵感的东西可能须臾而生,同样可能须臾而逝。也许,我们的幻想油然而生,我们的感情激动起来,我们的眼前浮想联翩,我们狂热地追求我们以为是神本身给我们指出的目标;但是,我们梦寐以求的东西很快就使我们厌恶——于是我们的整个存在也就毁灭了。

---

* 本文是马克思中学毕业前夕写的德语作文。原文选自《马克思恩格斯选集》人民出版社1972年版。

因此，我们应当认真考虑：所选择的职业是不是真正使我们受到鼓舞？我们的内心是不是同意？我们受到的鼓舞是不是一种迷误？我们认为是神的召唤的东西是不是一种自欺？但是，不找出鼓舞的来源本身，我们怎么能认清这些呢？

伟大的东西是光辉的，光辉则引起虚荣心，而虚荣心容易给人鼓舞或者是一种我们觉得是鼓舞的东西；但是，被名利弄得鬼迷心窍的人，理智已无法支配他，于是他一头栽进那不可抗拒的欲念驱使他去的地方；他已经不再自己选择他在社会上的地位，而听任偶然机会和幻想去决定它。

我们的使命决不是求得一个最足以炫耀的职业，因为它不是那种使我们长期从事而始终不会情绪低落的职业，相反，我们很快就会觉得，我们的愿望没有得到满足，我们的理想没有实现，我们就将怨天尤人。

但是，不只是虚荣心能够引起对这种或那种职业突然的热情。也许，我们自己也会用幻想把这种职业美化，把它美化成人生所能提供的至高无上的东西。我们没有仔细分析它，没有衡量它的全部分量，即它让我们承担的重大责任；我们只是从远处观察它，然而从远处观察是靠不住的。

在这里，我们自己的理智不能给我们充当顾问，因为它既不是依靠经验，也不是依靠深入的观察，而是被感情欺骗，受幻想蒙蔽。然而，我们的目光应该投向哪里呢？在我们丧失理智的地方，谁来支持我们呢？

是我们的父母，他们走过了漫长的生活道路，饱尝了人世的辛酸——我们的心这样提醒我们。

如果我们通过冷静的研究，认清所选择的职业的全部分量，了解它的困难以及在社会上的关心，我们仍然对它充满热情，我们仍然爱它，觉得自己适合它，那时我们就应该选择它，那时我们既不会受热情的欺骗，也不会仓促从事。

但是，我们并不能总是能够选择我们自认为适合的职业；我们在社会上的关系，还在我们有能力对它们起决定性影响以前就已经在某种程度上开始确立了。

我们的体质常常威胁我们，可是任何人也不敢藐视它的权利。

诚然，我们能够超越体质的限制，但这么一来，我们也就垮得更快；在这种情况下，我们就是冒险把大厦筑在松软的废墟上，我们的一生也就变成一场精神原则和肉体原则之间的不幸的斗争。但是，一个不能克服自身相互斗争的因素的人，又怎能抗拒生活的猛烈冲击，怎能安静地从事活动呢？然而只有从安静中才能产生伟大壮丽的事业，安静是唯一生长出成熟果实的土壤。

尽管我们由于体质不适合我们的职业，不能持久地工作，而且工作起来也很少乐趣，但是，为了恪尽职守而牺牲自己幸福的思想激励着我们不顾体弱去努力工作。如果我们选择了力不能胜任的职业，那么，我们决不能把它做好，我们很快就会自愧无能，并对自己说，我们是无用的人，是不能完成自己使命的社会成员。由此产生的必然结果就是妄自菲薄。还有比这更痛

第一章 青年在选择职业时的考虑

苦的感情吗？还有比这更难于靠外界的赐予来补偿的感情吗？妄自菲薄是一条毒蛇，它永远啮噬着我们心灵，吮吸着其中滋润生命的血液，注入厌世和绝望的毒液。

如果我们错误地估计了自己的能力，以为能够胜任经过周密考虑而选定的职业，那么这种错误将使我们受到惩罚。即使不受到外界指责，我们也会感到比外界指责更为可怕的痛苦。

如果我们把这一切都考虑过了，如果我们生活的条件容许我们选择任何一种职业；那么我们就可以选择一种能使我们最有尊严的职业；选择一种建立在我们深信其正确的思想上的职业；选择一种给我们提供广阔场所来为人类进行活动、接近共同目标（对于这个目标来说，一切职业只不过是手段）即完美境地的职业。

尊严就是最能使人高尚起来、使他的活动和他的一切努力具有崇高品质的东西，就是使他无可非议、受到众人钦佩并高于众人之上的东西。

但是，能给人以尊严的只有这样的职业，在从事这种职业时我们不是作为奴隶般的工具，而是在自己的领域内独立地进行创造；这种职业不需要有不体面的行动（哪怕只是表面上不体面的行动），甚至最优秀的人物也会怀着崇高的自豪感去从事它。最合乎这些要求的职业，并不一定是最高的职业，但总是最可取的职业。

但是，正如有失尊严的职业会贬低我们一样，那种建立在我们后来认为是错误的思想上的职业也一定使我们感到压抑。

这里，我们除了自我欺骗，别无解救办法，而以自我欺骗来解救又是多么的糟糕！那些不是干预生活本身，而是从事抽象真理研究的职业，对于还没有坚定的原则和牢固、不可动摇的信念的青年是最危险的。同时，如果这些职业在我们心里深深地扎下了根，如果我们能够为它们的支配思想牺牲生命、竭尽全力，这些职业看来似乎还是最高尚的。这些职业能够使才能适合的人幸福，但也必定使那些不经考虑、凭一时冲动就仓促从事的人毁灭。

相反，重视作为我们职业的基础的思想，会使我们在社会上占有较高的地位，提高我们本身的尊严，使我们的行为不可动摇。

一个选择了自己所珍视的职业的人，一想到他可能不称职时就会战战兢兢——这种人单是因为他在社会上所居地位是高尚的，他也就会使自己的行为保持高尚。

在选择职业时，我们应该遵循的主要指针是人类的幸福和我们自身的完美。不应认为，这两种利益是敌对的，互相冲突的，一种利益必须消灭另一种利益；人类的天性本身就是这样的：人们只有为同时代人的完美、为他们的幸福而工作，才能使自己也过得完美。

如果一个人只为自己劳动，他也许能够成为著名的学者、大哲人、卓越诗人，然而他永远不能成为完美无疵的伟大人物。

历史承认那些为共同目标劳动因而自己变得高尚的人是伟大人物；经验赞美那些为大多数人带来幸福的人是最幸福的人；宗教本身也教诲我们，人人敬仰的理想人物，就曾为人类牺牲了自己——有谁敢否定这类教诲呢？

如果我们选择了最能为人类福利而劳动的职业，那么，重担就不能把我们压倒，因为这是为大家而献身；那时我们所感到的就不是可怜的、有限的、自私的乐趣，我们的幸福将属于千百万人，我们的事业将默默地但是永恒发挥作用地存在下去，面对我们的骨灰，高尚的人们将洒下热泪。

卡尔·马克思写于 1835 年 8 月 12 日

二、写作背景

1835 年 8 月 12 日，就读于特里尔中学的马克思完成了他的中学毕业考试德语作文《青年在选择职业时的考虑》，阅卷老师批阅后，评论道：思想丰富，精彩有力，值得赞许。校长威登巴赫读后也赞扬：此文以思想丰富和结构严谨而引人注目。这年，马克思只有 17 岁，在这样一个充满梦想和希望的季节，他对自己的人生、未来进行了深入的思考、规划和设计，发表了一些重要见解，表达了为人类服务的崇高理想。

三、主要内容

本文主要阐明关于青年在选择职业时应考虑的因素；怎样选择职业及如何选择适合自己的职业；在选择职业时应该遵循的主要指针。

（一）认真考虑选择职业是青年人的首要责任

马克思认为，选择职业是关系到个人生活目的和生活道路的重大问题，因此"人在社会上选择一个最适合于他、最能使他和社会都得到提高的地位"，"认真地考虑这种选择——这无疑是开始走上生活道路而又不愿拿自己最重要的事业去碰运气的青年的首要责任"。

（二）论述了选择职业的原则

马克思指出，我们应当认真考虑：所选择的职业是不是真正使我们受到鼓舞？我们的内心是不是同意？我们受到的鼓舞是不是一种迷误？要正确地处理这些问题，必须考虑影响职业选择的三大因素：个人喜好、身体条件、自身能力。在个人喜好因素中，虚荣心最能让人产生错误的幻想，以为自己所选职业是自己真的受到了鼓舞后的选择，其实不然，"鼓舞"的背后是虚荣心让我们对某种职业产生了短暂的热情。这个时候，我们需要冷静地对待，如果我们通过冷静的研究，认清所选择的职业的全部分量，了解了它的困难后，仍然对它充满热情，我们仍然爱它，觉得自己适合它，这个时候我们才应该选择这份职业。在身体条件因素中，马克思坚持青年不应该超越体质的限制选择职业。在个人能力因素中，马克思强调青年应该在正确估计自身能力的基础上选择职业。在马克思看来，对这三个因素的重视是我们必须遵循的职业选择的原则。

（三）阐明了选择职业时应该遵循的主要指针

马克思谈自己的职业选择时指出，选择一种能使我们最有尊严的职业；选择一种建立在我们深信其正确的思想上的职业；选择一种给我们提供广阔场所来为人类进行活动、接近共同目标(对于这个目标来说,一切职业只不过是手段)即完美境地的职业。要选择这样的职业,我们在选择职业时,应该遵循的主要指针是人类的幸福和我们自身的完美。因为人们只有为同时代人的完美、为他们的幸福而工作,才能使自己也过得完美。

四、重要意义

这篇文章表现了青年马克思的思想本质和职业选择观,文中所表述的一些见解和许多哲理性的语句都深入实际,给人启迪,时隔一个半世纪,对广大青年在选择职业中仍具有指导意义。

(1)为人类服务,这是少年马克思的崇高理想,也是马克思在中学毕业作文中所阐述的主要思想。在漫长的斗争岁月中,他始终不渝地忠实于少年时代的誓言。他的一生,就是为人类服务的最光辉的榜样。

(2)马克思的职业选择观,对于在当前金融危机时代背景下需要选择职业的青年一代,依然具有极高的信念引导价值和教育启发意义。文章所论述的:在选择职业时,必须清醒地估计自己的能力。那些较多地研究抽象真理,而不大深入生活本身的职业,对青年来说是危险的,因为这会使他们脱离现实,一事无成。只有那些能深入生活,把理想与现实、思想与行动紧密结合起来的职业,才是一个有为的青年所向往的。只有这样的职业,才有可能发挥自己的才能,对人类做出有益的贡献的思想,对我们今天青年人选择职业仍具有指导意义。

第二章
Chapter 2

共产党宣言(节选) (1848年2月)*

一、原文

一个幽灵,共产主义的幽灵,在欧洲游荡。为了对这个幽灵进行神圣的围剿,旧欧洲的一切势力,教皇和沙皇、梅特涅和基佐、法国的激进派和德国的警察,都联合起来了。

有哪一个反对党不被它的当政的敌人骂为共产党呢?又有哪一个反对党不拿共产主义这个罪名去回敬更进步的反对党人和自己的反动敌人呢?

从这一事实中可以得出两个结论:

共产主义已经被欧洲的一切势力公认为一种势力;

现在是共产党人向全世界公开说明自己的观点、自己的目的、自己的意图并且拿党自己的宣言来反驳关于共产主义幽灵的神话的时候了。

为了这个目的,各国共产党人集会于伦敦,拟定了如下的宣言,用英文、法文、德文、意大利文、弗拉芒文和丹麦文公布于世。

一、资产者和无产者

至今一切社会的历史都是阶级斗争的历史。

自由民和奴隶、贵族和平民、领主和农奴、行会师傅和帮工,一句话,压迫者和被压迫者,始

---

*《共产党宣言》(以下简称《宣言》),是马克思和恩格斯为第一个国际性的无产阶级政党——共产主义者同盟写的纲领,也是第一部系统、完整地阐述科学社会主义基本原理的纲领性文献。原文选自《马克思恩格斯选集》人民出版社 1972 年版。

终处于相互对立的地位,进行不断的、有时隐蔽有时公开的斗争,而每一次斗争的结局都是整个社会受到革命改造或者斗争的各阶级同归于尽。

在过去的各个历史时代,我们几乎到处都可以看到社会完全划分为各个不同的等级,看到社会地位分成多种多样的层次。在古罗马,有贵族、骑士、平民、奴隶,在中世纪,有封建主、臣仆、行会师傅、帮工、农奴,而且几乎在每一个阶级内部又有一些特殊的阶层。

从封建社会的灭亡中产生出来的现代资产阶级社会并没有消灭阶级对立。它只是用新的阶级、新的压迫条件、新的斗争形式代替了旧的。

但是,我们的时代,资产阶级时代,却有一个特点:它使阶级对立简单化了。整个社会日益分裂为两大敌对的阵营,分裂为两大相互直接对立的阶级:资产阶级和无产阶级。

从中世纪的农奴中产生了初期城市的城关市民;从这个市民等级中发展出最初的资产阶级分子。

美洲的发现、绕过非洲的航行,给新兴的资产阶级开辟了新天地。东印度和中国的市场、美洲的殖民化、对殖民地的贸易、交换手段和一般商品的增加,使商业、航海业和工业空前高涨,因而使正在崩溃的封建社会内部的革命因素迅速发展。

以前那种封建的或行会的工业经营方式已经不能满足随着新市场的出现而增加的需求了。工场手工业代替了这种经营方式。行会师傅被工业的中间等级排挤掉了;各种行业组织之间的分工随着各个作坊内部的分工的出现而消失了。

但是,市场总是在扩大,需求总是在增加。甚至工场手工业也不再能满足需要了。于是,蒸汽和机器引起了工业生产的革命。现代大工业代替了工场手工业;工业中的百万富翁,一支一支产业大军的首领,现代资产者,代替了工业的中间等级。

大工业建立了由美洲的发现所准备好的世界市场。世界市场使商业、航海业和陆路交通得到了巨大的发展。这种发展又反过来促进了工业的扩展。同时,随着工业、商业、航海业和铁路的扩展,资产阶级也在同一程度上得到发展,增加自己的资本,把中世纪遗留下来的一切阶级排挤到后面去。

由此可见,现代资产阶级本身是一个长期发展过程的产物,是生产方式和交换方式的一系列变革的产物。

资产阶级的这种发展的每一个阶段,都伴随着相应的政治上的进展。它在封建主统治下是被压迫的等级,在公社里是武装的和自治的团体,在一些地方组成独立的城市共和国,在另一些地方组成君主国中的纳税的第三等级;后来,在工场手工业时期,它是等级君主国或专制君主国中同贵族抗衡的势力,而且是大君主国的主要基础;最后,从大工业和世界市场建立的时候起,它在现代的代议制国家里夺得了独占的政治统治。现代的国家政权不过是管理整个资产阶级的共同事务的委员会罢了。

资产阶级在历史上曾经起过非常革命的作用。

资产阶级在它已经取得了统治的地方把一切封建的、宗法的和田园般的关系都破坏了。

它无情地斩断了把人们束缚于天然尊长的形形色色的封建羁绊,它使人和人之间除了赤裸裸的利害关系,除了冷酷无情的"现金交易",就再也没有任何别的联系了。它把宗教虔诚、骑士热忱、小市民伤感这些情感的神圣发作,淹没在利己主义打算的冰水之中。它把人的尊严变成了交换价值,用一种没有良心的贸易自由代替了无数特许的和自力挣得的自由。总而言之,它用公开的、无耻的、直接的、露骨的剥削代替了由宗教幻想和政治幻想掩盖着的剥削。

资产阶级抹去了一切向来受人尊崇和令人敬畏的职业的神圣光环。它把医生、律师、教士、诗人和学者变成了它出钱招雇的雇佣劳动者。

资产阶级撕下了罩在家庭关系上的温情脉脉的面纱,把这种关系变成了纯粹的金钱关系。

资产阶级揭示了,在中世纪深受反动派称许的那种人力的野蛮使用,是以极端怠惰作为相应补充的。它第一个证明了,人的活动能够取得什么样的成就。它创造了完全不同于埃及金字塔、罗马水道和哥特式教堂的奇迹;它完成了完全不同于民族大迁徙和十字军征讨的远征。

资产阶级除非对生产工具,从而对生产关系,从而对全部社会关系不断地进行革命,否则就不能生存下去。反之,原封不动地保持旧的生产方式,却是过去的一切工业阶级生存的首要条件。生产的不断变革,一切社会状况不停的动荡,永远的不安定和变动,这就是资产阶级时代不同于过去一切时代的地方。一切固定的僵化的关系以及与之相适应的素被尊崇的观念和见解都被消除了,一切新形成的关系等不到固定下来就陈旧了。一切等级的和固定的东西都烟消云散了,一切神圣的东西都被亵渎了。人们终于不得不用冷静的眼光来看他们的生活地位、他们的相互关系。

不断扩大产品销路的需要,驱使资产阶级奔走于全球各地。它必须到处落户,到处开发,到处建立联系。

资产阶级,由于开拓了世界市场,使一切国家的生产和消费都成为世界性的了。使反动派大为惋惜的是,资产阶级挖掉了工业脚下的民族基础。古老的民族工业被消灭了,并且每天都还在被消灭。它们被新的工业排挤掉了,新的工业的建立已经成为一切文明民族的生命攸关的问题;这些工业所加工的,已经不是本地的原料,而是来自极其遥远的地区的原料;它们的产品不仅供本国消费,而且同时供世界各地消费。旧的、靠本国产品来满足的需要,被新的、要靠极其遥远的国家和地带的产品来满足的需要所代替了。过去那种地方的和民族的自给自足和闭关自守状态,被各民族的各方面的互相往来和各方面的互相依赖所代替了。物质的生产是如此,精神的生产也是如此。各民族的精神产品成了公共的财产。民族的片面性和局限性日益成为不可能,于是由许多种民族的和地方的文学形成了一种世界的文学。

资产阶级,由于一切生产工具的迅速改进,由于交通的极其便利,把一切民族甚至最野蛮的民族都卷到文明中来了。它的商品的低廉价格,是它用来摧毁一切万里长城、征服野蛮人最顽强的仇外心理的重炮。它迫使一切民族——如果它们不想灭亡的话——采用资产阶级的生产方式;它迫使它们在自己那里推行所谓文明,即变成资产者。一句话,它按照自己的面貌为自己创造出一个世界。

资产阶级使农村屈服于城市的统治。它创立了巨大的城市,使城市人口比农村人口大大增加起来,因而使很大一部分居民脱离了农村生活的愚昧状态。正像它使农村从属于城市一样,它使未开化和半开化的国家从属于文明的国家,使农民的民族从属于资产阶级的民族,使东方从属于西方。

资产阶级日甚一日地消灭生产资料、财产和人口的分散状态。它使人口密集起来,使生产资料集中起来,使财产聚集在少数人的手里。由此必然产生的结果就是政治的集中。各自独立的、几乎只有同盟关系的、各有不同利益、不同法律、不同政府、不同关税的各个地区,现在已经结合为一个拥有统一的政府、统一的法律、统一的民族阶级利益和统一的关税的统一的民族。

资产阶级在它的不到一百年的阶级统治中所创造的生产力,比过去一切世代创造的全部生产力还要多,还要大。自然力的征服,机器的采用,化学在工业和农业中的应用,轮船的行驶,铁路的通行,电报的使用,整个整个大陆的开垦,河川的通航,仿佛用法术从地下呼唤出来的大量人口,——过去哪一个世纪料想到在社会劳动里蕴藏有这样的生产力呢?

由此可见,资产阶级赖以形成的生产资料和交换手段,是在封建社会里造成的。在这些生产资料和交换手段发展的一定阶段上,封建社会的生产和交换在其中进行的关系,封建的农业和工场手工业组织,一句话,封建的所有制关系,就不再适应已经发展的生产力了。这种关系已经在阻碍生产而不是促进生产了。它变成了束缚生产的桎梏。它必须被炸毁,它已经被炸毁了。

起而代之的是自由竞争以及与自由竞争相适应的社会制度和政治制度、资产阶级的经济统治和政治统治。

现在,我们眼前又进行着类似的运动。资产阶级的生产关系和交换关系,资产阶级的所有制关系,这个曾经仿佛用法术创造了如此庞大的生产资料和交换手段的现代资产阶级社会,现在像一个魔法师一样不能再支配自己用法术呼唤出来的魔鬼了。几十年来的工业和商业的历史,只不过是现代生产力反抗现代生产关系、反抗作为资产阶级及其统治的存在条件的所有制关系的历史。只要指出在周期性的重复中越来越危及整个资产阶级社会生存的商业危机就够了。在商业危机期间,总是不仅有很大一部分制成的产品被毁灭掉,而且有很大一部分已经造成的生产力被毁灭掉。在危机期间,发生一种在过去一切时代看来都好像是荒唐现象的社会瘟疫,即生产过剩的瘟疫。社会突然发现自己回到了一时的野蛮状态;仿佛是一次饥荒、一场普遍的毁灭性战争,使社会失去了全部生活资料;仿佛是工业和商业全被毁灭了,——这是什么缘故呢?因为社会上文明过度,生活资料太多,工业和商业太发达。社会所拥有的生产力已经不能再促进资产阶级文明和资产阶级所有制关系的发展;相反,生产力已经强大到这种关系所不能适应的地步,它已经受到这种关系的阻碍;而它一着手克服这种障碍,就使整个资产阶级社会陷入混乱,就使资产阶级所有制的存在受到威胁。资产阶级的关系已经太狭窄了,再容纳不了它本身所造成的财富了。——资产阶级用什么办法来克服这种危机呢?一方面不得消灭大量生产力,另一方面夺取新的市场,更加彻底地利用旧的市场。这究竟是怎样的一种办法呢?这不过是资产阶级准备更全面更猛烈的危机的办法,不过是使防止危机的手段越来越少的办法。

资产阶级用来推翻封建制度的武器,现在却对准资产阶级自己了。

但是,资产阶级不仅锻造了置自身于死地的武器;它还产生了将要运用这种武器的人——现代的工人,即无产者。

随着资产阶级即资本的发展,无产阶级即现代工人阶级也在同一程度上得到发展;现代的工人只有当他们找到工作的时候才能生存,而且只有当他们的劳动增殖资本的时候才能找到工作。这些不得不把自己零星出卖的工人,像其他任何货物一样,也是一种商品,所以他们同样地受到竞争的一切变化、市场的一切波动的影响。

由于推广机器和分工,无产者的劳动已经失去了任何独立的性质,因而对工人也失去了任何吸引力。工人变成了机器的单纯的附属品,要求他做的只是极其简单、极其单调和极容易学会的操作。因此,花在工人身上的费用,几乎只限于维持工人生活和延续工人后代所必需的生活资料。但是,商品的价格,从而劳动的价格,是同它的生产费用相等的。因此,劳动越使人感到厌恶,工资也就越少。不仅如此,机器越推广,分工越细致,劳动量也就越增加,这或者是由于工作时间的延长,或者是由于在一定时间内所要求的劳动的增加,机器运转的加速,等等。

现代工业已经把家长式的师傅的小作坊变成了工业资本家的大工厂。挤在工厂里的工人群众就像士兵一样被组织起来。他们是产业军的普通士兵,受着各级军士和军官的层层监视。他们不仅仅是资产阶级的、资产阶级国家的奴隶,他们每日每时都受机器、受监工、首先是受各个经营工厂的资产者本人的奴役。这种专制制度越是公开地把营利宣布为自己的最终目的,它就越是可鄙、可恨和可恶。

手的操作所要求的技巧和气力越少,换句话说,现代工业越发达,男工也就越受到女工和童工的排挤。对工人阶级来说,性别和年龄的差别再没有什么社会意义了。他们都只是劳动工具,不过因为年龄和性别的不同而需要不同的费用罢了。

当厂主对工人的剥削告一段落,工人领到了用现钱支付的工资的时候,马上就有资产阶级中的另一部分人——房东、小店主、当铺老板等等向他们扑来。

以前的中间等级的下层,即小工业家、小商人和小食利者,手工业者和农民——所有这些阶级都降落到无产阶级的队伍里来了,有的是因为他们的小资本不足以经营大工业,经不起较大的资本家的竞争;有的是因为他们的手艺已经被新的生产方法弄得不值钱了。无产阶级就是这样从居民的所有阶级中得到补充的。

无产阶级经历了各个不同的发展阶段。它反对资产阶级的斗争是和它的存在同时开始的。

最初是单个的工人,然后是某一工厂的工人,然后是某一地方的某一劳动部门的工人,同直接剥削他们的单个资产者作斗争。他们不仅仅攻击资产阶级的生产关系,而且攻击生产工具本身;他们毁坏那些来竞争的外国商品,捣毁机器,烧毁工厂,力图恢复已经失去的中世纪工人的地位。

在这个阶段上,工人是分散在全国各地并为竞争所分裂的群众。工人的大规模集结,还不是他们自己联合的结果,而是资产阶级联合的结果,当时资产阶级为了达到自己的政治目的必须而且暂时还能够把整个无产阶级发动起来。因此,在这个阶段上,无产者不是同自己的敌人作斗争,而是同自己的敌人的敌人作斗争,即同专制君主制的残余、地主、非工业资产者和小资产者作斗争。因此,整个历史运动都集中在资产阶级手里;在这种条件下取得的每一个胜利都是资产阶级的胜利。

但是,随着工业的发展,无产阶级不仅人数增加了,而且它结合成更大的集体,它的力量日益增长,它越来越感觉到自己的力量。机器使劳动的差别越来越小,使工资几乎到处都降到同样低的水平,因而无产阶级内部的利益、生活状况也越来越趋于一致。资产者彼此间日益加剧的竞争以及由此引起的商业危机,使工人的工资越来越不稳定;机器的日益迅速的和继续不断的改良,使工人的整个生活地位越来越没有保障;单个工人和单个资产者之间的冲突越来越具有两个阶级的冲突的性质。工人开始成立反对资产者的同盟;他们联合起来保卫自己的工资。他们甚至建立了经常性的团体,以便为可能发生的反抗准备食品。有些地方,斗争爆发为起义。

工人有时也得到胜利,但这种胜利只是暂时的。他们斗争的真正成果并不是直接取得的成功,而是工人的越来越扩大的联合。这种联合由于大工业所造成的日益发达的交通工具而得到发展,这种交通工具把各地的工人彼此联系起来。只要有了这种联系,就能把许多性质相同的地方性的斗争汇合成全国性的斗争,汇合成阶级斗争。而一切阶级斗争都是政治斗争。中世纪的市民靠乡间小道需要几百年才能达到的联合,现代的无产者利用铁路只要几年就可以达到了。

无产者组织成为阶级,从而组织成为政党这件事,不断地由于工人的自相竞争而受到破坏。但是,这种组织总是重新产生,并且一次比一次更强大,更坚固,更有力。它利用资产阶级内部的分裂,迫使他们用法律形式承认工人的个别利益。英国的十小时工作日法案就是一个例子。

旧社会内部的所有冲突在许多方面都促进了无产阶级的发展。资产阶级处于不断的斗争中:最初反对贵族;后来反对同工业进步有利害冲突的那部分资产阶级;经常反对一切外国的资产阶级。在这一切斗争中,资产阶级都不得不向无产阶级呼吁,要求无产阶级援助,这样就把无产阶级卷进了政治运动。于是,资产阶级自己就把自己的教育因素即反对自身的武器给予了无产阶级。

其次,我们已经看到,工业的进步把统治阶级的整批成员抛到无产阶级队伍里去,或者至少也使他们的生活条件受到威胁。他们也给无产阶级带来了大量的教育因素。

最后,在阶级斗争接近决战的时期,统治阶级内部的、整个旧社会内部的瓦解过程,就达到非常强烈、非常尖锐的程度,甚至使得统治阶级中的一小部分人脱离统治阶级而归附于革命的阶级,即掌握着未来的阶级。所以,正像过去贵族中有一部分人转到资产阶级方面一样,现在资产阶级中也有一部分人,特别是已经提高到从理论上认识整个历史运动这一水平的一部分资产阶级思想家,转到无产阶级方面来了。

在当前同资产阶级对立的一切阶级中,只有无产阶级是真正革命的阶级。其余的阶级都随着大工业的发展而日趋没落和灭亡,无产阶级却是大工业本身的产物。

中间等级,即小工业家、小商人、手工业者、农民,他们同资产阶级作斗争,都是为了维护他们这种中间等级的生存,以免于灭亡。所以,他们不是革命的,而是保守的。不仅如此,他们甚至是反动的,因为他们力图使历史的车轮倒转。如果说他们是革命的,那是鉴于他们行将转入无产阶级的队伍,这样,他们就不是维护他们目前的利益,而是维护他们将来的利益,他们就离开自己原来的立场,而站到无产阶级的立场上来。

流氓无产阶级是旧社会最下层中消极的腐化的部分,他们在一些地方也被无产阶级革命卷到运动里来,但是,由于他们的整个生活状况,他们更甘心于被人收买,去干反动的勾当。

在无产阶级的生活条件中,旧社会的生活条件已经被消灭了。无产者是没有财产的;他们和妻子儿女的关系同资产阶级的家庭关系再没有任何共同之处了;现代的工业劳动,现代的资本压迫,无论在英国或法国,无论在美国或德国,都是一样的,都使无产者失去了任何民族性。法律、道德、宗教在他们看来全都是资产阶级偏见,隐藏在这些偏见后面的全都是资产阶级利益。

过去一切阶级在争得统治之后,总是使整个社会服从于它们发财致富的条件,企图以此来巩固它们已获得的生活地位。无产者只有废除自己的现存的占有方式,从而废除全部现存的占有方式,才能取得社会生产力。无产者没有什么自己的东西必须加以保护,他们必须摧毁至今保护和保障私有财产的一切。

过去的一切运动都是少数人的或者为少数人谋利益的运动。无产阶级的运动是绝大多数人的、为绝大多数人谋利益的独立的运动。无产阶级,现今社会的最下层,如果不炸毁构成官方社会的整个上层,就不能抬起头来,挺起胸来。

如果不就内容而就形式来说,无产阶级反对资产阶级的斗争首先是一国范围内的斗争。每一个国家的无产阶级当然首先应该打倒本国的资产阶级。

在叙述无产阶级发展的最一般的阶段的时候,我们循序探讨了现存社会内部或多或少隐蔽着的国内战争,直到这个战争爆发为公开的革命,无产阶级用暴力推翻资产阶级而建立自己的统治。

我们已经看到,至今的一切社会都是建立在压迫阶级和被压迫阶级的对立之上的。但是,为了有可能压迫一个阶级,就必须保证这个阶级至少有能够勉强维持它的奴隶般的生存的条件。农奴曾经在农奴制度下挣扎到公社成员的地位,小资产者曾经在封建专制制度的束缚下挣扎到资产者的地位。现代的工人却相反,他们并不是随着工业的进步而上升,而是越来越降到本阶级的生存条件以下。工人变成赤贫者,贫困比人口和财富增长得还要快。由此可以明显地看出,资产阶级再不能做社会的统治阶级了,再不能把自己阶级的生存条件当作支配一切的规律强加于社会了。资产阶级不能统治下去了,因为它甚至不能保证自己的奴隶维持奴隶的生活,因为它不得不让自己的奴隶落到不能养活它反而要它来养活的地步。社会再不能在它统治下生存下去了,就是说,它的生存不再同社会相容了。

资产阶级生存和统治的根本条件,是财富在私人手里的积累,是资本的形成和增殖;资本的条件是雇佣劳动。雇佣劳动完全是建立在工人的自相竞争之上的。资产阶级无意中造成而又无力抵抗的工业进步,使工人通过结社而达到的革命联合代替了他们由于竞争而造成的分散状态。于是,随着大工业的发展,资产阶级赖以生产和占有产品的基础本身也就从它的脚下被挖掉了。它首先生产的是它自身的掘墓人。资产阶级的灭亡和无产阶级的胜利是同样不可避免的。

二、无产者和共产党人

共产党人同全体无产者的关系是怎样的呢?

共产党人不是同其他工人政党相对立的特殊政党。

他们没有任何同整个无产阶级的利益不同的利益。

他们不提出任何特殊的原则,用以塑造无产阶级的运动。

共产党人同其他无产阶级政党不同的地方只是:一方面,在无产者不同的民族的斗争中,共产党人强调和坚持整个无产阶级共同的不分民族的利益;另一方面,在无产阶级和资产阶级的斗争所经历的各个发展阶段上,共产党人始终代表整个运动的利益。

因此,在实践方面,共产党人是各国工人政党中最坚决的、始终起推动作用的部分;在理论方面,他们胜过其余无产阶级群众的地方在于他们了解无产阶级运动的条件、进程和一般结果。

共产党人的最近目的是和其他一切无产阶级政党的最近目的一样的:使无产阶级形成为阶级,推翻资产阶级的统治,由无产阶级夺取政权。

共产党人的理论原理,决不是以这个或那个世界改革家所发明或发现的思想、原则为根据的。

这些原理不过是现存的阶级斗争、我们眼前的历史运动的真实关系的一般表述。废除先前存在的所有制关系,并不是共产主义所独具的特征。

一切所有制关系都经历了经常的历史更替、经常的历史变更。

例如,法国革命废除了封建的所有制,代之以资产阶级的所有制。

共产主义的特征并不是要废除一般的所有制,而是要废除资产阶级的所有制。

但是,现代的资产阶级私有制是建立在阶级对立上面、建立在一些人对另一些人的剥削上面的产品生产和占有的最后而又完备的表现。

从这个意义上说,共产党人可以把自己的理论概括为一句话:消灭私有制。

有人责备我们共产党人，说我们消灭个人挣得的、自己劳动得来的财产，要消灭构成个人的一切自由、活动和独立的基础的财产。

好一个劳动得来的、自己挣得的、自己赚来的财产！你们说的是资产阶级财产出现以前的那种小资产阶级、小农的财产吗？那种财产用不着我们去消灭，工业的发展已经把它消灭了，而且每天都在消灭它。

或者，你们说的是现代的资产阶级的私有财产吧？

但是，难道雇佣劳动，无产者的劳动，会给无产者创造出财产来吗？没有的事。这种劳动所创造的资本，即剥削雇佣劳动的财产，只有在不断产生出新的雇佣劳动来重新加以剥削的条件下才能增殖的财产。现今的这种财产是在资本和雇佣劳动的对立中运动的。让我们来看看这种对立的两个方面吧。

做一个资本家，这就是说，他在生产中不仅占有一种纯粹个人的地位，而且占有一种社会地位。资本是集体的产物，它只有通过社会许多成员的共同活动，而且归根到底只有通过社会全体成员的共同活动，才能运动起来。

因此，资本不是一种个人力量，而是一种社会力量。

因此，把资本变为公共的、属于社会全体成员的财产，这并不是把个人财产变为社会财产。这里所改变的只是财产的社会性质。它将失掉它的阶级性质。

现在，我们来看看雇佣劳动。

雇佣劳动的平均价格是最低限度的工资，即工人为维持其工人的生活所必需的生活资料的数额。因此，雇佣工人靠自己的劳动所占有的东西，只够勉强维持他的生命的再生产。我们决不打算消灭这种供直接生命再生产用的劳动产品的个人占有，这种占有并不会留下任何剩余的东西使人们有可能支配别人的劳动。我们要消灭的只是这种占有的可怜的性质，在这种占有下，工人仅仅为增殖资本而活着，只有在统治阶级的利益需要他活着的时候才能活着。

在资产阶级社会里，活的劳动只是增殖已经积累起来的劳动的一种手段。在共产主义社会里，已经积累起来的劳动只是扩大、丰富和提高工人的生活的一种手段。

因此，在资产阶级社会里是过去支配现在，在共产主义社会里是现在支配过去。在资产阶级社会里，资本具有独立性和个性，而活动着的个人却没有独立性和个性。

而资产阶级却把消灭这种关系说成是消灭个性和自由！说对了。的确，正是要消灭资产者的个性、独立性和自由。

在现今的资产阶级生产关系的范围内，所谓自由就是自由贸易，自由买卖。

但是，买卖一消失，自由买卖也就会消失。关于自由买卖的言论，也像我们的资产阶级的其他一切关于自由的大话一样，仅仅对于不自由的买卖来说，对于中世纪被奴役的市民来说，才是有意义的，而对于共产主义要消灭买卖、消灭资产阶级生产关系和资产阶级本身这一点来说，却是毫无意义的。

我们要消灭私有制，你们就惊慌起来。但是，在你们的现存社会里，私有财产对十分之九的成员来说已经被消灭了;这种私有制之所以存在,正是因为私有财产对十分之九的成员来说已经不存在。可见,你们责备我们,是说我们要消灭那种以社会上的绝大多数人没有财产为必要条件的所有制。

总而言之,你们责备我们,是说我们要消灭你们的那种所有制。的确,我们是要这样做的。

从劳动不再能变为资本、货币、地租,一句话,不再能变为可以垄断的社会力量的时候起,就是说,从个人财产不再能变为资产阶级财产的时候起,你们说,个性被消灭了。

由此可见,你们是承认,你们所理解的个性,不外是资产者、资产阶级私有者。这样的个性确实应当被消灭。

共产主义并不剥夺任何人占有社会产品的权力,它只剥夺利用这种占有去奴役他人劳动的权力。

有人反驳说,私有制一消灭,一切活动就会停止,懒惰之风就会兴起。

这样说来,资产阶级社会早就应该因懒惰而灭亡了,因为在这个社会里劳者不获,获者不劳。所有这些顾虑,都可以归结为这样一个同义反复:一旦没有资本,也就不再有雇佣劳动了。

所有这些对共产主义的物质产品的占有方式和生产方式的责备,也被扩及到精神产品的占有和生产方面。正如阶级的所有制的终止在资产者看来是生产本身的终止一样,阶级的教育的终止在他们看来就等于一切教育的终止。

资产者唯恐失去的那种教育,对绝大多数人来说是把人训练成机器。

但是,你们既然用你们资产阶级关于自由、教育、法等等的观念来衡量废除资产阶级所有制的主张,那就请你们不要同我们争论了。你们的观念本身是资产阶级的生产关系和所有制关系的产物,正像你们的法不过是被奉为法律的你们这个阶级的意志一样,而这种意志的内容是由你们这个阶级的物质生活条件决定的。

你们的利己观念使你们把自己的生产关系和所有制关系从历史的、在生产过程中是暂时的关系变成永恒的自然规律和理性规律,这种利己观念是你们和一切灭亡了的统治阶级所共有的。谈到古代所有制的时候你们所能理解的,谈到封建所有制的时候你们所能理解的,一谈到资产阶级所有制你们就再也不能理解了。

消灭家庭!连极端的激进派也对共产党人的这种可耻的意图表示愤慨。

现代的、资产阶级的家庭是建立在什么基础上的呢?是建立在资本上面,建立在私人发财上面的。这种家庭只是在资产阶级那里才以充分发展的形式存在着,而无产者的被迫独居和公开的卖淫则是它的补充。

资产者的家庭自然会随着它的这种补充的消失而消失,两者都要随着资本的消失而消失。

你们是责备我们要消灭父母对子女的剥削吗?我们承认这种罪状。

但是,你们说,我们用社会教育代替家庭教育,就是要消灭人们最亲密的关系。

而你们的教育不也是由社会决定的吗?不也是由你们进行教育时所处的那种社会关系决定的吗?不也是由社会通过学校等等进行的直接的或间接的干涉决定的吗?共产党人并没有

发明社会对教育的作用；他们仅仅是要改变这种作用的性质,要使教育摆脱统治阶级的影响。

无产者的一切家庭联系越是由于大工业的发展而被破坏,他们的子女越是由于这种发展而被变成单纯的商品和劳动工具,资产阶级关于家庭和教育、关于父母和子女的亲密关系的空话就越是令人作呕。

但是,你们共产党人是要实行公妻制的啊,——整个资产阶级异口同声地向我们这样叫喊。

资产者是把自己的妻子看作单纯的生产工具的。他们听说生产工具将要公共使用,自然就不能不想到妇女也会遭到同样的命运。

他们想也没有想到,问题正在于使妇女不再处于单纯生产工具的地位。

其实,我们的资产者装得道貌岸然,对所谓的共产党人的正式公妻制表示惊讶,那是再可笑不过了。公妻制无需共产党人来实行,它差不多是一向就有的。

我们的资产者不以他们的无产者的妻子和女儿受他们支配为满足,正式的卖淫更不必说了,他们还以互相诱奸妻子为最大的享乐。

资产阶级的婚姻实际上是公妻制。人们至多只能责备共产党人,说他们想用正式的、公开的公妻制来代替伪善地掩蔽着的公妻制。其实,不言而喻,随着现在的生产关系的消灭,从这种关系中产生的公妻制,即正式的和非正式的卖淫,也就消失了。

有人还责备共产党人,说他们要取消祖国,取消民族。

工人没有祖国。决不能剥夺他们所没有的东西。因为无产阶级首先必须取得政治统治,上升为民族的阶级,把自身组织成为民族,所以它本身还是民族的,虽然完全不是资产阶级所理解的那种意思。

随着资产阶级的发展,随着贸易自由的实现和世界市场的建立,随着工业生产以及与之相适应的生活条件的趋于一致,各国人民之间的民族分隔和对立日益消失。

无产阶级的统治将使它们更快地消失。联合的行动,至少是各文明国家的联合的行动,是无产阶级获得解放的首要条件之一。

人对人的剥削一消灭,民族对民族的剥削就会随之消灭。

民族内部的阶级对立一消失,民族之间的敌对关系就会随之消失。

从宗教的、哲学的和一切意识形态的观点对共产主义提出的种种责难,都不值得详细讨论了。

人们的观念、观点和概念,一句话,人们的意识,随着人们的生活条件、人们的社会关系、人们的社会存在的改变而改变,这难道需要经过深思才能了解吗？

思想的历史除了证明精神生产随着物质生产的改造而改造,还证明了什么呢？任何一个时代的统治思想始终都不过是统治阶级的思想。

当人们谈到使整个社会革命化的思想时,他们只是表明了一个事实:在旧社会内部已经形成了新社会的因素,旧思想的瓦解是同旧生活条件的瓦解步调一致的。

当古代世界走向灭亡的时候，古代的各种宗教就被基督教战胜了。当基督教思想在18世纪被启蒙思想击败的时候，封建社会正在同当时革命的资产阶级进行殊死的斗争。信仰自由和宗教自由的思想，不过表明竞争在信仰领域里占统治地位罢了。

"但是"，有人会说，"宗教的、道德的、哲学的、政治的、法的观念等等在历史发展的进程中固然是不断改变的，而宗教、道德、哲学、政治和法在这种变化中却始终保存着。

此外，还存在着一切社会状态所共有的永恒真理，如自由、正义等等。但是共产主义要废除永恒真理，它要废除宗教、道德，而不是加以革新，所以共产主义是同至今的全部历史发展相矛盾的。"

这种责难归结为什么呢？至今的一切社会的历史都是在阶级对立中运动的，而这种对立在不同的时代具有不同的形式。

但是，不管阶级对立具有什么样的形式，社会上一部分人对另一部分人的剥削却是过去各个世纪所共有的事实。因此，毫不奇怪，各个世纪的社会意识，尽管形形色色、千差万别，总是在某些共同的形式中运动的，这些形式，这些意识形式，只有当阶级对立完全消失的时候才会完全消失。

共产主义革命就是同传统的所有制关系实行最彻底的决裂；毫不奇怪，它在自己的发展进程中要同传统的观念实行最彻底的决裂。

不过，我们还是把资产阶级对共产主义的种种责难撇开吧。

前面我们已经看到，工人革命的第一步就是使无产阶级上升为统治阶级，争得民主。

无产阶级将利用自己的政治统治，一步一步地夺取资产阶级的全部资本，把一切生产工具集中在国家即组织成为统治阶级的无产阶级手里，并且尽可能快地增加生产力的总量。

要做到这一点，当然首先必须对所有权和资产阶级生产关系实行强制性的干涉，也就是采取这样一些措施，这些措施在经济上似乎是不够充分的和没有力量的，但是在运动进程中它们会越出本身，而且作为变革全部生产方式的手段是必不可少的。

这些措施在不同的国家里当然会是不同的。

但是，最先进的国家几乎都可以采取下面的措施：

1. 剥夺地产，把地租用于国家支出。
2. 征收高额累进税。
3. 废除继承权。
4. 没收一切流亡分子和叛乱分子的财产。
5. 通过拥有国家资本和独享垄断权的国家银行，把信贷集中在国家手里。
6. 把全部运输业集中在国家的手里。
7. 按照总的计划增加国家工厂和生产工具，开垦荒地和改良土壤。
8. 实行普遍劳动义务制，成立产业军，特别是在农业方面。
9. 把农业和工业结合起来，促使城乡对立逐步消灭。

10. 对所有儿童实行公共的和免费的教育。取消现在这种形式的儿童的工厂劳动。把教育同物质生产结合起来,等等。

当阶级差别在发展进程中已经消失而全部生产集中在联合起来的个人的手里的时候,公共权力就失去政治性质。原来意义上的政治权力,是一个阶级用以压迫另一个阶级的有组织的暴力。如果说无产阶级在反对资产阶级的斗争中一定要联合为阶级,如果说它通过革命使自己成为统治阶级,并以统治阶级的资格用暴力消灭旧的生产关系,那么它在消灭这种生产关系的同时,也就消灭了阶级对立的存在条件,消灭阶级本身的存在条件,从而消灭了它自己这个阶级的统治。

代替那存在着阶级和阶级对立的资产阶级旧社会的,将是这样一个联合体,在那里,每个人的自由发展是一切人的自由发展的条件。

……

全世界无产者,联合起来!

1872年德文版序言

……

不管最近25年来的情况发生了多大的变化,这个《宣言》中所阐述的一般原理整个说来直到现在还是完全正确的。某些地方本来可以作一些修改。这些原理的实际运用,正如《宣言》中所说的,随时随地都要以当时的历史条件为转移,所以第二章末尾提出的那些革命措施根本没有特别的意义。如果是在今天,这一段在许多方面都会有不同的写法了。由于最近25年来大工业有了巨大发展而工人阶级的政党组织也跟着发展起来,由于首先有了二月革命的实际经验而后来尤其是有了无产阶级第一次掌握政权达两月之久的巴黎公社的实际经验,所以这个纲领现在有些地方已经过时了。特别是公社已经证明:"工人阶级不能简单地掌握现成的国家机器,并运用它来达到自己的目的。"(见《法兰西内战。国际工人协会总委员会宣言》德文版第19页,那里把这个思想发挥得更加完备。)其次,很明显,对于社会主义文献所作的批判在今天看来是不完全的,因为这一批判只包括到1847年为止;同样也很明显,关于共产党人对待各种反对党派的态度的论述(第四章)虽然在原则上今天还是正确的,但是就其实际运用来说今天毕竟已经过时,因为政治形势已经完全改变,当时所列举的那些党派大部分已被历史的发展彻底扫除了。

但是《宣言》是一个历史文件,我们已没有权力来加以修改。下次再版时也许能加上一篇论述1847年到现在这段时期的导言。这次再版太仓促了,我们来不及做这件工作。

卡尔·马克思　弗里德里希·恩格斯
1872年6月24日于伦敦

二、写作背景

《共产党宣言》（以下简称《宣言》）写作于1847年年底，发表于1848年2月，是马克思和恩格斯受共产主义者同盟第二次代表大会委托起草的，是马克思主义与国际工人运动相结合的产物。

19世纪上半叶的欧洲，正经历着一场空前的社会变革。资本主义的生产关系逐步巩固，以蒸汽动力革命为基础的工业化迅猛发展，工厂林立，机器轰鸣，火车行驶，轮船远航……这一切令人目不暇接的新景象，标志着人类工业文明的到来。然而，资本主义的发展也给人类带来巨大灾难。在资本主义国家，经济危机频频发生，贫富差距不断扩大，社会矛盾日益突出，无产阶级和广大劳动人民生活艰难困苦。资产阶级为了开辟世界市场，到处建立殖民地，甚至用血与火开路，使民族国家之间的矛盾日益激化。

如何认识和解决这些社会矛盾，成为时代的课题。空想社会主义由此兴盛起来，其代表人物法国的圣西门、傅里叶和英国的欧文，对资本主义的弊病进行了猛烈抨击，对未来社会的图景进行了勾画，但这些美好的理想由于脱离现实，找不到实现的道路和社会力量。新兴的工人阶级也不断发起反对资产阶级的斗争，19世纪30～50年代，先后爆发了法国里昂工人起义、英国工人发动的宪章运动、德国西里西亚纺织工人起义，这些斗争由于缺乏科学理论的指导，都相继失败。时代呼唤科学理论，《宣言》就是适应这一时代呼唤的产物。马克思和恩格斯都出生于有教养的资产阶级知识分子家庭，但他们很早就树立了为全人类幸福而奋斗的信念，并在参加国际工人运动的斗争中逐步确立无产阶级立场，成为无产阶级革命家和思想家。1846年2月，他们在比利时建立了布鲁塞尔共产主义通讯委员会。1847年6月，在他们的帮助下，国际性工人组织"正义者同盟"召开代表大会，改名为"共产主义者同盟"。同年年底，马克思和恩格斯出席了同盟第二次代表大会，并受大会委托起草了一个详尽的理论和实践纲领，这就是《共产党宣言》。

三、主要内容

《宣言》分正文和序言两个部分。

马克思和恩格斯为《宣言》写过七篇序言，分别是：1872年德文版序言、1882年俄文版序言、1883年德文版序言、1888年英文版序言、1890年德文版序言、1892年波兰文版序言和1893年意大利文版序言。其中，前两篇由马克思和恩格斯合写，后五篇由恩格斯撰写。这些序言除了阐发《宣言》的意义，也从不同角度进一步丰富和发展了《宣言》的思想。本文节选的是《宣言》正文的前两章以及1872年德文版序言。

《宣言》全书内容非常丰富。概括起来，主要有以下几个方面的内容。

（一）关于唯物史观的基本原理

《宣言》作为无产阶级的革命檄文，通篇贯穿着唯物史观的基本原理。正如恩格斯在1883

年德文版序言中所指出的那样,《宣言》首要的基本思想就是"每一历史时代的经济生产以及必然由此产生的社会结构,是该时代政治的和精神的历史的基础"。这就是说,生产力决定生产关系,经济基础决定政治、精神等上层建筑,这是人类社会运动演变的基本规律。《宣言》告诉人们,人类社会的历史是由低级到高级发展的;在一定条件下,低一级的社会形态必然转变为高一级的社会形态,这是由生产力和生产关系这一社会基本矛盾运动所决定的。人民群众是生产力的创造者,是推动历史前进的根本动力。马克思和恩格斯深刻阐明的唯物史观基本原理,为无产阶级观察社会历史发展提供了科学的世界观和方法论。

(二)关于阶级斗争理论的基本观点

正如1883年德文版序言指出的,《宣言》的一个基本思想就是,迄今为止(从原始土地公有制解体以来),"全部历史都是阶级斗争的历史,即社会发展各个阶段上被剥削阶级和剥削阶级之间、被统治阶级和统治阶级之间斗争的历史"。奴隶社会主要有奴隶和奴隶主的斗争,封建社会主要有农奴和封建领主的斗争,资本主义社会则主要有无产阶级和资产阶级的斗争。这是因为,社会发展的内部矛盾最终都表现为人与人之间的矛盾,最集中的就是代表新生产力的阶级和代表旧经济政治制度的统治阶级之间的矛盾。矛盾激化到一定程度,必然表现为激烈的阶级斗争,结果是整个社会达到革命改造,新的社会形态代替旧的社会形态,新的阶级矛盾代替旧的阶级矛盾。阶级社会就是在这样的矛盾运动中前进的。只有到了共产主义社会,阶级矛盾和阶级斗争才不复存在。

(三)关于资产阶级和资本主义历史地位的基本观点

《宣言》根据唯物史观,把资产阶级及其社会制度放在特定的历史条件下来考察,认为现代资产阶级是长期发展的产物,是从崩溃着的封建社会内部迅速发展起来的革命力量,"在历史上曾经起过非常革命的作用"。"资产阶级在它的不到一百年的阶级统治中所创造的生产力,比过去一切时代创造的全部生产力还要多,还要大"。资产阶级把人与人之间的一切社会关系变成了赤裸裸的金钱关系,也就彻底改变了封建时代的道德观念。资产阶级创造了现代世界体系,形成了"农村从属于城市","未开化和半开化的国家从属于文明的国家","农民的民族从属于资产阶级的民族","东方从属于西方"的状况。资产阶级通过开拓殖民地和世界市场,"使一切国家的生产和消费都成为世界性的了","过去那种地方的和民族的自给自足和闭关自守状态,被各民族的各方面的互相往来和各方面的互相依赖所代替了。物质的生产是如此,精神的生产也是如此"。于是,人类的"世界历史"代替了地域性的历史。

但资本主义的内在矛盾决定了它必然灭亡和社会主义必然胜利。资本主义的内在矛盾是生产的社会化与生产资料的私人占有之间的矛盾。这种矛盾的突出表现就是周期性经济危机的出现。在危机期间,一边是生产过剩的瘟疫蔓延,另一边则是工人阶级贫困人口的迅速增长。这表明,"社会所拥有的生产力已经不能再促进资产阶级文明和资产阶级所有制关系的发展;相反,生产力已经强大到这种关系所不能适应的地步,它已经受到这种关系的阻碍";

"资产阶级再不能做社会的统治阶级了"。资产阶级不仅挖掉了自己赖以生产和占有产品的社会基础,也造就了它自身的掘墓人——无产阶级。所以,"资产阶级的灭亡和无产阶级的胜利是同样不可避免的"。

(四)关于无产阶级革命和无产阶级专政的基本观点

《宣言》指出,无产阶级在反对资产阶级的斗争中具有彻底革命的性质,承担着推翻资本主义制度的历史使命。这是由无产阶级的特点和经济地位决定的。无产阶级处于资本主义社会的最底层,既无生产资料,又无政治权利,因而最富有革命的彻底性。大工业使无产阶级最富有组织性、纪律性和团结精神,在革命斗争中能够联合起来,形成反抗资产阶级的强大力量。无产阶级的历史地位决定了它能够代表一切被剥削被压迫人民的根本利益,能够团结人民为推翻资本主义制度、实现人类解放而斗争。无产阶级和资产阶级的斗争尽管形式多样,但最终必然发展为夺取政权的政治斗争。在阶级社会中,国家政权本质上是"一个阶级用以压迫另一个阶级的有组织的暴力"。资产阶级为了维护自己的阶级统治,必然要运用国家的暴力工具来镇压无产阶级和劳动人民的反抗。因此,无产阶级也必然要"用暴力推翻资产阶级而建立自己的统治"。无产阶级的统治是真正的新型民主制度,是为无产阶级和劳动人民服务的,是向共产主义过渡的必要条件。《宣言》指出,"工人革命的第一步就是使无产阶级上升为统治阶级,争得民主"。然后,利用自己的统治,实行生产资料的所有制改造,大力发展生产力,逐步创造消灭阶级和阶级差别的条件,为向共产主义过渡作准备。

(五)关于共产主义新社会建设的基本观点

《宣言》指出,无产阶级革命成功的标志是无产阶级取得政权,此后就进入新社会建设过程,但新社会建设的每一步也都是革命的继续。《宣言》特别强调,无产阶级取得政权以后,必须要改造旧的资产阶级生产关系、建立新的共产主义生产关系,但这是一个过程,不能一下子完成;对资产阶级的所有权和生产关系要实行强制性干涉,采取一系列过渡性措施。当然,这些措施在不同国家会有所不同。《宣言》还告诉我们,代替那存在着阶级和阶级对立的旧社会的崭新社会即共产主义社会,将是这样一个联合体,"在那里,每个人的自由发展是一切人的自由发展的条件"。

(六)关于无产阶级政党建设的基本观点

无产阶级要完成历史使命需要组织自己的政党。共产党就是无产阶级在反抗资产阶级的斗争中逐步形成的先进政党。共产党始终代表整个无产阶级的利益,同时代表社会绝大多数人民群众的利益,没有自己特殊的利益。《宣言》指出:"过去的一切运动都是少数人的,或者为少数人谋利益的运动。无产阶级的运动是绝大多数人的,为绝大多数人谋利益的独立的运动。"共产党由无产阶级的先进分子所组成,其先进性表现在实践和理论两个方面。在实践上,始终是"各国工人政党中最坚决的、始终起推动作用的部分",是革命运动中坚定的先锋队;在理论上,以科学的思想为指导,"了解无产阶级运动的条件、进程和一般结果"。因此,共产党能够代表整个运动的未来。

共产党有明确的纲领和策略。其最低纲领即最近目的是"使无产阶级形成为阶级,推翻资产阶级的统治,由无产阶级夺取政权";最高纲领即最终目的是消灭私有制,消灭阶级和阶级差别,实现共产主义。共产党人的策略原则是,既要为工人阶级眼前的利益而斗争,又要着眼于运动的未来;既要支持一切进步运动,包括反对封建专制的斗争和反对资本主义制度的革命运动,又要在革命的联合中坚持独立自主,不能失去原则。

四、重要意义

《宣言》的发表标志着马克思主义的诞生,它为无产阶级革命提供了强大的思想武器。《宣言》的基本思想仍然是当代社会主义运动的科学理论指南。

(1)《宣言》是对马克思主义第一次系统的表述。它关于唯物史观的基本原理、关于阶级斗争理论的基本观点、关于资产阶级和资本主义历史地位的基本观点、关于无产阶级革命和无产阶级专政的基本观点、关于共产主义新社会建设的基本观点和关于无产阶级政党建设的基本观点,为全世界无产阶级和劳动群众争取自由解放提供了强大思想武器。《宣言》的发表及其在实践中的运用,实现了人类思想史和社会发展史上的革命,深刻影响了人类历史的发展进程。

(2)《宣言》在世界上产生了巨大而深远的影响。它于1848年2月首次在伦敦用德文发表。160多年来,它被翻译成200多种语言,出版了数千个版本,成为全世界发行量最大、传播最广的经典著作。由于以它为代表的马克思主义的传播,世界上产生了数量众多的共产党组织,形成了一批社会主义国家,打破了资本主义一统天下的世界格局。《宣言》号召"全世界无产者,联合起来",这极大地激励了各国无产阶级和劳动人民为实现共产主义而努力奋斗。《宣言》思想深刻,说理透彻,文风活泼,语言优美,不仅是革命理论经典,也是世界文学经典。

(3)《宣言》从唯物史观出发,科学论证了人类社会发展的各个历史阶段和总趋势,深刻阐明了"两个必然",即"资产阶级的灭亡和无产阶级的胜利是同样不可避免的"科学论断,为我们正确把握人类社会发展的方向,坚定共产主义的理想信念,提供了坚实的理论依据。160多年来,虽然人类社会发生了巨大深刻的变化,但总的发展趋势没有改变。尽管当代资本主义出现了许多新变化,但其固有矛盾没有也不可能从根本上改变。1997年和2008年的两次国际金融危机,再次证明了马克思揭示的资本主义基本矛盾的深刻性,揭示了资本主义危机的深刻根源和资本主义制度的不合理性。尽管苏联东欧剧变后世界社会主义运动暂时处于低潮,但世界上为追求美好未来的进步力量的斗争并没有停止,特别是近年来随着中国特色社会主义不断取得成功,社会主义日益受到世界各国的关注。学习《宣言》,就要不断加深对人类历史发展趋势的认识,坚定中国特色社会主义共同理想和共产主义信念。同时,必须认识到,实现共产主义是一个非常漫长的历史过程,只有在社会主义社会充分发展和高度发达的基础上才能实现。要立足我国正处于并将长期处于社会主义初级阶段这个实际,脚踏实地地为实现党在现阶段的基本纲领而不懈奋斗。

《宣言》阐述的基本原理是正确的,应当长期坚持。同时,正如《宣言》1872年序言特别强调的,这些原理的实际运用,随时随地都要以当时的历史条件为转移。今天,我们学习《宣言》,就要辩证地、历史地理解和运用其中的原理,坚持从现阶段我国的实际出发,而不能生搬硬套,否则就会犯教条主义错误。只有这样,我们才能正确运用科学社会主义基本原理,并在实践中不断加以丰富和发展,使社会主义始终保持强大生命力。

第三章
Chapter 3

在马克思墓前的讲话（1883年3月）*

一、原文

3月14日下午两点三刻，当代最伟大的思想家停止思想了。让他一个人留在房里不过两分钟，当我们进去的时候，便发现他在安乐椅上安静地睡着了——但已经是永远地睡着了。

这个人的逝世，对于欧美战斗的无产阶级，对于历史科学，都是不可估量的损失。这位巨人逝世以后所形成的空白，不久就会使人感觉到。

正像达尔文发现有机界的发展规律一样，马克思发现了人类历史的发展规律，即历来为纷繁芜杂的意识形态所掩盖着的一个简单事实：人们首先必须吃、喝、住、穿，然后才能从事政治、科学、艺术、宗教等等；所以，直接的物质的生活资料的生产，从而一个民族或一个时代的一定的经济发展阶段，便构成基础，人们的国家设施、法的观点、艺术以至宗教观念，就是从这个基础上发展起来的。因而，也必须由这个基础来解释，而不是像过去那样做得相反。

不仅如此。马克思还发现了现代资本主义生产方式和它所产生的资产阶级社会的特殊的运动规律。由于剩余价值的发现，这里就豁然开朗了，而先前无论资产阶级经济学家或社会主义批评家所做的一切都只是在黑暗中摸索。

一生中能有这样两个发现，该是很够了，即使只要能作出一个这样的发现，也已经是幸福的了。但是马克思在他所研究的每一个领域，甚至在数学领域，都有独到的发现，这样的领域

---

* 本文是恩格斯在马克思葬礼上发表的讲话。原文选自《马克思恩格斯选集》人民出版社1972年版。

是很多的,而且其中任何一个领域他都不是浅尝辄止。

他作为科学家就是这样。但是这在他身上远不是主要的。在马克思看来,科学是一种在历史上起推动作用的、革命的力量。任何一门理论科学中的每一个新发现——它的实际应用也许还根本无法预见——都使马克思感到衷心喜悦,而当他看到那种对工业、对一般历史发展产生革命影响的发现的时候,他的喜悦就非同寻常了。例如,他曾经密切地注视马赛尔·德普勒的发现。

因为马克思首先是一个革命家。他毕生的真正使命,就是以这种或那种方式参加推翻资本主义社会及其所建立的国家设施的事业,参加现代无产阶级的解放事业,正是他第一次使现代无产阶级意识到自身的地位和需要,意识到自身解放的条件。斗争是他的生命要素。很少有人像他那样满腔热情、坚韧不拔和卓有成效地进行斗争。最早的《莱茵报》(1842年),巴黎的《前进报》(1844年),《德意志-布鲁塞尔报》(1847年),《新莱茵报》(1848—1849年),《纽约每日论坛报》(1852—1861年),以及许多富有战斗性的小册子,在巴黎、布鲁塞尔和伦敦各组织中的工作,最后,作为全部活动的顶峰,创立伟大的国际工人协会,——老实说,协会的这位创始人即使别的什么也没有做,单凭这一结果也可以自豪。

正因为这样,所以马克思是当代最遭嫉恨和最受诬蔑的人。各国政府——无论专制政府或共和政府,都驱逐他;资产者——无论保守派或极端民主派,都竞相诽谤他,诅咒他。他对这一切毫不在意,把它们当作蛛丝一样轻轻拂去,只是在万不得已时才给以回敬。现在他逝世了,在整个欧洲和美洲,从西伯利亚矿井到加利福尼亚,千百万革命战友无不对他表示尊敬、爱戴和悼念。而我可以大胆地说:他可能有过许多敌人,但未必有一个私敌。

他的英名和事业将永垂不朽!

二、写作背景

1883年3月14日,全世界无产阶级的革命导师卡尔·马克思在伦敦与世长辞,享年65岁。马克思把自己的一生无私地奉献给了无产阶级革命事业,他的逝世在欧美战斗的无产阶级中引起巨大的悲痛。1883年3月17日,马克思的遗体被安葬于伦敦城北的海格特公墓。恩格斯等马克思生前的战友、同志和亲人朋友参加了葬礼并向马克思的遗体献了花圈,随后恩格斯用英语发表了这篇演说。3月22日以《在马克思墓前的讲话》(以下简称《讲话》)为标题用德文刊登在《社会民主党人报》上。

三、主要内容

在这篇悼词中,恩格斯总结了马克思一生的贡献,表达了全世界无产阶级对马克思的无比崇敬和哀悼之情。

(1)简要叙述了马克思逝世的情景,概括地指出马克思的逝世给全世界无产阶级造成的巨大损失——"对于欧美战斗的无产阶级,对于历史科学,都是不可估量的损失。这位巨人逝世以后所形成的空白,不久就会使人感觉到"。

(2)论述了马克思的两个伟大发现——发现了人类历史的发展规律和剩余价值。

马克思的第一个伟大发现是发现了人类历史的发展规律。马克思指出,人类历史的发展规律是物质资料的生产是一切意识形态发展的基础,经济基础决定上层建筑。"即历来为纷繁芜杂的意识形态所掩盖着的一个简单事实:人们首先必须吃、喝、住、穿,然后才能从事政治、科学、艺术、宗教等等;所以,直接的物质的生活资料的生产,从而一个民族或一个时代的一定的经济发展阶段,便构成基础,人们的国家设施、法的观点、艺术以至宗教观念,就是从这个基础上发展起来的。因而,也必须由这个基础来解释,而不是像过去那样做得相反"。这是马克思在历史唯物主义方面的重大发现。恩格斯将马克思的这个发现与达尔文发现有机世界的发展规律即物种起源学说相提并论,从而生动地说明这一发现的划时代意义。

马克思的第二个伟大发现是剩余价值。剩余价值规律是马克思在政治经济学方面的重大发现。马克思指出,剩余价值就是被资本家无偿占有的劳动力创造的价值。它的提出,揭示了"现代资本主义生产方式和它所产生的资产阶级社会的特殊的运动规律",即揭示了资本主义剥削的秘密,揭示了资本主义生产方式的本质。恩格斯高度评价马克思的剩余价值理论,指出:"由于剩余价值的发现,这里就豁然开朗了,而先前无论资产阶级经济学家或者社会主义批评家所做的一切研究都只是在黑暗中摸索。"

《讲话》还列举了马克思的其他贡献。恩格斯指出,马克思不仅在理论上有两大科学发现,而且在他所研究的每一个领域,甚至在数学领域,都有独到的发现。更重要的是,马克思认为科学是一种在历史上起重要推动作用的革命的力量。因此,马克思对于科学中的任何重大发现都会感到非常高兴,比如他密切关注电学方面各种发现的进展情况。在去世前不久,马克思还在密切关注法国物理学家马塞尔·德普勒成功进行远距离输电实验的报道。

(3)概述了马克思的革命实践活动。

恩格斯指出,马克思首先是一个革命家,他一生的真正使命,就是以这种或那种方式参加推翻资本主义社会及其所建立的国家设施的事业。正是马克思第一次使现代无产阶级意识到自身的地位和需要,意识到自身的解放条件。斗争是他的生命要素。很少有人像他那样满腔热情、坚韧不拔和卓有成效地进行斗争。马克思作为革命家,他领导无产阶级革命运动,创立了一些革命报刊以及一些富有战斗性的小册子,创立了无产阶级第一个国际性的革命联合组织——国际工人协会。

(4)高度赞颂了马克思光明磊落、大公无私的高尚品格。

马克思一生光明磊落,不谋私利,把自己毕生精力献给了无产阶级革命事业。正像恩格斯在《讲话》中指出的,马克思有过许多敌人,但未必有一个私敌。为了人类解放的崇高事业,他表现出大无畏的革命家精神,面对敌人的诽谤、诅咒和驱逐,"他对这一切毫不在意,把它们当做蛛丝一样轻轻拂去,只是在万不得已时才给以回敬"。

四、重要意义

(1)《讲话》高度评价了马克思的伟大一生、科学贡献和崇高品格,成为人们研究马克思的生平、事业和历史贡献的重要文献,激励着人们为共产主义理想而不懈奋斗。

(2)《讲话》发表后,被译成各种文字,广泛流传,影响巨大。讲话曾多次被译成中文,其中有1930年3月上海《萌芽》月刊第1卷第3期发表的致平的中译文,1933年5月4日《大公报》副刊《世界思潮》第36期发表的林风的中译文,1939年3月8日延安《解放》周刊第66期发表的黎平、石巍的中译文。20世纪60年代以来,《讲话》被收入我国高中语文教科书,成为中学生的必读教材。《讲话》鼓舞着一代又一代的青年踏上人生新的征程。今天,重读这篇《讲话》,仍然可以从中获得智慧和力量。

(3)《讲话》充分肯定了马克思主义的历史地位,揭示了马克思主义的强大生命力。恩格斯在讲话中指出,如果没有马克思主义,人类今天即便不是"在黑暗中摸索",也不可能在整体上达到目前的水平。马克思主义是科学,因为它严格以事实为依据,深刻揭示了人类社会的发展规律。马克思主义的诞生,为无产阶级和劳动人民认识世界和改造世界提供了强大的思想武器,使社会主义由空想变成科学,由理论变成现实。马克思主义的鲜明特点在于它的实践性。马克思以毕生精力创立科学理论,不是为了把它束之高阁、藏之名山,而是为了指导社会实践,使之成为改造世界、推动历史前进的行动指南。马克思主义的理论品格是与时俱进,它虽然诞生于19世纪,但没有停留在19世纪;它虽然产生于欧洲,却传遍全世界。不论是敌视者的攻击和诽谤,还是误解者的质疑和责难,或者是教条主义者的阉割和扭曲,都不能阻挡它前进的步伐。

(4)《讲话》高度赞美了马克思作为一个伟大的无产阶级革命家,为人类解放的崇高事业而百折不挠、不懈奋斗的光辉风范。《共产党宣言》问世时,马克思30岁,恩格斯28岁,两个热血青年立下了改造旧世界、解放全人类的豪情壮志。在以后的革命实践中,他们为实现这个伟大的革命理想,殚精竭虑,深入进行理论研究,冒着生命危险,为无产阶级战斗不息。这种共产主义的崇高信念唤人觉醒、催人奋进,鼓舞了千百万的无产阶级革命战士,成为一代又一代共产党人奋斗的号角。学习《讲话》,就要学习马克思不畏艰难、顽强拼搏的钢铁意志,坚韧不拔、敢于胜利的英雄气概,坚定中国特色社会主义的共同理想和共产主义信念,并为此奋斗终生;就要努力学习马克思的伟大品格和科学思想,加强党性修养,锻炼意志品质,提升精神境界,保持高尚的道德情操,在实践中求得真知增长才干,为党和人民的事业不懈奋斗。

第四章

Chapter 4

弗里德里希·恩格斯(1895年9月7日[19日]以后)*

一、原文

一盏多么明亮的智慧之灯熄灭了，

一颗多么伟大的心停止跳动了！

1895年新历8月5日(7月24日)，弗里德里希·恩格斯在伦敦与世长辞了。在他的朋友卡尔·马克思(1883年逝世)之后，恩格斯是整个文明世界中最卓越的学者和现代无产阶级的导师。自从命运使卡尔·马克思和弗里德里希·恩格斯相遇之后，这两位朋友的毕生工作，就成了他们的共同事业。因此，要了解弗里德里希·恩格斯对无产阶级有什么贡献，就必须清楚地了解马克思的学说和活动对现代工人运动发展的意义。马克思和恩格斯最先指出，工人阶级及其要求是现代经济制度的必然产物，现代经济制度在造成资产阶级的同时，也必然造成并组织无产阶级。他们指出，能使人类摆脱现在所受的灾难的，并不是个别高尚人物善意的尝试，而是组织起来的无产阶级所进行的阶级斗争。马克思和恩格斯在他们的科学著作中，最先说明了社会主义不是幻想家的臆造，而是现代社会生产力发展的最终目标和必然结果。到现在为止的全部有记载的历史都是阶级斗争的历史，都是不断更替地由一些社会阶级统治和战胜另一些社会阶级的历史。这种情形，在阶级斗争和阶级统治的基础，即私有制和混乱的社会生产消灭以前，将会继续下去。无产阶级的利益要求消灭这种基础，所以有组织的工人自觉进

---

* 恩格斯1895年8月5日在伦敦逝世。一个月后，列宁写了《弗里德里希·恩格斯》一文进行悼念。原文选自《列宁选集》人民出版社1995年版。

行的阶级斗争，目标就应该对准这种基础。而任何阶级斗争都是政治斗争。

马克思和恩格斯的这些观点，现在已为正在争取自己解放的全体无产阶级所领会，但是当这两位朋友在40年代参加社会主义的宣传和当时的社会运动时，这样的见解还是完全新的东西。当时许多有才能的或无才能的人，正直的或不正直的人，都醉心于争取政治自由的斗争，醉心于反对皇帝、警察和神父的专横暴戾的斗争，而看不见资产阶级利益同无产阶级利益的对立。他们根本没有想到工人能成为对立的社会力量。另一方面，当时有许多幻想家，有时甚至是一些天才人物，都以为只要说服统治者和统治阶级相信现代社会制度是不合理的，就很容易在世界上确立和平和普遍福利。他们幻想不经过斗争就实现社会主义。最后，几乎当时所有的社会主义者和工人阶级的朋友，都认为无产阶级只是一个脓疮，他们怀着恐惧的心情看着这个脓疮如何随着工业的发展而扩大。因此，他们都设法阻止工业和无产阶级的发展，阻止"历史车轮"的前进。与这种害怕无产阶级发展的普遍心理相反，马克思和恩格斯把自己的全部希望寄托在无产阶级的不断增长上。无产阶级人数愈是多，他们这一革命阶级的力量也就愈大，社会主义的实现也就愈是接近，愈有可能。马克思和恩格斯对工人阶级的功绩，可以这样简单地来表达：他们教会了工人阶级自我认识和自我意识，用科学代替了幻想。

正因为如此，恩格斯的名字和生平，是每个工人都应该知道的。正因为如此，我们在这本与我们其他一切出版物一样都是以唤醒俄国工人的阶级意识为目的的文集中，应该简要地叙述一下现代无产阶级两位伟大导师之一的弗里德里希·恩格斯的生平和活动。

恩格斯1820年生于普鲁士王国莱茵省的巴门城。父亲是个工厂主。1838年，由于家庭情况，恩格斯中学还没毕业，就不得不到不来梅一家商号当办事员。从事商业并没有妨碍恩格斯对科学和政治的研究。当他还是中学生的时候，就憎恶专制制度和官吏的专横。对哲学的钻研使他更前进了。当时在德国哲学界占统治地位的是黑格尔学说，于是恩格斯也成了黑格尔的信徒。黑格尔本人虽然崇拜普鲁士专制国家，他以柏林大学教授的身份为这个国家服务，但是黑格尔的学说是革命的。黑格尔对于人类理性和人类权利的信念，以及他的哲学的基本原理——世界是不断变化着发展着的过程，使这位柏林哲学家的那些不愿与现实调和的学生得出了一种想法，即认为同现状、同现存的不公平现象、同流行罪恶进行的斗争，也是基于世界永恒发展规律的。既然一切都是发展着的，既然一些制度不断被另一些制度所代替，那么为什么普鲁士国王或俄国沙皇和专制制度，极少数人靠剥夺绝大多数人发财致富的现象，资产阶级对人民的统治，却会永远延续下去呢？黑格尔的哲学谈论精神和观念的发展，它是唯心主义的哲学。它从精神的发展中推演出自然界、人以及人与人的关系即社会关系的发展。马克思和恩格斯保留了黑格尔关于永恒的发展过程的思想，而抛弃了那种偏执的唯心主义观点；他们面向实际生活之后看到，不能用精神的发展来解释自然界的发展，恰恰相反，要从自然界，从物质中找到对精神的解释……与黑格尔和其他黑格尔主义者相反，马克思和恩格斯是唯物主义者。他们用唯物主义观点观察世界和人类，看出一切自然现象都有物质原因作基础，同样，人类社会的发展也是受物质力量即生产力的发展所制约的。生产力的发展决定人们在生产人类必需的产品时彼此所发生的关系。用这种关系才能解释社会生活中的一切现象,人的意向、观念和法律。生产力的发展造成了以私有制为基础的社会关系,但是我们现在看到,生产力的发展又夺走了大多数人的财产,将它集中在极少数人的手中。生产力的发展正在消灭私有制,即现代社会制度的基础,这种发展本身就是朝着社会主义者所抱定的那个目标前进的。社会主义者就是要了解,究竟哪种社会力量因其在现代社会中所处的地位而关心社会主义的实现,并使这种力量意识到它的利益和历史使命。这种力量就是无产阶级。恩格斯是在英国,是在英国工业中心曼彻斯特结识无产阶级的;1842年他迁到这里,在他父亲与人合办的一家商号中供职。在这里,他并不是只坐在工厂的办事处里,他常常到工人栖身的肮脏的住宅区去,亲眼看见工人贫穷困苦的情景。但是,他并不满足于亲身的观察,他还阅读了他所能找得到的在他以前论述英国工人阶级状况的一切著作,仔细研究了他所能看到的一切官方文件。这种研究和观察的成果,就是1845年出版的《英国工人阶级状况》一书。上面我们已经提到作为《英国工人阶级状况》一书的作者恩格斯的主要功绩。在恩格斯以前有很多人描写过无产阶级的痛苦,并且一再提到必须帮助无产阶级。恩格斯第一个指出,无产阶级不只是一个受苦的阶级,正是它所处的那种低贱的经济地位,无可遏止地推动它前进,迫使它去争取本身的最终解放。而战斗中的无产阶级是能够自己帮助自己的。工人阶级的政治运动必然会使工人认识到,除了社会主义,他们没有别的出路。另一方面,社会主义只有成为工人阶级的政治斗争的目标时,才会成为一种力量。这就是恩格斯论英国工人阶级状况的一书的基本思想。现在,这些思想已为全体能思考的和正在进行斗争的无产阶级所领会,但在当时却完全是新的。叙述这些思想的著作写得很动人,通篇都是描述英国无产阶级穷苦状况的最确实最惊人的情景。这部著作是对资本主义和资产阶级的极严厉的控诉。它给人的印象是很深的。从此,到处都有人援引恩格斯的这部著作,认为它是对现代无产阶级状况的最好描述。的确,不论在1845年以前或以后,还没有一本书把工人阶级的穷苦状况描述得这么鲜明,这么真实。

恩格斯到英国后才成为社会主义者。他在曼彻斯特同当时英国工人运动的活动家发生联系,并开始在英国社会主义出版物上发表文章。1844年他回德国的途中路过巴黎时认识了马克思,在此以前他已经和马克思通过信。马克思在巴黎时,受到法国社会主义者和法国生活的影响也成了社会主义者。在这里,两位朋友合写了一本书:《神圣家族,或对批判的批判所做的批判》(以下简称《神圣家族》)。这本书比《英国工人阶级状况》早一年出版,大部分是马克思写的。它奠定了革命唯物主义的社会主义的基础,这种社会主义的主要思想,我们在上面已经叙述过了。"神圣家族"是给哲学家鲍威尔兄弟及其信徒所取的绰号。这班先生鼓吹一种批判,这种批判超越一切现实、超越政党和政治,否认一切实践活动,而只是"批判地"静观周围世界和其中发生的事情。鲍威尔先生们高傲地把无产阶级说成是一群没有批判头脑的人。马克思和恩格斯坚决反对这个荒谬而有害的思潮。为了现实的人,即为了受统治阶级和国家践踏的工人,他们要求的不是静观,而是为实现美好的社会制度而斗争。在他们看来,能够进行这种斗争和关心这种斗争的力量当然是无产阶级。还在《神圣家族》一书出版以前,恩格斯就在马克思和卢格两人合编的《德法杂志》上发表了《政治经济学批判大纲》一文,从社会主义的观点考察了现代经济制度的基本现象,认为那些现象是私有制统治的必然结果。同恩格斯的交往促使马克思下决心去研究政治经济学,而马克思的著作使这门科学发生了真正的革命。

1845年到1847年,恩格斯是在布鲁塞尔和巴黎度过的,他一面从事科学研究,同时又在布鲁塞尔和巴黎的德籍工人中间进行实际工作。这时,马克思和恩格斯同秘密的德国"共产主义者同盟"发生了联系,"同盟"委托他们把他们所制定的社会主义基本原理阐述出来。这样就产生了1848年出版的马克思和恩格斯的著名的《共产党宣言》。这本书篇幅不多,价值却相当于多部巨著:它的精神至今还鼓舞着、推动着文明世界全体有组织的正在进行斗争的无产阶级。

1848年的革命首先在法国爆发,然后蔓延到西欧其他国家,于是马克思和恩格斯就回国了。他们在莱茵普鲁士主编在科隆出版的民主派的《新莱茵报》。这两位朋友成了莱茵普鲁士所有革命民主意向的灵魂。他们尽一切可能保卫人民和自由的利益,使之不受反动势力的侵害。大家知道,当时反动势力获得了胜利。《新莱茵报》被迫停刊,马克思因侨居国外时丧失普鲁士国籍而被驱逐出境,而恩格斯则参加了人民武装起义,在三次战斗中为自由而战,在起义者失败后经瑞士逃往伦敦。

马克思也迁居伦敦。恩格斯不久又到他在40年代服务过的那家曼彻斯特商号当办事员,后来又成了这家商号的股东。1870年以前他住在曼彻斯特,马克思住在伦敦,但这并没有妨碍他们保持最密切的精神上的联系;他们差不多每天都通信。这两位朋友在通信中交换意见和知识,继续共同创立科学社会主义。1870年恩格斯移居伦敦,直到1883年马克思逝世时为止,他们两人始终过着充满紧张工作的共同精神生活。这种共同的精神生活的成果,在马克思方面,是当代最伟大的政治经济学著作《资本论》,在恩格斯方面,是许多大大小小的作品。马克思致力于分析资本主义经济的复杂现象。恩格斯则在笔调明快、往往是论战性的著作中,根据马克思的唯物主义历史观和经济理论,阐明最一般的科学问题,以及过去和现在的各种现象。从恩格斯的这些著作中,我们举出下面几种:反对杜林的论战性著作(它分析了哲学、自然科学和社会科学中最重大的问题)(这是一部十分丰富、十分有益的书。可惜只有概述社会主义发展史的那一小部分译成了俄文(《科学社会主义的发展》1892年日内瓦第2版)),《家庭、私有制和国家的起源》(俄译本1895年圣彼得堡第3版),《路德维希·费尔巴哈》(俄译本附有格·普列汉诺夫的注释,1892年日内瓦版),一篇论俄国政府对外政策的文章(俄译文刊登在日内瓦出版的《社会民主党人》第1集和第2集上),几篇关于住宅问题的精彩文章,以及两篇篇幅虽小,但价值极大的论述俄国经济发展的文章(《弗里德里希·恩格斯论俄国》,维·伊·查苏利奇的俄译本,1894年日内瓦版)。马克思还没有把他那部论述资本的巨著整理完毕就逝世了。可是,这部著作的草稿已经完成,于是恩格斯在他的朋友逝世后就从事整理和出版《资本论》第2卷和第3卷的艰巨工作。1885年他出版了第2卷,1894年出版了第3卷(他还没来得及把第4卷整理好)。整理这两卷《资本论》,是一件很费力的工作。奥地利民主党人阿德勒说得很对:恩格斯出版《资本论》第2卷和第3卷,就是替他的天才朋友建立了一座庄严宏伟的纪念碑,无意中也把自己的名字不可磨灭地铭刻在上面了。的确,这两卷《资本论》是马克思和恩格斯两人的著作。古老传说中有各种非常动人的友谊故事。欧洲无产阶级可以说,它的科学是由这两位学者和战士创造的,他们的关系超过了古人关于人类友谊的一切最动人的传说。恩格斯总是把自己放在马克思之后,总的说来这是十分公正的。他在写给一位老朋友的信中说:"马克思在世的时候,我拉第二小提琴。"他对在世时的马克思无限热爱,对死后的马克思无限敬仰。这位严峻的战士和严正的思想家,具有一颗深情挚爱的心。

1848—1849年的运动以后,马克思和恩格斯在流亡中并没有只限于从事科学工作。马克思在1864年创立了"国际工人协会",并在整整十年内领导了这个协会。恩格斯也积极参加了该会的工作。"国际工人协会"依照马克思的意思联合全世界的无产者,它的活动对工人运动的发展起了巨大作用。就是在70年代"国际工人协会"解散后,马克思和恩格斯所起的团结的作用也没有停止。相反,他们作为工人运动精神领导者所起的作用,可以说是不断增长的,因为工人运动本身也在不断发展。马克思逝世以后,恩格斯一个人继续担任欧洲社会党人的顾问和领导者。无论是受政府迫害但力量仍然不断迅速增长的德国社会党人,或者是落后国家内那些还需仔细考虑斟酌其初步行动的社会党人,如西班牙、罗马尼亚和俄国的社会党人,都同样向恩格斯征求意见,请求指示。他们都从年老的恩格斯的知识和经验的丰富宝库中得到教益。

马克思和恩格斯两人都懂俄文,都读俄文书籍,非常关心俄国的情况,以同情的态度注视俄国的革命运动,并一直同俄国的革命者保持联系。他们两人都是由民主主义者变成社会主义者的,所以他们仇恨政治专横的民主情感非常强烈。由于马克思和恩格斯具有这种直接的政治情感、对政治专横与经济压迫之间的联系的深刻理论认识以及丰富的生活经验,所以他们在政治方面异常敏感。因此,俄国少数革命者所进行的反对强大的沙皇政府的英勇斗争,总是得到这两位久经锻炼的革命家最表同情的反响。相反,那种为了虚幻的经济利益而离开争取政治自由这一俄国社会党人最直接最重要的任务的图谋,在他们看来自然是可疑的,他们甚至直截了当地认为最背叛伟大的社会革命事业。"无产阶级的解放应当是无产阶级自己的事情"——这就是马克思和恩格斯经常教导的。而无产阶级要争取经济上的解放,就必须争得一定的政治权利。此外,马克思和恩格斯都清楚地看到,俄国政治革命对于西欧的工人运动也会有巨大的意义。专制的俄国向来是欧洲一切反动势力的堡垒。1870年的战争造成了德法之间长期的纷争,使俄国处于一种非常有利的国际地位,这当然只是增加了专制俄国这一反动力量的作用。只有自由的俄国,即既不需要压迫波兰人、芬兰人、德意志人、亚美尼亚人及其他弱小民族,也不需要经常挑拨德法两国关系的俄国,才能使现代欧洲摆脱战争负担而松一口气,才能削弱欧洲的一切反动势力,加强欧洲工人阶级的力量。因此,恩格斯为了西欧工人运动的胜利,也渴望俄国实现政治自由。俄国的革命者因恩格斯的逝世而失去了最好的朋友。

无产阶级的伟大战士和导师弗里德里希·恩格斯永垂不朽!

二、写作背景

《弗里德里希·恩格斯》是列宁为悼念恩格斯逝世而写的,1895年5月至9月初,列宁去瑞士、法国和德国期间,很想会晤恩格斯,终因恩格斯病重而未得见。是年8月5日,恩格斯在伦敦逝世。列宁回俄国后便为国外俄国社会民主党人联合会的刊物《工作者》文集撰写了这篇文章。1896年发表在《工作者》文集第1~2期合刊上。

为了表达对恩格斯深切的怀念和赞美之情,列宁在这篇短文的题头借用了俄罗斯著名诗人尼·阿·涅克拉索夫的诗句:"一盏多么明亮的智慧之灯熄灭了,一颗多么伟大的心停止跳动了!"

三、主要内容

文章概述了恩格斯光辉的一生,高度评价了恩格斯的崇高品格、不朽功绩以及他同马克思的伟大友谊。其主要内容有以下四个方面。

(一)高度评价了恩格斯同马克思一起创立马克思主义理论和为无产阶级解放事业而斗争的不朽功绩

列宁指出,马克思和恩格斯具有世界历史意义的伟大功绩是"在他们的著作中,最先说明了社会主义不是幻想家的臆造,而是现代社会生产力发展的最终目标和必然结果。到现在为止的全部有记载的历史都是阶级斗争的历史,都是不断更替地由一些社会阶级统治和战胜另一些社会阶级的历史"。他们"对工人阶级的功绩,可以这样简单地来表达:他们教会了工人阶级自我认识和自我意识,用科学代替了幻想"。他们共同起草的《共产党宣言》,共同创立了科学共产主义理论,鲜明地叙述了新的世界观,是包括社会主义在内的彻底的唯物主义,最全面深刻的发展学说以及关于阶级斗争,关于共产主义新社会的创造者无产阶级所负的世界历史使命的理论。他们共同完成的《资本论》,揭示了资本主义社会的经济运动规律,证明这一发展的方向必然引导到社会主义革命和无产阶级专政的确立。他们创造的理论一直作为国际工人运动的精神领导者发挥着不断增长的巨大作用。

(二)概述了恩格斯作为马克思主义的创始人和现代无产阶级伟大导师之一的生平与活动

列宁在介绍恩格斯的生平和活动中,主要阐述了两个问题。

1. 恩格斯的思想转变

文中指出,和马克思一样,恩格斯曾经是黑格尔的信徒,他们的思想都经历了从唯心主义到唯物主义、从民主主义到共产主义的转变。恩格斯的这两个转变,是他在转向实际生活,亲身参加了革命实践活动中实现的。恩格斯在英国工业中心曼彻斯特,通过实地观察英国工人阶级状况,同时阅读他所能找得到的在他以前论述英国工人阶级状况的一切著作,仔细研究了他所能看到的一切官方文件,认识无产阶级。1844年2月在《德法年鉴》上发表的《政治经济学批判大纲》和1845年出版的《英国工人阶级状况》两部著作,是恩格斯完成"两个转变"的标志。恩格斯继而在巴黎和马克思一起,写下了《神圣家族》,奠定了革命唯物主义的社会主义的基础。

2. 恩格斯在创立发展马克思主义中的作用

恩格斯是马克思主义的创始人之一,是现代无产阶级的两位伟大导师之一。为了说明恩格斯在创立和发展马克思主义中的作用,列宁在文章里介绍了恩格斯的许多重要著作的内容和意义,主要有《英国工人阶级状况》《神圣家族》《政治经济学批判大纲》《共产党宣言》《反杜林论》《家庭、私有制和国家的起源》《路德维希·费尔巴哈和德国古典哲学的终结》等。列宁认为,恩格斯首先从社会主义的观点考察近代经济制度的基本现象,认为这些现象是私有制统治的必然结果,从而促使马克思去研究政治经济学;他第一次说明了无产阶级不只是一个受苦的阶级,而且是一个能够自己解放自己的革命的阶级,并确认社会主义是无产阶级的唯一出路,无产阶级只有为社会主义奋斗,才能成为一种伟大的革命力量;他和马克思一起写下了叙述新世界观的《共产党宣言》,后又"继续共同创造科学社会主义";根据唯物史观和马克思的经济理论,恩格斯以通俗的、论战性的形式阐明了最一般的科学问题以及过去和现在的各种现象;他整理和出版了《资本论》第2、3卷,这两卷《资本论》实际上是马克思和恩格斯"两人的著作";经过艰苦努力,《资本论》第2卷于1885年出版,1894年又出版了第3卷。恩格斯除了从事繁重的理论工作以外,也十分重视和关心国际共产主义的革命实践活动。他和马克思一起领导了第一国际。马克思去世后,他继续担任欧洲社会党人的顾问和领导者,是"整个文明世界中最卓越的学者和现代无产阶级的导师"。1889年,在他的直接领导下,各国社会主义者在巴黎成立第二国际。

(三) 赞颂了恩格斯同马克思的伟大友谊

马克思在思想上是富有者,在经济上却是严贫户,这位对资本主义经济有着透彻研究的伟大经济学家,本身一贫如洗,他的一生几乎是在贫困潦倒中度过的。马克思没有固定的工作,一家人的经济来源主要靠他极不稳定而又极其微薄的稿费收入,加之资产阶级对他的迫害和封锁,使饥饿和生存问题始终困扰着马克思一家,差不多把马克思置于死地。在颠沛流离的生活中,他常常囊空如洗,衣食无着,在困境的泥沼中挣扎。如果不是恩格斯在经济上对他进行长期无私的援助,马克思将无法从事领导国际无产阶级运动和专心理论创作。正是由于恩格斯的慷慨相助,才使马克思勉强维持生存,得以长期地一心从事科学著述,为写作《资本论》进行广泛深入的经济学研究。恰如列宁所说:"如果不是恩格斯牺牲自己而不断给予资助,马克思不但不能写成《资本论》而且势必会死于贫困。"对于恩格斯的无私奉献,马克思非常感动,也十分不安,他在1867年致恩格斯的信中写道:"坦白地向你说,我的良心经常像被梦魇压着一样感到沉重,因为你的卓越才能主要是为了我才浪费在经商上,才让它们荒废,而且还要分担我的一切琐碎的忧患。"这是马克思的肺腑之言。列宁在本文中这样描述了他们的友谊:

"古老传说中有各种非常动人的友谊故事。欧洲无产阶级可以说,它的科学是由这两位学者和战士创造的,他们的关系超过了古人关于人类友谊的一切最动人的传说。恩格斯总是把自己放在马克思之后,总地说来这是十分公正的。他在写给一位老朋友的信中说:'马克思在世的时候,我拉第二小提琴。'他对在世时的马克思无限热爱,对死后的马克思无限敬仰。这位严峻的战士和严正的思想家,具有一颗深情挚爱的心。"

(四)指出马克思和恩格斯对俄国革命运动的关怀

文章指出,马克思和恩格斯两人都懂俄文,都读俄文书籍,都清楚地看到俄国政治革命对西欧的工人运动的巨大的意义,非常关心俄国的情况,以同情的态度注视俄国的革命运动,并一直同俄国的革命者保持联系,俄国少数革命者所进行的反对强大的沙皇政府的英勇斗争,总是得到这两位久经锻炼的革命家最表同情的反响。恩格斯的逝世,使俄国的革命者因而失去了最好的朋友。

四、重要意义

(1)文章通过对恩格斯生平与活动的介绍及对恩格斯的评价,比较系统地论述了马克思主义的形成发展的历程,概括了马克思主义的最基本内容及马克思学说和活动对现代工人运动发展的意义,不仅在当时,对"唤醒俄国工人的阶级意识",了解马克思主义有重要的意义;而且,在今天,对于我们坚持和发展马克思主义具有重要的指导意义。

(2)从这篇文章我们可以看到列宁当时已经是一个成熟的马克思主义者,他不仅正确地掌握了马克思主义的基本理论,而且十分熟悉马克思和恩格斯的主要著作,对马克思主义的形成与发展有比较完整的理解。这对于理解列宁早期思想发展是十分有意义的。

(3)恩格斯和马克思的崇高友谊,为人类树立了光辉的典范,这两位伟人的伟大友谊告诉世人:建立在共同信仰和追求基础之上的友谊,是万古长青、牢不可破的。

第五章
Chapter 5

青年团的任务 （1920年10月2日） *

一、原文

同志们！今天我想讲的题目是：共产主义青年团的基本任务是什么，以及社会主义共和国内青年组织应当是怎样的组织。

这个问题应当讲一讲，尤其是因为从某种意义上可以说，真正建立共产主义社会的任务正是要由青年来担负。很明显，从资本主义社会培养出来的一代工作者所能完成的任务，至多是消灭建筑在剥削上面的资本主义旧生活方式的基础。他们至多也只能建立这样一种社会制度，这种社会制度帮助无产阶级和劳动阶级保持自己的政权，奠定巩固的基础，至于在这个基础上进行建设，那就只有靠在新条件下，在人与人之间的剥削关系已不存在的情况下参加工作的一代人去担负。

如果根据这一点来看青年的任务，就应当说，全体青年的任务，尤其是共产主义青年团及其他一切组织的任务，可以用一句话来表达：就是要学习。

当然，这仅仅是"一句话"，还没有答复主要的和最本质的问题——学习什么和怎样学习。而这里的全部关键就在于：在改造资本主义旧社会的同时，将来要建设共产主义社会的新一代人的训练、培养和教育，就不能再像从前那样了。青年的训练、培养和教育应当以旧社会遗留给我们的材料为出发点。我们只能利用旧社会遗留给我们的全部知识、组织和机关，在旧社会

---

* 列宁的这篇讲话最初发表于 1920 年 10 月 5、6、7 日《真理报》第 221、222、223 号，当年用《青年团的任务（在俄国共产主义青年团第三次代表大会上的讲话）》为书名印成小册子出版。原文选自《列宁选集》人民出版社 1995 年版。

遗留下来的人力和物力的条件下建设共产主义。只有把青年的训练、组织和培养这一事业加以根本改造，我们才能做到：青年一代努力的结果将建立一个与旧社会完全不同的社会，即共产主义社会。因此，我们需要详细论述的问题，就是我们应当教给青年什么；真正想无愧于共产主义青年称号的青年应当怎样学习；以及应当如何培养青年，使他们能够彻底完成我们已经开始的事业。

我应当指出，看来首先的和理所当然的回答是：青年团和所有想走向共产主义的青年都应该学习共产主义。

但是"学习共产主义"这个回答未免太笼统了。为了学会共产主义，我们应该怎样呢？为了学到共产主义知识，我们应该从一般知识的总和中吸取哪些东西呢？这里我们可能遇到许多危险，如果把学习共产主义的任务提得不正确，或者对这一任务理解得太片面，往往就会出现危险。

初看起来，总以为学习共产主义就是领会共产主义教科书、小册子和著作里所讲的一切知识。但是，给学习共产主义下这样的定义，就未免太草率、太不全面了。如果说，学习共产主义只限于领会共产主义著作、书本和小册子里的东西，那我们就很容易造就出一些共产主义的书呆子或吹牛家，而这往往会使我们受到损害，因为这种人虽然把共产主义书本和小册子上的东西读得烂熟，却不善于把所有这些知识融会贯通，也不会按共产主义的真正要求去行动。

资本主义旧社会留给我们的最大祸害之一，就是书本与生活实践完全脱节，因为那些书本把什么都描写得好得了不得，其实大半都是最令人厌恶的谎言，虚伪地向我们描绘了资本主义社会的情景。

因此，单从书本上来领会关于共产主义的论述，是极不正确的。现在我们的讲话和文章，已经不是简单地重复以前对共产主义所作的那些论述，因为我们的讲话和文章都是同日常各方面的工作联系着的。离开工作，离开斗争，那么从共产主义小册子和著作中得来的关于共产主义的书本知识，可以说是一文不值，因为这样的书本知识仍然会保持旧时的理论与实践的脱节，而这正是资产阶级旧社会的一个最令人厌恶的特征。

如果我们只求领会共产主义的口号，那就更危险了。我们若不及时认清这种危险，不用全力来消除这种危险，那么50万至100万男女青年这样学了共产主义之后，将自称为共产主义者，这就只会使共产主义事业遭到莫大的损害。

这样就向我们提出一个问题：为了学习共产主义，我们应该怎样把这一切结合起来？从旧学校和旧的科学中，我们应当吸取一些什么？旧学校总是说，它要造就知识全面的人，它教的是一般科学。我们知道，这完全是撒谎，因为过去整个社会赖以生存和维持的基础，就是把人分成阶级，分成剥削者和被压迫者。自然，贯串着阶级精神的旧学校，也就只能向资产阶级的子女传授知识。这种学校里的每一句话，都是根据资产阶级的利益捏造出来的。在这样的学校里，与其说是教育工农的年青一代，倒不如说是对他们进行符合资产阶级的利益的训练。教育这些青年的目的，就是训练对资产阶级有用的奴仆，使之既能替资产阶级创造利润，又不会惊扰资产阶级的安宁和悠闲。因此在否定旧学校的时候，我们给自己提出的任务是：从这种学校中只吸取我们实行真正共产主义教育所必需的东西。

这里我要谈谈经常听到的人们对旧学校的斥责与非难，从这些话中，往往会得出完全不正确的结论。有人说，旧学校是死读书的学校，实行强迫纪律的学校，死记硬背的学校。这说得对，但是，要善于把旧学校中的坏东西同对我们有益的东西区别开来，要善于从旧学校中挑选出共产主义所必需的东西。

旧学校是死读书的学校，它迫使人们学一大堆无用的、累赘的、死的知识，这种知识塞满了青年一代的头脑，把他们变成一个模子倒出来的官吏。但是，如果你们试图从这里得出结论说，不掌握人类积累起来的知识就能成为共产主义者，那你们就犯了极大的错误。如果以为不必领会共产主义本身借以产生的全部知识，只要领会共产主义的口号，领会共产主义科学的结论就足够了，那是错误的。共产主义是从人类知识的总和中产生出来的，马克思主义就是这方面的典范。

你们读过和听说过：主要由马克思创立的共产主义理论，共产主义科学，即马克思主义学说，已经不仅仅是19世纪一位社会主义者——虽说是天才的社会主义者——的个人著述，而成为全世界千百万无产者的学说；他们已经运用这个学说在同资本主义作斗争。如果你们要问，为什么马克思的学说能够掌握最革命阶级的千百万人的心灵，那你们只能得到一个回答：这是因为马克思依靠了人类在资本主义制度下所获得的全部知识的坚固基础；马克思研究了人类社会发展的规律，认识到资本主义的发展必然导致共产主义，而主要的是他完全依据对资本主义社会所作的最确切、最缜密和最深刻的研究，借助于充分掌握以往的科学所提供的全部知识而证实了这个结论。凡是人类社会所创造的一切，他都有批判地重新加以探讨，任何一点也没有忽略过去。凡是人类思想所建树的一切，他都放在工人运动中检验过，重新加以探讨，加以批判，从而得出了那些被资产阶级狭隘性所限制或被资产阶级偏见束缚住的人所不能得出的结论。

例如，当我们谈到无产阶级文化的时候，就必须注意这一点。应当明确地认识到，只有确切地了解人类全部发展过程所创造的文化，只有对这种文化加以改造，才能建设无产阶级的文化，没有这样的认识，我们就不能完成这项任务。无产阶级文化并不是从天上掉下来的，也不是那些自命为无产阶级文化专家的人杜撰出来的。如果硬说是这样，那完全是一派胡言。无产阶级文化应当是人类在资本主义社会、地主社会和官僚社会压迫下创造出来的全部知识合乎规律的发展。条条大道小路一向通往，而且还会通往无产阶级文化，正如马克思改造过的政治经济学向我们指明人类社会必然走到那一步，指明必然过渡到阶级斗争，过渡到开始无产阶级革命。

当我们听到有些青年以及某些维护新教育制度的人常常非难旧学校，说它是死记硬背的学校时，我们就告诉他们，我们应当吸取旧学校中的好东西。我们不应当吸取旧学校的这样一种做法，即用无边无际的、九分无用一分歪曲了的知识来充塞青年的头脑，但是这并不等于说，

第五章 青年团的任务

我们可以只学共产主义的结论,只背共产主义的口号。这样是建立不了共产主义的。只有了解人类创造的一切财富以丰富自己的头脑,才能成为共产主义者。

我们不需要死记硬背,但是我们需要用对基本事实的了解来发展和增进每个学习者的思考力,因为不把学到的全部知识融会贯通,共产主义就会变成空中楼阁,就会成为一块空招牌,共产主义者也只会是一些吹牛家。你们不仅应该掌握知识,而且应该用批判的态度来掌握这些知识,不是用一堆无用的垃圾来充塞自己的头脑,而是用对一切事实的了解来丰富自己的头脑,没有这种了解就不可能成为一个现代有学识的人。如果一个共产主义者不下一番极认真、极艰苦而巨大的工夫,不弄清他必须用批判的态度来对待的事实,便想根据自己学到的共产主义的现成结论来炫耀一番,这样的共产主义者是很可悲的。这种不求甚解的态度是极端有害的。要是知道自己懂得太少,那就要设法使自己懂得多一些,但是如果有人说自己是共产主义者,同时又认为自己根本不需要任何扎实的知识,那他就根本不能成为共产主义者。

旧学校培养资本家所需要的奴仆,把科学人才训练成迎合资本家口味来写作和说话的人。因此我们必须废除这样的学校。我们应当废除这样的学校,摧毁这样的学校,但这是不是说,我们就不应当从这种学校里吸取人类所积累起来而为人们所必需的一切呢?这是不是说,我们就不应当去区别哪些是资本主义所需要的东西,哪些是共产主义所需要的东西呢?

我们废除资产阶级社会内违反大多数人的意志而实行的强迫纪律,代之以工农的自觉纪律,工人和农民不但仇恨旧社会,而且有毅力、有本领、有决心团结和组织力量去进行这一斗争,以便把散居在辽阔国土上的分散而互不联系的千百万人的意志统一为一个意志,因为没有这样的统一意志,我们就必然会遭到失败,没有这样的团结,没有这样的工农的自觉纪律,我们的事业就毫无希望。不具备这些条件,我们就不能战胜全世界的资本家和地主。我们就会连基础也不能巩固,更谈不到在这个基础上建成共产主义新社会了。同样,我们否定旧学校,对旧学校怀着完全正当和必要的仇恨心理,珍视那种要摧毁旧学校的决心,但是我们应当了解,废除以前的死读书、死记硬背和强迫纪律时,必须善于吸取人类的全部知识,并要使你们学到的共产主义不是生吞活剥的东西,而是经过你们深思熟虑的东西,是从现代教育观点上看来必然的结论。

我们在谈论学好共产主义这一任务时就应该这样来提出基本任务。

为了向你们说明这一点,同时也谈谈怎样学习的问题,让我举一个实际例子。你们都知道,紧接着军事任务即保卫共和国的任务之后,我们即将面临经济任务。我们知道,如果不恢复工业和农业(而且必须不按旧方式来恢复),那么共产主义社会是建设不成的。必须在现代最新科学成就的基础上恢复工业和农业。你们知道,这样的基础就是电;只有全国电气化,一切工业和农业部门都电气化的时候,只有当你们真正担负起这个任务的时候,你们才能替自己建成老一代人所不能建成的共产主义社会。你们面临的任务是振兴全国的经济,要在立足于现代科学技术、立足于电力的现代技术基础上使农业和工业都得到改造和恢复。你们完全了解,不识字的人实现不了电气化,而且仅仅识字还不够。只懂得什么是电还不够,还应该懂得怎样在技术上把电应用到工农业上去，应用到工农业的各个部门中去。你们自己必须学会这一点，而且还要教会全体劳动青年。这就是一切有觉悟的共产主义者的任务，也就是每一个认为自己是共产主义者的青年，每一个明确地认识到加入共产主义青年团之后就负起了帮助党建设共产主义、帮助整个青年一代建立共产主义社会的责任的青年的任务。每个青年必须懂得，只有受了现代教育，他才能建立共产主义社会，如果不受这种教育，共产主义仍然不过是一种愿望而已。

老一代人的任务是推翻资产阶级。那时的主要任务是批判资产阶级，激发起群众对资产阶级的仇恨，提高阶级觉悟，提高团结自己力量的本领。新一代人面临的任务就比较复杂了。你们不只是应当团结自己的一切力量来支持工农政权抗击资本家的侵犯。这一点你们应当做到。这一点你们完全了解，每个共产主义者都非常清楚。但是这还不够。你们应当建成共产主义社会。前一半工作在许多方面已经完成了。旧东西应该摧毁，而且已经摧毁了，它应该变成废墟，而且已经变成了废墟。地基已经清理好，年青一代的共产主义者应当在这块地基上建设共产主义社会。你们当前的任务是建设，你们只有掌握了一切现代知识，善于把共产主义由背得烂熟的现成公式、意见、方案、指示和纲领变成能把你们的直接工作统一起来的活生生的东西，把共产主义变成你们实际工作的指针，那时才能完成这个任务。

这就是你们在教育、培养和发动整个青年一代的事业中应当执行的任务。你们应该是千百万共产主义社会建设者的带头人，一切男女青年都应该成为这样的建设者。不吸收全体工农青年参加共产主义建设，你们就不能建成共产主义社会。

这里我自然要讲到这样的问题：我们应当怎样教授共产主义，我们的方法应该有什么特点。

我在这里首先要谈谈共产主义道德问题。

你们应当把自己培养成共产主义者。青年团的任务就是要这样来安排自己的实际活动：使团员青年在学习、组织、团结和斗争的过程中把他们自己和那些以他们为带头人的人都培养成共产主义者。应该使培养、教育和训练现代青年的全部事业，成为培养青年的共产主义道德的事业。

但是，究竟有没有共产主义道德呢？有没有共产主义品德呢？当然是有的。人们往往硬说我们没有自己的道德；资产阶级常常给我们加上一个罪名，说我们共产主义者否定任何道德。这是一种偷换概念、蒙骗工农的手段。

究竟在什么意义上我们否定道德，否定品德呢？

是在资产阶级所宣传的道德的意义上，这种道德是他们从上帝的意旨中引申出来的。关于这一点，我们当然说，我们不信上帝，并且我们十分清楚，僧侣、地主和资产阶级都假借上帝的名义说话，为的是谋求他们这些剥削者自身的利益。或者他们不是从道德的要求，不是从上帝的意旨，而是从往往同上帝意旨很相似的唯心主义或半唯心主义论调中引申出这种道德来的。

第五章 青年团的任务

我们否定从超人类和超阶级的概念中引出的这一切道德。我们说这是欺骗,这是为了地主和资本家的利益来愚弄工农,禁锢工农的头脑。

我们说,我们的道德完全服从无产阶级阶级斗争的利益。我们的道德是从无产阶级阶级斗争的利益中引申出来的。

旧社会建筑在地主和资本家压迫全体工农的基础上。我们应当摧毁这个社会,应该打倒这些压迫者,为了这个目的就必须团结起来。而上帝是不会创造这种团结的。

只有工厂,只有受过训练的、从过去的沉睡中觉醒过来的无产阶级,才能创造这种团结。只有当这个阶级已经形成的时候,群众运动才开展起来,才造成了现在我们看到的情形,即无产阶级革命在一个极弱的国家中获得了胜利,这个国家三年来抗击了全世界资产阶级对它的进攻。同时我们还看到,无产阶级革命在全世界日益发展。现在我们可以根据实际经验来说,只有无产阶级才能创造一种团结一致的力量,这种力量在引导分散的农民,并且经受住了剥削者的一切进攻。只有这个阶级才能帮助劳动群众联合起来、团结起来,彻底捍卫和巩固共产主义社会,最终建成共产主义社会。

因此,我们说:在我们看来,超人类社会的道德是没有的;那是一种欺骗。在我们看来,道德是服从于无产阶级阶级斗争的利益的。

这种阶级斗争究竟是什么呢?这就是推翻沙皇,打倒资本家,消灭资本家阶级。

阶级究竟是怎么回事呢?这就是允许社会上一部分人占有别人的劳动。如果社会上一部分人占有全部土地,那就有了地主阶级和农民阶级;如果社会上一部分人拥有工厂,拥有股票和资本,而另一部分人却在这些工厂里做工,那就有了资本家阶级和无产者阶级。

赶走沙皇并不困难,这总共用了几天的工夫。赶走地主也不很困难,这在几个月内就做到了;赶走资本家同样也不是很困难的事情。但是,要消灭阶级就无比困难了;工人和农民的区分仍然存在。如果一个农民单独占用一块土地,拥有余粮,即他本人及其家畜都不需要的粮食,而别人却没有粮食吃,那么这个农民也就变成剥削者了。他剩余的粮食愈多,获利就愈大,至于别人,就让他们挨饿去吧,"他们愈饿,我的粮食就卖得愈贵"。应该使所有的人都按照一个共同的计划和共同的规章,在公共的土地上和公共的工厂中工作。这容易做到吗?你们知道,要做到这一点,决不像赶走沙皇、地主和资本家那样容易。这里需要无产阶级去重新教育和改造一部分农民,把劳动农民争取过来,以便消灭那些富裕的和专靠别人贫困来发财致富的农民的反抗。可见,无产阶级斗争的任务,并没有因为推翻了沙皇、赶走了地主和资本家而宣告结束,我们称之为无产阶级专政的制度,正是要来完成这项任务。

阶级斗争还在继续,只是改变了形式。这是无产阶级为了使旧的剥削者不能卷土重来,使分散的愚昧的农民群众联合起来而进行的阶级斗争。阶级斗争在继续,我们的任务就是要使一切利益都服从这个斗争。我们也要使我们的共产主义道德服从这个任务。我们说:道德是为摧毁剥削者的旧社会、把全体劳动者团结到创立共产主义者新社会的无产阶级周围服务的。

共产主义道德是为这个斗争服务的道德,它把劳动者团结起来反对一切剥削,反对一切小私有制，因为小私有制把全社会的劳动所创造的成果交给了个人。而在我国，土地已经是公共财产了。

如果我从这个公共财产中拿一块土地来，种出超过我的需要一倍的粮食，然后用余粮来投机倒把，那又怎样呢？如果我这样盘算：饿肚子的人愈多，我出卖粮食的价钱就愈高，那又怎样呢？难道我这是共产主义者的行为吗？绝对不是，这是剥削者的行为，私有者的行为。应该同这种行为作斗争。如果听之任之，那一切都会开倒车，回复到资本家的政权，资产阶级的政权，就像过去一些革命中常有的情形那样。因此，为了不让资本家和资产阶级的政权恢复，就要禁止投机买卖，就要使某些人不能用损人利己的手段来发财致富，就要使劳动者同无产阶级团结起来建设共产主义社会。这也就是共产主义青年团和共产主义青年组织基本任务的主要特征。

旧社会依据的原则是：不是你掠夺别人，就是别人掠夺你；不是你给别人做工，就是别人给你做工；你不是奴隶主，就是奴隶。可见，凡是在这个社会里教养出来的人，可以说从吃母亲奶的时候起就接受了这种心理、习惯和观点——不是奴隶主，就是奴隶，或者是小私有者、小职员、小官吏、知识分子，总之，是一个只关心自己而不顾别人的人。

既然我种我的地，别人的事就与我无关；别人要是挨饿，那更好，我可以抬高价格出卖我的粮食。如果我有了一个医生、工程师、教员或职员的小职位，那么别人的事也与我无关。也许，只要我讨好、巴结有权势的人，就不仅能保住我的小职位，还可以爬到资产者的地位上去。共产主义者就不能有这种心理和情绪。当工人和农民已经证明我们能用本身的力量捍卫自己并且创造新社会的时候，也就开始了新的共产主义的教育，反对剥削者的教育，同无产阶级联合起来反对利己主义者和小私有者，反对"我赚我的钱，其他一切都与我无关"的心理和习惯的教育。

这就是对青年一代应该怎样学习共产主义的回答。

青年们只有把自己的训练、培养和教育中的每一步骤同无产者和劳动者不断进行的反对剥削者的旧社会的斗争联系起来，才能学习共产主义。当人们向我们讲到道德的时候，我们回答说：在共产主义者看来，全部道德就在于这种团结一致的纪律和反对剥削者的自觉的群众斗争。我们不相信有永恒的道德，并且要揭穿一切关于道德的骗人的鬼话。道德是为人类社会上升到更高的水平，为人类社会摆脱对劳动的剥削服务的。

要实现这一点，必须有这样的青年一代，他们在有纪律地同资产阶级作殊死斗争中已开始成为自觉的人。在这个斗争中，他们中间一定会培养出真正的共产主义者，他们应当使自己的训练、教育和培养中的每一步骤都服从这个斗争，都同这个斗争联系起来。培养共产主义青年，决不是向他们灌输关于道德的各种美丽动听的言词和准则。我们要培养的并不是这些。当人们看到他们的父母在地主和资本家的压迫下怎样生活的时候，当他们自己分担那些开始同剥削者作斗争的人们所受的痛苦的时候，当他们看到为了继续这一斗争以保卫已经取得的成果，付出了多大的牺牲，看到地主和资本家是多么疯狂的敌人的时候，他们就在这种环境中培养成为共产主义者。为巩固和完成共产主义事业而斗争,这就是共产主义道德的基础。这也就是共产主义培养、教育和训练的基础。这也就是对应该怎样学习共产主义的回答。

训练、培养和教育要是只限于学校以内,而与沸腾的实际生活脱离,那我们是不会信赖的。只要工农还受地主和资本家的压迫,只要学校还操纵在地主和资本家手里,青年一代就仍然是愚昧无知的。可是我们的学校应当使青年获得基本知识,使他们自己能够培养共产主义的观点,应该把他们培养成有学识的人。我们的学校应当使人们在学习期间就成为铲除剥削者这一斗争的参加者。共产主义青年团只有把自己的训练、培养和教育中的每一步骤同参加全体劳动者反对剥削者的总斗争联系起来,才符合共产主义青年团这一称号。你们很清楚:目前俄国还是唯一的工人共和国,世界其他各地还存在着资产阶级旧制度,我们还比它们弱;我们随时都有遭到新的进攻的危险;只有学会团结一致,我们才能在今后的斗争中获得胜利,而我们得到巩固之后,就会成为真正不可战胜的力量。因此,做一个共产主义者,就要把全体青年都组织和团结起来,要在这个斗争中作出有教养和守纪律的榜样。那时你们才能着手建设并彻底建成共产主义社会的大厦。

为了把这一点说得更清楚,我来给你们举个例子。我们把自己叫作共产主义者。什么是共产主义者呢?共产主义者是个拉丁词,communis 一词是"公共"的意思。共产主义社会就意味着土地、工厂都是公共的,实行共同劳动——这就是共产主义。

如果每个人都单独经营一块土地,那劳动能是共同的吗?共同劳动不是一下子就能实行的。这是不可能的事。共同劳动不是从天上掉下来的。它需要经过艰苦努力和创造,要在斗争进程中才能实行。这里不能靠旧的书本,书本是谁也不会相信的。这里要靠自己的生活经验。当高尔察克从西伯利亚、邓尼金从南方进攻时,农民是站在他们那边的。当时农民不欢迎布尔什维主义,因为布尔什维克按固定价格收购粮食。但是农民在西伯利亚和乌克兰尝到了高尔察克和邓尼金的政权的滋味之后,就认清了农民没有别的选择余地:或者投奔资本家,那么资本家就要你去给地主当奴隶;或者跟着工人走,虽然工人没有许愿让你过天堂般的生活,而且还要你在艰苦的斗争中遵守铁的纪律并具有坚强的意志,可是他们却能使你摆脱资本家和地主的奴役。甚至是那些愚昧无知的农民,只要根据亲身的经验懂得和认识了这一点,也就成了自觉的、经过艰苦磨炼的共产主义拥护者。共产主义青年团也应当把这种经验作为自己全部活动的基础。

我已经回答了我们应当学什么,应该从旧学校和旧科学中吸取什么的问题。现在我还想来回答一下应当怎样学习这些东西的问题。我的回答是:只有把学校活动的每一步骤,把培养、教育和训练的每一步骤,同全体劳动者反对剥削者的斗争密切联系起来。

我要从某些青年组织的工作经验中举出几个例子,向你们具体说明应该怎样进行这种共产主义教育。大家都在谈论扫除文盲。你们知道,在一个文盲的国家里是不能建成共产主义社会的。单靠苏维埃政权颁布一道命令,或者靠党提出一定的口号,或者派一部分优秀的工作人员去进行这项工作,那是不够的。还需要青年一代自己把这个工作担负起来。共产主义精神体现在参加青年团的男女青年自己站出来说：这是我们的事情，我们要联合起来到农村去扫除文盲，使我们这代青年中不再有文盲。我们要努力使青年们能主动积极地从事这个工作。你们知道，要把俄国从一个愚昧的文盲国家很快变成人人识字的国家是不可能的；但是，如果青年团能担负起这个工作，如果全体青年都能为大家的利益而工作，那么这个团结着40万青年男女的组织，就有权称为共产主义青年团了。青年团的任务还在于：除了掌握各种知识，还要帮助那些靠自己的力量摆脱不了文盲愚昧状况的青年。做一个青年团员，就要把自己的工作和精力全部贡献给公共事业。这就是共产主义教育。只有在这样的工作中，青年男女才能培养成真正的共产主义者。只有当他们在这种工作中取得实际的成绩时，他们才会成为共产主义者。

就拿城郊菜园工作来做例子吧。难道这不是该做的事吗？这也是共产主义青年团的任务之一。人民在挨饿，工人在挨饿。为了不再挨饿，应该发展菜园，但是耕作还在按旧的方式进行。因此必须让觉悟较高的人来担任这个工作，这样你们就会看到，菜园数目会增加，面积会扩大，效果会更好。共产主义青年团应当积极参加这个工作。每个青年团组织，每个青年团支部，都必须把这件事看成是自己的事情。

共产主义青年团应当是一支能够支援各种工作、处处都表现出主动性和首创精神的突击队。青年团应当成为这样的一个团体，使每个工人都感觉到，这个团体中人们所讲的学说也许是他不了解的，也许是他还不能一下子就相信的，但是从这些人的实际工作和活动可以看出，他们真正是能给他指明正确道路的人。

如果共产主义青年团不能在各方面这样来安排自己的工作，那就说明它走上了资产阶级的老路。我们的教育应当同劳动者反对剥削者的斗争结合起来，以便帮助劳动者完成共产主义学说提出的任务。

青年团员应当利用自己的每一刻空闲时间去改善菜园工作，或在某个工厂里组织青年学习等等。我们要把俄国这个贫穷落后的国家变成一个富裕的国家。因此共产主义青年团必须把自己的教育、训练和培养同工农的劳动结合起来，不要关在自己的学校里，不要只限于阅读共产主义书籍和小册子。只有在与工农的共同劳动中，才能成为真正的共产主义者。必须使大家都看到，入团的青年个个都是有文化的，同时又都善于劳动。当大家看到，我们已经废除了旧学校里的旧的强迫纪律，代之以自觉的纪律，看到每个青年都去参加星期六义务劳动，看到他们利用每个近郊菜园来帮助居民，那时人民就不会用从前的眼光来看待劳动了。

共产主义青年团的任务，是要在农村或自己的街道上帮助做些事情，我举一个小例子，像卫生工作或分配食物的工作。在资本主义旧社会里，这些事情是怎样进行的呢？那时每个人只为自己工作，谁也不注意这里有没有老人或病人；或者全部家务都压在妇女肩上，因而妇女处在受压迫受奴役的地位。谁应当来反对这种现象呢？青年团。青年团应当出来说：我们要改变这种状况，我们组织青年队经常到各家各户去，协助搞卫生工作或分配食物，正确地调配力量，有组织地为全社会的利益工作，让大家看到，劳动应该是有组织的劳动。

现在50岁左右的这一代人,是不能指望看到共产主义社会了,那时候他们都死了。至于现在15岁的这一代人,就能够看到共产主义社会,也要亲手建设这个社会。因而他们就应当知道,他们终身的全部任务就是建设这个社会。在旧社会中,是各家各户单独劳动,除了压迫老百姓的地主和资本家外,谁也没有组织过劳动。任何一种劳动,不管它怎样脏,怎样吃力,我们都应当把它组织起来,使每个工人和农民对自己都有这样的认识:我是自由劳动大军的一分子,不需要地主和资本家,我自己就会建设自己的生活,建立共产主义的秩序。共产主义青年团要使大家从小就在自觉的有纪律的劳动中受教育。这样我们才有希望完成现在所提出的任务。我们应该估计到,要全国实现电气化,使我国贫瘠化了的土地能采用最新的技术来经营,至少要花10年工夫。因此,现在是15岁、再过10~20年就会生活在共产主义社会里的这一代人,应当这样安排自己的全部学习任务:在每个乡村和城市里,青年每天都能实际完成共同劳动中的某种任务,哪怕是最微小、最平常的任务。能否保证共产主义建设成功,就要看这个工作在每个乡村里进行得怎样,就要看共产主义竞赛开展得怎样,就要看青年组织自己的劳动本领怎样。只有根据共产主义建设的成绩来检查自己的每一步骤,只有经常问问自己:为了成为团结一致的自觉的劳动者,我们是否做到了所要做的一切——只有这样,共产主义青年团才能把自己的50万团员联合成一支劳动大军并且赢得普遍的尊敬。(掌声如雷)

二、写作背景

该文是列宁1920年10月2日在俄国共产主义青年团第三次全国代表大会上的著名演说。当时的苏维埃俄国不仅国内经济状况十分困难,而且阶级斗争也十分尖锐。在意识形态方面,由于以波格丹诺夫为首的"无产阶级文化派"多次从极"左"的立场出发,打着创造无产阶级文化的旗号,鼓吹无产阶级必须"和旧文化完全决裂"等一系列谬论,极左思想越来越泛滥,并给文化教育事业造成了严重危害。特别对于一些年轻人影响更大,他们误以为革命就是要推翻一切,这对青年的成长和学习都是极为不利的。

为了实现党和国家工作重点的转移,完成经济建设任务,更好地动员青年团员和广大青年积极参加社会主义建设,充分发挥他们在革命和建设中的重要作用,列宁在共青团第三次代表大会上发表了这篇演说。

三、主要内容

列宁在这篇讲话中把青年团的基本任务概括为"学习",讲话围绕着学习什么和怎样学习这一中心,分析了俄国共产主义青年团面临的形势,指明了青年团在建设新社会,培养共产主义新人中所担负的历史使命以及实现使命的基本途径。

(一)提出认真学习共产主义理论是青年团的基本任务

列宁强调指出:"全体青年的任务,尤其是共产主义青年团及其他一切组织的任务,可以用一句话来表达:就是要学习。"那么,学习什么呢?列宁认为青年一代首先应该学习"共产主义理论,共产主义科学,即马克思主义学说","青年团和所有想走向共产主义的青年都应该学习共产主义"。

（二）论述了共产主义是从人类知识的总和中产生出来的,努力掌握人类积累起来的全部知识,才能学会共产主义

列宁指出:"无产阶级文化应当是人类在资本主义社会、地主社会和官僚社会压迫下创造出来的全部知识合乎规律的发展。"马克思主义理论之所以能够掌握最革命阶级的千百万人的心灵,正是因为"马克思依靠了人类在资本主义制度下所获得的全部知识的坚固基础;马克思研究了人类社会发展的规律,认识到资本主义的发展必然导致共产主义,而主要的是他完全依据对资本主义社会所作的最确切、最缜密和最深刻的研究,借助于充分掌握以往的科学所提供的全部知识而证实了这个结论"。因此,青年一代要想使自己成为共产主义者,就要善于对人类社会所创造的一切进行批判吸收,努力掌握人类积累起来的全部知识。"只有了解人类创造的一切财富以丰富自己的头脑,才能成为共产主义者"。同时,青年一代还应该刻苦学习现代科学技术和文化知识。"每个青年必须懂得,只有受了现代教育,他才能建立共产主义社会,如果不受这种教育,共产主义仍然不过是一种愿望而已"。"你们当前的任务是建设,你们只有掌握了一切现代知识,善于把共产主义由背得烂熟的现成公式、意见、方案、指示和纲领变成能把你们的直接工作统一起来的活生生的东西,把共产主义变成你们实际工作的指针,那时才能完成这个任务"。

（三）阐述了要把理论教育与沸腾的实际生活相结合来学习共产主义

列宁指出,"离开工作,离开斗争,那么从共产主义小册子和著作中得来的关于共产主义的书本知识,可以说是一文不值";"训练、培养和教育要是只限于学校以内,而与沸腾的实际生活脱离,那我们是不会信赖的";"青年一代只有在同全体劳动者反对剥削者的斗争中,才能培养出真正的共产主义者";"只有在与工农的共同劳动中,才能成为真正的共产主义者";"我们当前的任务是建设,你们只有掌握了一切现代知识,善于把共产主义由背得烂熟的现成公式、意见、方案、指示和纲领变成能把你们的直接工作统一起来的活生生的东西,把共产主义变成你们实际工作的指针,那时才能完成这个任务"。

（四）指明了要对青年进行共产主义道德教育

在培养和教育共产主义青年一代的过程中,列宁高度重视加强对青年一代进行共产主义道德教育的工作,大力在青年中弘扬共产主义道德。他强调指出:"应该使培养、教育和训练现代青年的全部事业,成为培养青年的共产主义道德的事业。"对青年一代进行共产主义道德教育,不仅需要向他们传授必要的共产主义道德知识,更应该注重从实践方面,引导他们积极履行共产主义道德义务,自觉地为实现共产主义而奋斗。

四、重要意义

（1）列宁在《青年团的任务》中,从推进无产阶级革命事业和建立共产主义社会的战略高

度,对青年一代所肩负的重要任务,以及如何把青年一代培养和教育成真正的共产主义者的问题,进行了深刻而精辟的论述。学习列宁的这篇光辉著作,对于加强我国当前的青年培养和教育工作,造就合格的社会主义建设者和接班人,进一步推进中国特色社会主义建设事业和中华民族的伟大复兴,都具有十分重要的现实意义。

(2)列宁在讲话中深刻指出,共产主义是从人类知识的总和中产生出来的,努力掌握人类积累起来的全部知识,才能学会共产主义的思想,对我们坚持改革开放,以积极的态度学习和吸收人类文明的一切优秀成果,吸收和借鉴当今世界各国包括资本主义发达国家的一切反映现代社会化生产规模的先进经营管理方式和管理方法有着重大的指导意义。

第六章
Chapter 6

大　学*

一、原文

经一章

大学之道,在明明德,在亲民,在止于至善。

知止而后有定,定而后能静,静而后能安,安而后能虑,虑而后能得。

物有本末,事有终始。知所先后,则近道矣。

古之欲明明德于天下者,先治其国;欲治其国者,先齐其家;欲齐其家者,先修其身;欲修其身者,先正其心;欲正其心者,先诚其意;欲诚其意者,先致其知;致知在格物。

物格而后知至,知至而后意诚,意诚而后心正,心正而后身修,身修而后家齐,家齐而后国治,国治而后天下平。

自天子以至于庶人,壹是皆以修身为本。

其本乱,而末治者,否矣。其所厚者薄,而其所薄者厚,未之有也。

此谓知本,此谓知之至也。

---

*本文是儒家经典之一,被尊为"四书"之首。

二、译文

经一章

大学的宗旨在于弘扬光明正大的品德,在于使人弃旧图新,在于使人达到最完善的境界。

知道应达到的境界才能够志向坚定;志向坚定才能够镇静不躁;镇静不躁才能够心安理得;心安理得才能够思虑周详;思虑周祥才能够有所收获。

每样东西都有根本有枝末,每件事情都有开始有终结。明白了这本末始终的道理,就接近事物发展的规律了。

古代那些要想在天下弘扬光明正大品德的人,先要治理好自己的国家;要想治理好自己的国家,先要管理好自己的家庭和家族;要想管理好自己的家庭和家族,先要修养自身的品性;要想修养自身的品性,先要端正自己的心思;要想端正自己的心思,先要使自己的意念真诚;要想使自己的意念真诚,先要使自己获得知识;获得知识的途径在于认识、研究万事万物。

通过对万事万物的认识、研究后才能获得知识;获得知识后意念才能真诚;意念真诚后心思才能端正;心思端正后才能修养品性;品性修养后才能管理好家庭和家族;管理好家庭和家族后才能治理好国家;治理好国家后天下才能太平。

上自国家元首,下至平民百姓,人人都要以修养品性为根本。

若这个根本被扰乱了,家庭、家族、国家、天下要治理好是不可能的。不分轻重缓急,本末倒置却想做好事情,这也同样是不可能的!

这就叫抓住了根本,这就叫知识达到顶点了。

三、背景知识

《礼记·大学》的"大学",在先秦时代读作"太(tài)学",宋以后一般读作"大(dà)学"。《大学》并不是一本书,它是《礼记》中的第四十二篇,宋朝程颢、程颐兄弟从《礼记》中将其抽出加以改编,使之独立成篇。南宋朱熹作《大学章句》,将《大学》《中庸》《论语》《孟子》合编注释,称为《四书》,从此《大学》成为儒家经典。朱熹将《大学》重新编排整理,分为"经"一章,"传"十章。"'经'一章盖孔子之言,而曾子述之;其'传'十章,则曾子之意而门人记之也"。就是说,"经"是孔子的话,曾子记录下来;"传"是曾子解释"经"的话,由曾子的学生记录下来。

《大学》的版本主要有两个体系:一是经朱熹编排整理,划分为经、传的《大学章句》本;一是按原有次序排列的古本,即《礼记》中的《大学》原文。以朱熹《大学章句》本,流传最广、影响最大,本篇就是采用的《大学章句》本。

《大学》成书的年代,正是仁治演变为"智治为主,刑治为辅"的管理社会模式逐步形成的年代,这是一个重要的历史转折时期,所以《大学》里重在强调道德,这是在当时离德失德、丧仁弃义、礼德也无法维持的时候,一批有识之士分析了当时的社会历史现象,提出来的一个教

四、主要内容

大学之道讲的既是成人之道，更是儒家"入世"之道。这里的《大学》与今天的大学不是一回事。它是一部儒家经典，不仅被尊为"四书"之首，而且被视为"四书""五经"的入门文章。《大学》为"初学入德之门也"。

（一）《大学》的总体思想

"经"一章提出了"明明德、亲民、止于至善"三条纲领，"三纲领"既是《大学》的纲领旨趣，又是儒学"垂世立教"的目标所在。又提出了"格物、致知、诚意、正心、修身、齐家、治国、平天下"八个条目，"八条目"既是为达到"三纲领"而设计的条目工夫，又是儒学为我们展示的人生进修阶梯。"八条目"是实现"三纲领"的途径。"传"十章分别解释明明德、亲民、止于至善、本末、格物、致知、诚意、正心、修身、齐家、治国、平天下。

（二）"三纲领"——道德修养的标准

"明明德、亲民、止于至善"就是《大学》的"三纲领"。"三纲领"体现了道德修养的行为准则和价值目标。所谓"明明德"，前一个"明"是动词，意指理解掌握，而后一个"明"为形容词或名词，强调儒家的道统而非其他的歪门邪道。"明明德"的含义是彰明天赋给人的美德，通过充分发挥个体的主观能动性，修养自身来恢复本就具有的善良特性。

"亲民"，"亲"是革新的意思。"亲民"就是使人自明其德，革旧图新。如果"明明德"是对自我本性的恢复，是一种内圣之道，那么"亲民"则是指道德修养者把"明德"扩展到民众身上去，使民众都得到"明德"的照耀和惠泽。"亲民"，说到底就是将自己的道德修养普遍地施于天下百姓，并使天下百姓都能体认到自己心灵中所具有的诚明德性，由此共同创造出一个和谐社会，这样就能做到大学之道的"止于至善"了。

"至善"是指天下人人都能将"明德"发扬光大，并推己及人，使人人都获得"明德"的照耀和惠泽，天下达到尽善尽美的境地。"至善"是"三纲领"中的终极价值目标，是指一种最高的道德目标和道德境界。

"明明德与亲民、至善"一直被认为是《大学》中重要的三条纲领。其中"明德"是根本，"亲民"为路径，"至善"则是境界，是个体行为的理想目标。通过对"三纲领"的分析，我们看到它们之间存在一种递进的逻辑关系。从"明明德"出发，经由"亲民"，达到"止于至善"的理想境界。

（三）"八条目"——道德修养的步骤

"八条目"和"三纲领"是一个整体。"三纲领"是道德修养的行为准则和价值目标，要真正实现它，需要具体的行动和方法来指导，"八条目"就是道德修养的具体方法及步骤，"八条目"中的每前一目都是后一目的前提，中间不能隔断。

在"八条目"中,"格物、致知、诚意、正心",讲的是修身,"格物"是对外界事物进行推理研究,"致知"是获得对外界事物的认知和把握,在"格物、致知"之后又逻辑地推出了"诚意""正心"的修养方法和步骤。所谓"诚意",即表里如一,不自欺欺人,这是一种道德自律。"正心"就是端正自己的心思,摈弃外界干扰和不良情绪的影响,即专心致志、精力集中。这四者紧密联系、层层递进,强调通过对外界事物的研究获取知识,提高自身道德修养,进而将道德认识转化为道德行为的理性自觉能力。

"格物、致知、诚意、正心"讲的是修身的工夫,是内在的明德。"齐家、治国、平天下"是外在的功夫,"格物、致知、诚意、正心"是"齐家、治国、平天下"的前提条件,不修身就不可能齐家、治国、平天下。"修身、齐家、治国、平天下"共同构成了儒家的"内圣外王"之道,就是说君子只有将自己修身的功夫做好,成为表率楷模,才能实现齐家,在中国传统社会中家是国的缩影,国是家的扩大,治国再往外推就是平天下,平天下则是儒家思想观念中的终极追求。

"八条目"与"三纲领"是对应的。"格物、致知、诚意、正心"与"三纲领"中的"明明德"相对应,"齐家、治国、平天下"则与"亲民"相对应。"平天下"与"止于至善"相对应。

纵览四书五经,我们发现,儒家的全部学说实际上都是循着这"三纲八目"而展开的。所以,抓住这"三纲八目"就等于抓住了一把打开儒学大门的钥匙。循着这进修阶梯一步一个脚印,就可以领略儒学经典的奥秘。

五、重要意义

(一)《大学》塑造了中国民众的心理与行为方式

在经历宋、元以后,《大学》就成为学校官定的教科书和科举考试的必读书,对古代道德和人文教育理论产生了极为深刻的影响。几千年来《大学》一直从某个角度塑造并影响着中国民众的心理与行为方式,积淀了中华民族精神的文化底蕴。中国有一条古训,即"君子忧道不忧贫,君子谋道不谋食",正是对《大学》文化精神的传承和升华。"国家兴亡,匹夫有责;忍辱负重,继往开来",正是《大学》文化精神最为生动和传神的写照。它使得中华民族在思想、信念及行为方式等诸多方面区别于其他民族,强化了民族主体的自主性和能动性,并且代代繁衍,生生不息。古往今来许多仁人志士为民族的振兴、国家的发展前仆后继、奉献一切、无怨无悔就是最真实的证明。

(二)《大学》在全球化的今天彰显出其当代意义和普世价值

现代"大学"主要强调的是人的全面发展,包括德、智、体等方面。古代中国的"大学"则主要强调自我的提升和灵魂的净化,所以二者有区别但并不冲突。尤其是今天的大学,学生空前增多,但是缺少精神上的追求,灵魂无根、精神世界空虚问题值得我们关注,这正需要现代的"大学"融合古代的"大学"的精神。《大学》所代表的儒家思想强调尊重历史,尊重教化,尊重道义,注重个体修养的重要性,对当今抵制功利主义、拜金主义和享乐主义是大有裨益的。

《大学》有很深的价值关怀和人文意识,并没有因时代变迁而完全过时,仍可以在当代引导人抛弃虚假的消极的自我而走向真正的善良的自我。

(三)《大学》对当代大学生的自身修养和精神提升发挥着重要作用

在全球化的今天,大学生们爱看美国大片,吃肯德基、麦当劳,过圣诞节、愚人节,西方为主导的文化在当今的大学校园中狂欢,而我国传统的经典文化被边缘化,因此重新阅读传统的经典,重新审视儒家的思想,对大学生的自身修养和精神提升都是有启发的。纵观中国历史,《大学》已经成为传播中华民族文化精神的德治资源之一,在今天人们借鉴世界进步文化,融会新知识、新思想、新理论并努力创造和传播新知识、新理论、新思想,不断促进社会主义文化的发展过程中,《大学》发挥着不容忽略的重要作用。

要说明的一点是,我们对待《大学》和对待其他儒家经典一样,都要采取分析、批判的态度,既不能一概吸取,也不应一概排斥,而应当取其精华,去其糟粕。

第七章
Chapter 7

少年中国说（节选）*

一、原文

　　日本人之称我中国也，一则曰老大帝国，再则曰老大帝国。是语也，盖袭译欧西人之言也。呜呼！我中国其果老大矣乎？梁启超曰：恶，是何言！是何言！吾心目中有一少年中国在。

　　欲言国之老少，请先言人之老少：老年人常思既往，少年人常思将来。惟思既往也，故生留恋心；惟思将来也，故生希望心。惟留恋也，故保守；惟希望也，故进取。惟保守也，故永旧；惟进取也，故日新。惟思既往也，事事皆其所已经者，故惟知照例；惟思将来也，事事皆其所未经者，故常敢破格。老年人常多忧虑，少年人常好行乐。惟多忧也，故灰心；惟行乐也，故盛气。惟灰心也，故怯懦；惟盛气也，故豪壮。惟怯懦也，故苟且；惟豪壮也，故冒险。惟苟且也，故能灭世界；惟冒险也，故能造世界。老年人常厌事，少年人常喜事。惟厌事也，故常觉一切事无可为者；惟好事也，故常觉一切事无不可为者。老年人如夕照，少年人如朝阳；老年人如瘠牛，少年人如乳虎；老年人如僧，少年人如侠；老年人如字典，少年人如戏文；老年人如鸦片烟，少年人如泼兰地酒；老年人如别行星之陨石，少年人如大洋海之珊瑚岛；老年人如埃及沙漠之金字塔，少年人如西伯利亚之铁路；老年人如秋后之柳，少年人如春前之草；老年人如死海之潴为泽，少年人如长江之初发源。此老年与少年性格不同之大略也。梁启超曰：人固有之，国亦宜然。

　　……

---

* 这是梁启超写于1900年的文章，本文是节选。

呜呼！我中国其果老大矣乎？立乎今日，以指畴昔，唐虞三代，若何之郅治；秦皇汉武，若何之雄杰，汉唐来之文学，若何之隆盛；康乾间之武功，若何之垣赫；历史家所铺叙，词章家所讴歌，何一非我国民少年时代良辰美景赏心乐事之陈迹哉。而今颓然老矣，昨日割五城，明日割十城；处处雀鼠尽，夜夜鸡犬惊，十八省之土地财产，已为人怀中之肉；四百兆之父兄子弟，已为人注籍之奴，岂所谓"老大嫁作商人妇"者耶？呜呼！凭君莫话当年事，憔悴韶光不忍看，楚囚相对，岌岌顾影；人命危浅，朝不虑夕。国为待死之国，一国之民为待死之民，万事付之奈何，一切凭人作弄，亦何足怪。

梁启超曰：我中国其果老大矣乎？是今日全地球之一大问题也。如其老大也，则是中国为过去之国，即地球上昔本有此国，而今渐渐灭，他日之命运殆将尽也；如其非老大也，则是中国为未来之国，即地球上昔未现此国，而今渐发达，他日之前程且方长也。欲断今日之中国为老大耶？为少年耶？则不可不先明"国"字之意义。夫国也者，何物也？有土地，有人民，以居于其土地之人民，而治其所居之土地之事；自制法律而自守之；有主权，有服从，人人皆主权者，人人皆服从者。夫如是，斯谓之完全成立之国。地球上之有完全成立之国也，自百年以来也。完全成立者，壮年之事也；未能完全成立而渐进于完全成立者，少年之事也。故吾得一言以断之曰：欧洲列邦在今日为壮年国，而我中国在今日为少年国。

夫古昔之中国者，虽有国之名，而未成国之形也。或为家族之国，或为酋长之国，或为诸侯封建之国，或为一王专制之国，虽种类不一，要之其于国家之体质也，有其一部而缺其一部。正如婴儿自胚胎以迄成童，其身体之一二官支，先行长成，此外则全体虽粗具，然未能得其用也。故唐虞以前为胚胎时代，殷周之际为乳哺时代，由孔子而来至于今为童子时代，逐渐发达，而今乃始将入成童以上少年之界焉。其长成所以若是之迟者，则历代之民贼有窒其生机者也。譬犹童年多病，转类老态，或且疑其死期之将至焉，而不知皆由未完全、未成立也。非过去之谓，而未来之谓也。

且我中国畴昔，岂尝有国家哉，不过有朝廷耳。我黄帝子孙，聚族而居，立于此地球之上者既数千年，而问其国之为何名，则无有也。夫所谓唐、虞、夏、商、周、秦、汉、魏、晋、宋、齐、梁、陈、隋、唐、宋、元、明、清者，则皆朝名耳。朝也者，一家之私产也；国也者，人民之公产也。朝有朝之老少，国有国之老少，朝与国既异物，则不能以朝之老少而指为国之老少明矣。文、武、成、康，周朝之少年时代也；幽、厉、桓、赧，则其老年时代也。高、文、景、武，汉朝之少年时代也；元、平、桓、灵，则其老年时代也。自馀历朝，莫不有之。凡此者，谓为一朝廷之老也则可，谓为一国之老也则不可。一朝廷之老且死，犹一人之老且死也，于吾所谓中国者何与焉？然则吾中国者，前此尚未出现于世界，而今乃始萌芽云尔。天地大矣，前途辽矣，美哉我少年中国乎！

……

梁启超曰：造成今日之老大中国者，则中国老朽之冤业也；制出将来之少年中国者，则中国少年之责任也。彼老朽者何足道，彼与此世界作别之日不远矣，而我少年乃新来而与世界为缘。如僦屋者然，彼明日将迁居他方，而我今日始入此室处，将迁居者，不爱护其窗栊，不洁治其庭庑,俗人恒情,亦何足怪。若我少年者,前程浩浩,后顾茫茫,中国而为牛、为马、为奴、为隶,则烹脔鞭笞之惨酷,惟我少年当之。中国如称霸宇内,主盟地球,则指挥顾盼之尊荣,惟我少年享之。于彼气息奄奄、与鬼为邻者,何与焉?彼而漠然置之,犹可言也,我而漠然置之,不可言也。使举国之少年而果为少年也,则吾中国为未来之国,其进步未可量也;使举国之少年而亦为老大也,则吾中国为过去之国,其澌亡可翘足而待也。故今日之责任,不在他人,而全在我少年。少年智则国智,少年富则国富,少年强则国强,少年独立则国独立,少年自由则国自由,少年进步则国进步,少年胜于欧洲则国胜于欧洲,少年雄于地球则国雄于地球。

红日初升,其道大光;河出伏流,一泻汪洋。潜龙腾渊,鳞爪飞扬;乳虎啸谷,百兽震惶。鹰隼试翼,风尘吸张;奇花初胎,矞矞皇皇。干将发硎,有作其芒。天戴其苍,地履其黄。纵有千古,横有八荒。前途似海,来日方长。美哉我少年中国,与天不老;壮哉我中国少年,与国无疆!

二、参考译文

日本人称呼我们中国,一张口就叫老大帝国,再张口还是叫老大帝国。这个称呼,是承袭照译了欧洲西方人的话。真是实在可叹啊!我们中国果真是老大帝国吗?梁启超说:"不!这是什么话!这算什么话!在我心中有一个少年中国存在。"

要想谈国家的老与少,请让我先来谈谈人的老与少。老年人常常喜欢回忆过去,少年人则常常喜欢思索未来。由于回忆过去,所以产生留恋之心;由于考虑将来,所以产生希望之心。由于留恋,所以保守;由于希望,所以进取。由于保守,所以永远陈旧;由于进取,所以日日更新。由于回忆过去,所有的事情都是他已经经历的,所以只知道照惯例办事;由于思考未来,各种事情都是他所未经历的,因此常常敢于破格。老年人常常多忧虑,少年人常常喜欢行乐。因为多忧愁,所以容易灰心;因为要行乐,所以产生旺盛的生气。因为灰心,所以怯懦;因为气盛,所以豪壮。因为怯懦,所以只能苟且;因为豪壮,所以敢于冒险。因为苟且因循,所以必定使社会走向死亡;因为敢于冒险,所以能够创造世界。老年人常常厌事,少年人常常喜欢任事。因为厌于事,所以常常觉得天下一切事情都无可作为;因为喜好开拓新事业,所以常常觉得天下一切事情都无不可为。老年人如夕阳残照,少年人如初升的朝阳;老年人如瘦瘠的老牛,少年人如初生的虎犊;老年人如坐僧,少年人如飞侠;老年人如释义的字典,少年人如活泼的戏文;老年人如抽了鸦片洋烟,少年人如喝了白兰地烈酒;老年人如告别行星向黑暗坠落的陨石,少年人如海洋中不断增生的珊瑚岛;老年人如埃及沙漠中矗立的金字塔,少年人如西伯利亚不断延伸的大铁路;老年人如秋后的柳树,少年人如春前的青草;老年人如死海已聚水成大泽,少年人如长江涓涓初发源。这些是老年人与少年人性格不同的大致情况。梁启超说:人固然有这种不同,国家也应当如此。

……

真是可悲啊,我们中国果真已经是老大帝国了吗?站在今天以纵览往昔,尧、舜和夏商周三代,是何等美好的政治;秦始皇汉武帝,是何等的英雄豪杰;汉代唐代以来的文学,是何等的兴隆繁盛；康熙、乾隆年间的武功，是何等的盛大显赫。历史家所铺叙记载的，文学家所尽情讴歌的，哪一样不是我国民少年时代的良辰美景、赏心乐事的陈迹呢！而今颓然衰老了！昨天割去五座城，明天又割去十座城，处处穷得鼠雀不见踪影，夜夜扰得鸡犬不得安宁。全国的土地财产，已成为别人怀中的肥肉；四万万父兄同胞，已成注名于他人户册上的奴隶，这难道不就像"老大嫁作商人妇"的人一样吗？可悲啊，请君莫说当年事，衰老憔悴的光阴不忍目睹！像束手待毙的楚囚相对，孤单地自顾垂危的身影，性命险危，可谓朝不保夕，国家成为等死的国家，国民成为等死的国民。万事已到了无可奈何的地步，一切都听凭他人作弄，也没有什么值得奇怪的！

梁启超说，我们中国果真是老大帝国吗？这是今天地球上的一大问题。如果是老大帝国，那么中国就是过去的国家，即地球上原来就有这个国家，而今渐渐消灭了，以后的命运大概也差不多快完结了。如果不是老大帝国，那么中国就是未来的国家，即地球上过去从未出现这个国家，而今渐渐发达起来，以后的前程正来日方长。要想判断今日的中国是老大？还是少年？则不可不先弄清"国"字的含义。所谓国家，到底是什么呢？那是有土地、有人民，以居住生息在这片土地上的人民，治理他们这块土地上的事情，自己制定法律而自己遵守它；有主权，有服从，人人是有主权的人，人人又是遵守法律的人，如果做到这样，这就可以称之为名符其实的国家。地球上开始有名符其实的国家，只是近百年以来的事。完全名符其实的，是壮年的事情。未能完全合格而渐渐演进成名符其实的，是少年的事情。所以我可以用一句话判断他们说，欧洲列国今天是壮年国，而我们中国今天是少年国。

大凡古代中国，虽然有国家的名义，然而并未具备国家的形式。或是作为家族的国家，或是作为酋长的国家，或是作为封建诸侯的国家，或是作为一王专制的国家。虽种类不一样，总而言之，他们对于国家应具备的体制来说，都是有其中一部分而缺少另一部分。正如婴儿从胚胎变成儿童，他身体上一两种肢体器官，先开始发育形成，此外的部分虽已基本具备，但尚未能得到它的用处。所以唐虞尧舜以前为我国的胚胎时代，殷周之际为我国的乳哺时代，从孔子而来直至现在是儿童时代。逐渐发达，至今才开始将进入儿童以上的少年时代。他的发育成长之所以如此迟缓，是历代的民贼阻碍遏止他生机的结果。犹如童年多病，反而像衰老的样子，有的甚至怀疑他死期就要到了，而不知道他全是因为没有完全成长没有名符其实的缘故。这不是针对过去说的，而是放眼未来说的。

况且我们中国的过去，哪里曾出现过所谓的国家呢？不过仅仅有过朝廷罢了！我黄帝子孙，聚族而居，自立于这个地球上既有数千年，然而问一问这个国家叫什么名称，则竟没有名称。前所谓唐、虞、夏、商、周、秦、汉、魏、晋、宋、齐、梁、陈、隋、唐、宋、元、明、清的，都是朝廷的名称罢了。所谓朝廷，乃是一家的私有财产。所谓国家，乃是人民公有的财产。朝代有朝代的老与少，国家也有国家的老与少。朝廷与国家既是不同的事物，那么不能以朝廷的老少指代国家老少的道理就很明白了。文王、武王、成王、康王时代，是周朝的少年时代。至幽王、厉王、桓王、赧王时代，就是周朝的老年时代了。高祖、文帝、景帝、武帝时代，是汉朝的少年时代。至元帝、平帝、桓帝、灵帝时代,就是汉朝的老年时代了。自汉以后各代,没有一个朝代不具有少年时代和老年时代的。凡此种种称为一个朝廷老化是可以的,称为一个国家老化就不可以。一个朝廷衰老将死,犹如一个人衰老将死一样,与我所说的中国有什么相干呢。那么,我们中国,只不过以前尚未出现在世界上,而今才刚刚开始萌芽罢了。天地是多么广大啊,前途是多么辽阔啊,多么美啊我的少年中国!

……

梁启超说,造成今天衰老腐朽中国的,是中国衰老腐朽人的罪孽。创建未来的少年中国的,是中国少年一代的责任。那些衰老腐朽的人有什么可说的,他们与这个世界告别的日子不远了,而我们少年才是新来并将与世界结缘。如租赁房屋的人一样,他们明天就将迁到别的地方去住,而我们今天才搬进这间屋子居住。将要迁居别处的人,不爱护这间屋子的窗户,不清扫治理这间房舍的庭院走廊,这是俗人常情,又有什么值得奇怪的!至于像我们少年人,前程浩浩远大,回顾辽阔深远。中国如果成为牛马奴隶,那么烹烧、宰割、鞭打的惨酷遭遇,只有我们少年承受。中国如果称霸世界,主宰地球,那么发号施令左顾右盼的尊贵光荣,也只有我们少年享受;这对于那些气息奄奄将与死鬼做邻居的老朽有什么关系?他们如果漠然对待这一问题还可以说得过去。我们如果漠然地对待这一问题,就说不过去了。假使使全国的少年果真成为充满朝气的少年,那么我们中国作为未来的国家,它的进步是不可限量的;假如全国的少年也变成衰老腐朽的人,那么我们中国就会成为从前那样的国家,它的灭亡不久就要到来。所以说今天的责任,不在别人身上,全在我们少年身上。少年聪明我国家就聪明,少年富裕我国家就富裕,少年强大我国家就强大,少年独立我国家就独立,少年自由我国家就自由,少年进步我国家就进步,少年胜过欧洲,我国家就胜过欧洲,少年称雄于地球,我国家就称雄于地球。红日刚刚升起,道路充满霞光;黄河从地下冒出来,汹涌奔泻浩浩荡荡;潜龙从深渊中腾跃而起,它的鳞爪舞动飞扬;小老虎在山谷吼叫,所有的野兽都害怕惊慌,雄鹰隼鸟振翅欲飞,风和尘土高卷飞扬;奇花刚开始孕起蓓蕾,是光明盛大的样子;宝剑新磨,锋刃大放光芒。头顶着青色的长天,脚踏着黄色的大地,从纵的时间看有悠久的历史,从横的空间看有辽阔的疆域。前途像海一般宽广,未来的日子无限远长。美丽啊,我的少年中国,将与天地共存不老!雄壮啊,我的中国少年,将与祖国万寿无疆!

三、写作背景

《少年中国说》写于1900年,20世纪的第一年。戊戌政变后,由于帝国主义欺凌太甚,激起了中国百姓的普遍愤恨,爆发了义和团爱国运动,以"扶清灭洋"为号召,拔电杆、毁铁路、烧教堂、杀洋人和教民,损害到了洋人利益。帝国主义联合起来,组成八国联军来攻打北京城。清政府内忧外患,无力抵抗,因此西方列强更加放肆,趁火打劫,妄图吞并中国。八国联军侵华期间,清政府在民众的压力下,表面上向列强各国"宣战",暗地里却破坏义和团运动,向侵略军妥协投降。1900年7月14日天津失陷后,清政府于8月7日任命李鸿章为全权大臣正式向外国列强求和。那年是庚子年,这就是著名的"庚子事变"。当时八国联军制造舆论,污蔑中国是"老大帝国",是"东亚病夫",是"一盘散沙",不能自立,只能由列强共管或瓜分。而一些无知昏庸的中国人也跟着叫嚷"中国不亡是无天理","任何列强三日内就可以灭亡中国",散布悲观情绪。民族危机空前严重。

本文作者梁启超,他在写这篇文章时才27岁,虽然年纪轻轻,却早已名满天下。梁启超一生的成就是多方面的,他既是政治活动家,又是学者;既是宣传家,又是诗人。戊戌变法失败迫使梁启超逃亡日本,但他并没有就此放弃变法图强的努力,到日本的当年就创办了《清议报》,通过媒介推动维新运动。发生庚子事变时梁启超还在日本,为了驳斥帝国主义制造的舆论,即污蔑中国是"老大帝国"这样的无耻言论,也为了纠正国内一些人自暴自弃、崇洋媚外的奴性心理,唤起人民的爱国热情,激起民族的自尊心和自信心,梁启超适时地写出这篇《少年中国说》。指出中国正在朝气蓬勃大有作为的少年时代,中国的希望寄托在中国少年身上,"少年富则国富,少年强则国强",振兴中华是"中国少年之责任"。

四、主要内容

我们从中国近代史上可以知道,从1840年鸦片战争开始,到写这篇文章的半个多世纪中,帝国主义列强对中国发动了一系列的侵略战争。而清朝统治者卖国求荣,苟且偷安,先后与大小帝国主义者签订了一系列的卖国条约,割地赔款,丧权辱国,把中国的政治、经济、军事、文化命脉拱手交给侵略者,使中国人民长期处于水深火热之中。梁启超正是怀着对帝国主义和"中国老朽"的愤恨心情来写这篇文章的。

(一)中国是少年中国决非老大帝国

作者开篇提出了明确的观点,认为中国不是"老大帝国",而是"少年中国"。外国人别有用心,一再污蔑我国是"老大帝国",然后提出疑问,"我中国其果老大矣乎?"我中国难道果真是"老大帝国"吗?作者正面指出中国是"少年中国"决非"老大帝国"。

(二)"老大帝国"的危害性

作者对比分析了老年人和少年人的不同性格特点,指出"老大"的意思,就是保守、守旧、怯懦、苟且、厌事。少年人进取、快乐、盛气、豪壮、冒险等。又用一系列的比喻指出老年守旧,会灭世界,而少年则相反,他们能造世界。这一系列比喻使国人对"老大"一词触目惊心,绝不能安于接受此种污蔑,也绝不能安于此种处境,而对少年中国则衷心向往,极力争取。作者阐述老年和少年性格之不同,是为了同国家进行类比,以"少年"比"少年中国",以"老年"比"老大中国",从而说明为什么向往"少年中国",而痛恨"老大中国"的道理。

梁启超对当时中国的官僚制度也做了尖锐的批判,揭露了清政府用人不是唯德唯才,而是论资排辈,这就必然造成年龄老化。他认为,这些老而无能的官员只会八股、白折、磕头、苟且偷生,只求保全自己的官职地位,全然不思如何抵御外侮。靠这样的官僚掌权,中国如何不落后挨打。在梁启超的笔下,当时的国家已经成为等死的国家,国民已经成为等死的国民,皆因握国权者皆老朽腐败之流。

作者知耻于当时中国之"老大",对封建专制的黑暗腐败深恶痛绝,对清朝统治者的老朽昏庸深恶痛绝,对国家的落后十分痛心,对国民的愚昧十分痛心,因而从内心爆发出一种不可遏止的激情,猛烈抨击这一切令人厌恶的东西,并热情呼唤一个充满生机的"少年中国"尽快到来。

(三)中国是"少年中国"

面对国外列强的侵略、国内统治腐败和国家民族危机,梁启超积极探索救国救民的具体路径。梁启超提出了国家的理想形态,他所说的国家包含了现代意义的国家要素:领土、人民、自治、法律、主权、民主。用这种定义衡量,地球上百多年来才有完全成立之国。欧洲早日完成资产阶级革命的国家才是壮年,而中国更谈不上"老大"了。

梁启超再从中国历史分析,认为中国迄今为止之所以未成为现代国家的根本原因是中国只有国的名义,未具备现代国家的形式。唐虞只是国家的胚胎时代,殷商是乳哺时代,孔子至今是童子时代,而今"乃始将入成童以上少年之界"。昔日之中国的成长之所以这样缓慢,是因为历代统治者荒淫残暴、倒行逆施,使"窒其生机","童年多病,转类老态",甚至有人怀疑它的"死期将至"。但梁启超却认为,它的成立之年并未过去,而是还没有到来。他有力地否定了中国是"老大帝国"的说法,清王朝虽然老而衰,但真正的中国尚未现于世界,还处在萌芽状态,怎么能说老呢?

进而梁启超从"朝代"与国家的关系分析,不是把清政府和国家等同起来,而是把两者严格地加以区分。现代国家与朝廷的本质区别在于:"朝也者,一家之私产也,国也者,人民之公产也。"中国过去所经历的朝代:夏、商、周、秦、汉、魏、晋、宋、齐、梁、陈、隋、唐、宋、元、明、清,有盛有衰,有兴有灭,但朝代不是国家,朝代是一姓私产,它的老死,并不是国家的老死。现在的清朝已近老死,但中国仍是少年中国。因此不能以朝之老少来指称国之老少,说朝廷老了可以,说国家老了则不可以。"老大帝国"实际上只是称谓朝廷的词,不是称谓国家的。梁启超通过辨析国家与朝廷的区别,得出结论:"然则吾中国者,前此未出现于世界,而今乃始萌芽云尔。天地大矣,前程辽矣,美哉我少年中国乎!"

(四)"少年中国"的希望在于"少年"

少年中国靠谁来缔造呢?毫无疑问,只能靠中国的少年。梁启超将他心目中对中国的一切期待完全放在少年的身上,少年的未来便成为国家的未来。

少年是中国的主人,只要他们奋发向上,中国就是少年中国。少年中国不仅仅是为客观现实所决定的,并且为主观愿望所决定。国民主观上承认"老大",自甘"老大",中国就是"老大帝国",国民主观上不承认"老大",不自甘"老大",朝气蓬勃,奋发有为,它就是"少年中国"。

《少年中国说》一文最为精彩绝伦而令历代热血青年铭记在心的,是公认的这一段落:"少年智则国智,少年富则国富,少年强则国强,少年独立则国独立,少年自由则国自由,少年进步则国进步,少年胜于欧洲则国胜于欧洲,少年雄于地球则国雄于地球。"在这里梁启超把少年的个人命运直接与国家、民族的命运紧密相连,以期激励少年为振兴国家而努力。我们应格外注意这里出现的关键词:智、富、强、独立、自由、进步,梁启超使用这些词,既表述少年应有的国民品质,也表述自己憧憬的国家状态。梁启超所拥有的强烈的爱国主义使命感使他具有超越时代的清醒,洞见了少年的国民素质与未来国家状态相互关联,国家的繁荣富强不能指望造成中国落后局面的"老朽",而要寄希望于"少年"。不是普通的少年,而是具有智、富、强、独立、自由、进步等现代国民品质特征的少年。最后作者对未来的"少年中国"的建立充满信心。

综上所述,从梁启超的《少年中国说》可以看到他确实是中国近代史上一位杰出的爱国者。他对于国家有着深厚的感情,当国家危难时,他时刻为祖国的前途担忧,并且为国家的独立富强而奔走呼号。

五、重要意义

(1)《少年中国说》对于激励中国少年和中国人民奋发图强,唤起民族觉醒具有重要意义。

这篇文章气势磅礴,充满豪情壮志,是一篇激励人心的爱国主义文章。此文一经发表,便立即轰动知识界,随即影响全国各阶层的青少年,激起他们的爱国豪情,沸腾他们的救国热血。文章结尾那段展示祖国美好未来的文字,每一个生活在当时中国内忧外患困境中的青年知识分子,读后都不能不奋然而起,投身于改造旧中国的战斗,以创造一个自立于世界民族之林的"少年中国"。更重要的是,文章以强烈的民族忧患意识与国家使命感大气磅礴地宣扬了爱国主义思想,这对于唤起民族觉醒具有十分重要的意义。

(2)《少年中国说》对于激励当代青少年担当历史责任,实现"中国梦"有很好的指导作用。

现时代的中国正向着强国发展,生活在当下的青年人会为我们祖国今天取得的成就感到骄傲和自豪。重温梁启超的这篇文章,我们仍然感到热血沸腾,激情满怀。我们当代中国少年,特别是80后和90后要继承革命前辈的优良传统,努力学习科学文化知识,奋发图强,建设新中国为真正的世界强国,使"中国梦"早日实现。

Chapter 8

与妻书（1911年4月24日）*

一、原文

意映卿卿如晤：

吾今以此书与汝永别矣！吾作此书时，尚是世中一人；汝看此书时，吾已成为阴间一鬼。吾作此书，泪珠和笔墨齐下，不能竟书而欲搁笔，又恐汝不察吾衷，谓吾忍舍汝而死，谓吾不知汝之不欲吾死也，故遂忍悲为汝言之。

吾至爱汝，即此爱汝一念，使吾勇于就死也。吾自遇汝以来，常愿天下有情人都成眷属；然遍地腥云，满街狼犬，称心快意，几家能彀？司马春衫，吾不能学太上之忘情也。语云：仁者"老吾老，以及人之老；幼吾幼，以及人之幼"。吾充吾爱汝之心，助天下人爱其所爱，所以敢先汝而死，不顾汝也。汝体吾此心，于啼泣之余，亦以天下人为念，当亦乐牺牲吾身与汝身之福利，为天下人谋永福也。汝其勿悲！

汝忆否？四五年前某夕，吾尝语曰："与使吾先死也，无宁汝先吾而死。"汝初闻言而怒，后经吾婉解，虽不谓吾言为是，而亦无词相答。吾之意盖谓以汝之弱，必不能禁失吾之悲，吾先死留苦与汝，吾心不忍，故宁请汝先死，吾担悲也。嗟夫！谁知吾卒先汝而死乎？吾真真不能忘汝也！回忆后街之屋，入门穿廊，过前后厅，又三四折，有小厅，厅旁一室，为吾与汝双栖之所。初婚三四个月，适冬之望日前后，窗外疏梅筛月影，依稀掩映；吾与（汝）并肩携手，低低切切，

---

* 这是林觉民在1911年广州起义的前三天4月24日晚写给妻子陈意映的。

何事不语？何情不诉？及今思之，空余泪痕。又回忆六七年前，吾之逃家复归也，汝泣告我："望今后有远行，必以告妾，妾愿随君行。"吾亦既许汝矣。前十余日回家，即欲乘便以此行之事语汝，及与汝相对，又不能启口，且以汝之有身也，更恐不胜悲，故惟日日呼酒买醉。嗟夫！当时余心之悲，盖不能以寸管形容之。

吾诚愿与汝相守以死，第以今日事势观之，天灾可以死，盗贼可以死，瓜分之日可以死，奸官污吏虐民可以死，吾辈处今日之中国，国中无地无时不可以死，到那时使吾眼睁睁看汝死，或使汝眼睁睁看我死，吾能之乎？抑汝能之乎？即可不死，而离散不相见，徒使两地眼成穿而骨化石，试问古来几曾见破镜能重圆？则较死为苦也，将奈之何？今日吾与汝幸双健。天下人之不当死而死与不愿离而离者，不可数计，钟情如我辈者，能忍之乎？此吾所以敢率性就死不顾汝也。吾今死无余憾，国事成不成自有同志者在。依新已五岁，转眼成人，汝其善抚之，使之肖我。汝腹中之物，吾疑其女也，女必像汝，吾心甚慰。或又是男，则亦教其以父志为志，则我死后尚有二意洞在也。甚幸，甚幸！吾家后日当甚贫，贫无所苦，清静过日而已。

吾今与汝无言矣。吾居九泉之下遥闻汝哭声，当哭相和也。吾平日不信有鬼，今则又望其真有。今人又言心电感应有道，吾亦望其言是实，则吾之死，吾灵尚依依旁汝也，汝不必以无侣悲。

吾平生未尝以吾所志语汝，是吾不是处；然语之，又恐汝日日为吾担忧。吾牺牲百死而不辞，而使汝担忧，的的非吾所忍。吾爱汝至，所以为汝谋者惟恐未尽。汝幸而偶我，又何不幸而生今日之中国！吾幸而得汝，又何不幸而生今日之中国！卒不忍独善其身。嗟夫！巾短情长，所未尽者，尚有万千，汝可以模拟得之。吾今不能见汝矣！汝不能舍吾，其时时于梦中得我乎！一恸！

辛未三月念六夜四鼓，意洞手书。

家中诸母皆通文，有不解处，望请其指教，当尽吾意为幸。

二、译文

意映爱妻如见：

我现在用这封信跟你永远分别了！我写这封信时，还是人世间一个人；你看这封信时，我已经成为阴间一鬼了。我写这封信，泪珠和笔墨一齐落下，不能够写完信就想放下笔，又怕你不体察我的心思，说我忍心抛弃你去死，说我不知道你不想让我死，所以就强忍着悲痛给你说这些话。

我非常爱你，也就是爱你的这一意念，促使我勇敢地去死呀。我自从结识你以来，常希望天下的有情人都能结为夫妇；然而遍地血腥阴云，满街凶狼恶犬，有几家能称心满意呢？江州司马同情琵琶女的遭遇而泪湿青衫，我不能学习那种思想境界高的圣人而忘掉感情啊。古语说：仁爱的人"尊敬自己的老人，从而推及尊敬别人的老人，爱护自己的儿女，从而推及爱护别人的儿女"。我扩充我爱你的心情，帮助天下人爱他们所爱的人，所以我才敢在你之前死而不顾你呀。你能体谅我这种心情,在哭泣之后,也把天下的人作为自己思念的人,应该也乐意牺牲我一生和你一生的福利,替天下人谋求永久的幸福了。你不要悲伤啊!

你还记得不?四五年前的一个晚上,我曾经对你说:"与其让我先死,不如让你先死。"你刚听这话就很生气,后来经过我委婉的解释,你虽然不说我的话是对的,但也无话可答。我的意思是说凭你的瘦弱身体,一定经受不住失去我的悲痛,我先死,把痛苦留给你,我内心不忍,所以宁愿希望你先死,让我来承担悲痛吧。唉!谁知道我终究比你先死呢?我实在是不能忘记你啊!回忆后街我们的家,进入大门,穿过走廊,经过前厅和后厅,又转三四个弯,有一个小厅,小厅旁有一间房,那是我和你共同居住的地方。刚结婚三四个月,正赶上冬月十五日前后,窗外稀疏的梅枝筛下月影遮掩映衬;我和你并肩携手,低声私语,什么事不说?什么感情不倾诉呢?到现在回想起当时的情景,只剩下泪痕。又回忆起六七年前,我背着家里人出走又回到家时,你小声哭着告诉我:"希望今后要远走,一定把这事告诉我,我愿随着你远行。"我也已经答应你了。十几天前回家,就想顺便把这次远行的事告诉你,等到跟你面对时,又开不了口,况且因你怀孕了,更怕你不能承受悲伤,所以只天天要酒求得一醉。唉!当时我内心的悲痛,是不能用笔墨来形容的。

我确实愿意和你相依为命直到老死,但根据现在的局势来看,天灾可以使人死亡,盗贼可以使人死亡,列强瓜分中国的时候可以使人死亡,贪官污吏虐待百姓可以使人死亡,我们这辈人生在今天的中国,国家内无时无地不可以使人死亡。到那时让我眼睁睁看你死,或者让你眼睁睁看我死,我能够这样做呢?还是你能这样做呢?即使能不死,但是夫妻离别分散不能相见,白白地使我们两地双眼望穿,尸骨化为石头,试问自古以来什么时候曾见过破镜能重圆的?那么这种离散比死要痛苦啊,这将怎么办呢?今天我和你幸好双双健在,天下的不应当死却死了和不愿意分离却分离了的人,不能用数字来计算,像我们这样爱情专一的人,能忍受这种事情吗?这是我敢于索性去死而不顾你的缘故啊!我现在死去没有什么遗憾,国家大事成功与不成功自有同志们在继续奋斗。依新已经五岁了,转眼之间就要长大成人了,希望你好好地抚养他,使他像我。你腹中的胎儿,我猜她是个女孩,是女孩一定像你,我心里非常欣慰。或许又是个男孩,你就也教育他以父亲的志向作为志向,那么我死后还有两个意洞在呀。太高兴啦,太高兴啦!我们家以后的生活该会很贫困,但贫困没有什么痛苦,清清静静过日子罢了。

我现在跟你再没有什么话说了。我在九泉之下远远地听到你的哭声,应当也用哭声相应和。我平时不相信有鬼,现在却又希望它真有。现在又有人说心电感应有道,我也希望这话是真的。那么我死了,我的灵魂还能依依不舍地伴着你,你不必因为失去伴侣而悲伤了。

我平素不曾把我的志向告诉你,这是我的不对的地方;可是告诉你,又怕你天天为我担忧。我为国牺牲,死一百次也不推辞,可是让你担忧,的确不是我能忍受的。我爱你到了极点,所以替你打算的事情只怕不周全。你有幸嫁给了我,可又为什么不幸生在今天的中国!我有幸娶到你,可又为什么不幸生在今天的中国!我终究不忍心只完善自己。唉!方巾短小情义深长,没有写完的心里话,还有成千上万,你可以凭方巾领会没写完的话。我现在不能见到你了,你又不能忘掉我,大概你会在梦中梦到我吧!写到这里太悲痛了!

辛未年三月二十六日深夜四更,意洞亲笔写。

家中各位伯母、叔母都通晓文字,有不理解的地方,希望请她们指教。应当完全理解我的心意是好。

三、写作背景

清朝末年,清政府极度腐朽反动,对帝国主义屈辱投降,连年丧权、赔款、割地,对人民则加强剥削压迫,因而激起人民的反抗。1905年,孙中山在日本东京组成"中国同盟会",提出了"驱逐鞑虏,恢复中华,创立民国,平均地权"的十六字政治纲领。在我国南方,先后发动了十几次武装起义。1910年11月,孙中山决定在广州再发动一次规模更大的起义。孙中山亲自在华侨中募捐,派人到各国购买武器。同盟会总部又从国内各省、南洋华侨以及在日本留学的学生中征集挑选八百人作为起义骨干,同时联络清军中的新军、防营和民间会党响应。经过几个月的紧张准备,1911年4月23日,总指挥黄兴由香港秘密来到广州,在两广总督衙门附近设立指挥部,部署起义,但这次起义仍然失败了。4月27日,黄兴率一百多人攻入总督衙门,因众寡悬殊,大多数革命志士牺牲,黄兴只身脱逃。这次起义,战斗牺牲和被捕遇害的有喻培伦、方声洞、林觉民等烈士。事后群众收得尸骸七十二具,葬在广州西北郊的黄花岗,所以后人把这次起义叫作"黄花岗起义"。这次起义,是同盟会历次起义中战斗最激烈的一次,也是社会震动最大的一次。它虽然失败了,但推动了全国的革命高潮,是五个多月后的辛亥起义的前奏。

本文作者林觉民是黄花岗七十二烈士之一,牺牲时年仅二十五岁。他既是一名有着崇高理想的革命家,又是一名血肉之躯的普通人。《与妻书》是林觉民在1911年广州起义的前三天4月24日晚写给妻子陈意映的。林觉民从广州来到香港,迎接从日本归来参加起义的同志,住在临江边的一幢小楼上。夜阑人静时,想到即将到来的残酷而轰轰烈烈、生死难卜的起义以及自己的龙钟老父、弱妻稚子,他思绪翻涌,不能自已,彻夜疾书,分别写下了给父亲和妻子的诀别书。

《与妻书》是留给后人的一封珍贵的文化遗产,字里行间充满了对革命事业的赤胆忠心,对妻子的绵绵深情。林觉民在广州英勇就义后,消息传到家中,陈意映悲痛欲绝,曾萌生自杀念头,欲跟随林觉民而去。后经林觉民双亲跪下求她念在孩子尚年幼,需要母亲照料,她才放弃自杀念头。但过了一年多,终因思念林觉民过度,终日郁郁寡欢而病死,在他们令人断肠的故事中又添了一份辛酸。

四、主要内容

(一)作者写这封遗书的悲痛心情

林觉民在写作此封《与妻书》时,早已抱定舍生取义、牺牲自我的坚定决心。信一开头,作者沉痛的感情就倾泻出来。虽然林觉民是一位有着坚定革命信仰以及视死如归的英雄,但想到从此与爱妻永远不能相见,就不禁"泪珠和笔墨齐下,不能竟书而欲搁笔",想象作者当时提起蘸满泪水的笔颤抖不已地写下其中的一字一句,这是一幅多么刺痛人心的图景,每一个读到此处的人都不免有鼻酸心痛的感觉。作者正是体察到自己的即将逝去会给爱妻留下无尽的伤痛,因此在文中对妻子一再表明心迹,使其能够理解自己的选择与付出,并且告诉爱妻这种选择与付出正是因为对她的深爱。他写道:"吾至爱汝,即此爱汝一念,使吾勇于就死也。"这种"勇于就死"的力量正是来源于对妻子的爱。把自己对妻子的小爱放大为对世人得偿所愿的大爱。也正是有这种大爱在心中,所以他甘愿牺牲自己。

(二)夫妻恩爱的追忆

接着书信进入了回忆的一幕幕,描绘了二人初婚时的甜蜜,反衬出革命英雄的坚定意志。书信还回忆了六七年前的一天,他悄悄地离家出走,去从事革命活动。回来时,她哭泣着对他说:"望今后有远行,必以告妾,妾愿随君行。"虽然林觉民从未将自己的革命活动告诉过她,但她已从他的行动上猜到几分了。她也是位深明大义的人,所以并未因儿女私情劝阻他,却愿和他共患难,同生死。可是在十余天前回家,他想将参加广州起义的事告诉她时,又因为妻子已经怀孕,担心妻子过于悲伤,所以欲语还休了。这种欲语还休、欲罢不能的矛盾心理,无法排遣,所以只得借酒消愁。通过对这几段往事的回忆,作者更深刻地抒发了对妻子的爱,这种爱越深切,他的舍爱就死的精神也就越悲壮动人。作者满含着自己对妻子的深情与爱意,其中更流露出对生活的不舍与依恋。人活在世上最为忌讳的就是谈论死,林觉民正是在忍着内心巨大的悲痛向爱妻诉说自己的死。

(三)作者坚决赴死的原因

作为一名矢志为革命事业抛头颅洒热血的民主主义战士,其内心所想绝非一般的儿女私情。他就义前的绝笔书也绝非仅仅在哀怨生命的短暂以及对家人的不舍与牵挂,更多的则是抒发一种"为天地立心,为生民立命"的大爱情怀。信中处处呈现出清王朝的腐败,他把当时清王朝统治下的中国看成是"遍地腥云,满街狼犬",深刻地揭露了旧中国惨不忍睹的现状,这样的黑暗现实,只能催人奋勇前行。同时,作者更是将两人的相遇相识放在时代的大背景下来思索,指出个人的不幸脱离不开时代的不幸,这也就是作者所说的"汝幸而偶我,又何不幸而生今日之中国!吾幸而得汝,又何不幸而生今日之中国"。正是因为深感时代的不幸对个人幸福所造成的阻碍,所以作者生出"卒不忍独善其身"的社会责任感。为了天下所有的有情人能够终成眷属、相濡以沫、幸福终老,也为了世上更多人的幸福生活,作者毅然决然地投身于革命的洪流,并且在革命的大潮中不惜牺牲自我。这一切都充分体现了作者舍己为人的高尚品格,追求自由、民主、博爱的革命理想,同时也体现了他为革命捐躯、甘于奉献、视死如归的牺牲精神。这也是作者不愧为一名民主革命战士的最好的证明。

《与妻书》是一封书信,但它又不是普通的书信,它是一封烈士写给爱妻的遗书。信中反复阐明为争取民族、国家自由、独立而英勇就义、义无反顾的革命信仰。反映了他热爱妻子、热爱人民、热爱祖国的思想。虽然已经时隔一百年,但文章的魅力依然,作者对爱妻的那份真情、那种"以天下人为念",舍生取义的革命者的气度风范,依然令人动容,而且将流芳百世、名垂千古。

五、重要意义

(1)《与妻书》所抒发的大爱情怀为后人树立了光辉的榜样,激励人们为谋求天下人之幸福而不懈奋斗。《与妻书》又名《绝笔书》,文中既饱含了夫妻之间的眷眷爱恋和依依离情,又充满了革命志士的磅礴意气和英雄情怀。这封书信生动感人地告诉我们:没有国家和人民的幸福,就不可能有个人美满的家庭。个人的一切利益,包括青春、爱情和生命,都应该服从国家和民族这一至高无上的利益。林觉民作为革命者所拥有的这种大爱情怀,是我们这个民族最应该珍视的宝贵精神财富,他所树立的志向激励着后人为天下苍生的幸福而去奋斗、去牺牲。

今天当我们回顾这场由热血青年人组织的伟大革命时,缅怀当年为这场革命献出了生命和爱情的千千万万先烈时,我们一定会铭记黄花岗七十二烈士。我们敬爱的中山先生在《黄花岗烈士事略序》中说,黄花岗一役的价值,"可惊天地泣鬼神"。林觉民的《与妻书》正是这种惊天地泣鬼神的价值的真实体现。林觉民的《与妻书》以进步的内容和精湛的艺术而流芳千古,与孙中山先生领导的辛亥革命一起,将永远铭刻在人们的心中。

(2)《与妻书》使两岸人民在国家、民族问题认同上具有更多的共识,进而推动两岸关系和平发展。《与妻书》被誉为"最感人的情书",影响深远,也成为进行文艺创作的感人题材。其中有齐豫的《觉——遥寄林觉民》,李建复的《意映卿卿》,还有童安格的《诀别》等。台湾还在1980年拍过一部反映林觉民生平的电影《碧血黄花》,林青霞扮演林觉民的爱妻陈意映,该片曾获金马奖六项提名。无独有偶,祖国大陆也开拍了电影《与妻书》。两岸通过《与妻书》,在人间感情的体认上已经达到了一致,并通过共同纪念辛亥革命100周年,在国家、民族认同问题上也将寻求更多的共识,这样两岸关系势必会发展得更好。诚如胡锦涛总书记所说,推动两岸关系和平发展,不但要厚植共同利益,也要增强休戚与共的民族认同。

第九章

Chapter 9

敬告青年（1915年9月）*

一、原文

　　窃以少年老成,中国称人之语也;年长而勿衰,英美人相勖之辞也:此亦东西民族涉想不同现象趋异之一端欤？青年如初春,如朝日,如百卉之萌动,如利刃之新发于硎,人生最可宝贵之时期也。青年之于社会,犹新鲜活泼细胞之在人身。新陈代谢,陈腐朽败者无时不在天然淘汰之途,与新鲜活泼者以空间之位置及时间之生命。人身遵新陈代谢之道则健康,陈腐朽败之细胞充塞人身则人身死;社会遵新陈代谢之道则隆盛,陈腐朽败之分子充塞社会则社会亡。

　　准斯以谈,吾国之社会,其隆盛耶？抑将亡耶？非予之所忍言者。彼陈腐朽败之分子,一听其天然之淘汰,雅不愿以如流之岁月,与之说短道长,希冀其脱胎换骨也。予所欲涕泣陈词者,惟属望于新鲜活泼之青年,有以自觉而奋斗耳!

　　自觉者何？自觉其新鲜活泼之价值与责任,而自视不可卑也。奋斗者何？奋其智能,力排陈腐朽败者以去,视之若仇敌,若洪水猛兽,而不可与为邻,而不为其菌毒所传染也。

　　呜呼! 吾国之青年,其果能语于此乎? 吾见夫青年其年龄,而老年其身体者十之五焉;青年其年龄或身体,而老年其脑神经者十之九焉。华其发,泽其容,直其腰,广其膈,非不俨然青年也;及叩其头脑中所涉想所怀抱,无一不与彼陈腐朽败者为一丘之貉。其始也未尝不新鲜活泼,寝假而为陈腐朽败分子所同化者有之;寝假而畏陈腐朽败分子势力之庞大,瞻顾依回,不敢

---

* 本文是陈独秀为《青年杂志》写的发刊词。原文选自《独秀文存》安徽人民出版社1987年版。

明目张胆,作顽狠之抗斗者有之。充塞社会之空气,无往而非陈腐朽败焉,求些少之新鲜活泼者,以慰吾人窒息之绝望,亦杳不可得。

循斯现象,于人身则必死,于社会则必亡。欲救此病,非太息咨嗟之所能济,是在一二敏于自觉勇于奋斗之青年,发挥人间固有之智能,决择人间种种之思想——孰为新鲜活泼而适于今世之争存,孰为陈腐朽败而不容留置于脑里——利刃断铁,快刀理麻,决不作牵就依违之想,自度度人,社会庶几其有清宁之日也。青年乎!其有以此自任者乎?若夫明其是非,以供决择。谨陈六义,幸平心察之。

（一）自主的而非奴隶的

等一人也,各有自主之权,绝无奴隶他人之权利,亦绝无以奴自处之义务。奴隶云者,古之昏弱对于强暴之横夺,而失其自由权利者之称也。自人权平等之说兴,奴隶之名,非血气所忍受。世称近世欧洲历史为"解放历史":破坏君权,求政治之解放也;否认教权,求宗教之解放也;均产说兴,求经济之解放也;女子参政运动,求男权之解放也。

解放云者,脱离夫奴隶之羁绊,以完其自主自由之人格之谓也。我有手足,自谋温饱;我有口舌,自陈好恶;我有心思,自崇所信;绝不认他人之越俎,亦不应主我而奴他人。盖自认为独立自主之人格以上,一切操行,一切权利,一切信仰,唯有听命各自固有之智能,断无盲从隶属他人之理。非然者,忠孝节义,奴隶之道德也。德国大哲尼采别道德为二类:有独立心而勇敢者曰贵族道德,谦逊而服从者曰奴隶道德。轻刑薄赋,奴隶之幸福也;称颂功德,奴隶之文章也;拜爵赐第,奴隶之光荣也;丰碑高墓,奴隶之纪念物也。以其是非荣辱,听命他人,不以自身为本位,则个人独立平等之人格,消灭无存,其一切善恶行为,势不能诉之自身意志而课以功过;谓之奴隶,谁曰不宜?立德立功,首当辨此。

（二）进步的而非保守的

人生如逆水行舟,不进则退,中国之恒言也。自宇宙之根本大法言之,森罗万象,无日不在演进之途,万无保守现状之理;特以俗见拘牵,谓有二境,此法兰西当代大哲柏格森之《创造进化论》所以风靡一世也。以人事之进化言之:笃古不变之族,日就衰亡;日新求进之民,方兴未已;存亡之数,可以逆睹。刿在吾国,大梦未觉,故步自封,精之政教文章,粗之布帛水火,无一不相形丑拙,而可与当世争衡?

举凡残民害理之妖言,率能征之故训,而不可谓诬,谬种流传,岂自今始!固有之伦理、法律、学术、礼俗,无一非封建制度之遗,持较皙种之所为,以并世之人,而思想差迟,几及千载;尊重廿四朝之历史性,而不作改进之图,则驱吾民于二十世纪之世界以外,纳之奴隶牛马黑暗沟中而已,复何说哉!于此而言保守,诚不知于何项制度文物,可以适用生存于今世。吾宁忍过去国粹之消亡,而不忍现在及将来之民族,不适世界之生存而归削灭也。

呜呼!巴比伦人往矣,其文明尚有何等之效用耶?"皮之不存,毛将焉傅?"世界进化,骎骎未有已焉。其不能善变而与之俱进者,将见其不适环境之争存,而退归天然淘汰已耳,保守云乎哉!

(三)进取的而非退隐的

当此恶流奔进之时,得一二自好之士,洁身引退,岂非希世懿德;然欲以化民成俗,请于百尺竿头,再进一步。夫生存竞争,势所不免,一息尚存,即无守退安隐之余地。排万难而前行,乃人生之天职。以善意解之,退隐为高人出世之行;以恶意解之,退隐为弱者不适竞争之现象。欧俗以横厉无前为上德,亚洲以闲逸恬淡为美风,东西民族强弱之原因,斯其一矣。此退隐主义之根本缺点也。

若夫吾国之俗,习为委靡:苟取利禄者,不在论列之数;自好之士,希声隐沦,食粟衣帛,无益于世,世以雅人名士目之,实与游惰无择。人心秽浊,不以此辈而有所补救,而国民抗往之风,植产之习,于焉以斩。人之生也,应战胜恶社会,而不可为恶社会所征服;应超出恶社会,进冒险苦斗之兵,而不可逃循恶社会,作退避安闲之想。呜呼!欧罗巴铁骑,入汝室矣,将高卧白云何处也?吾愿青年之为孔、墨,而不愿其为巢、由;吾愿青年之为托尔斯泰与达噶尔(印度隐遁诗人),不若其为哥伦布与安重根!

(四)世界的而非锁国的

并吾国而存立于大地者,大小凡四十余国,强半与吾有通商往来之谊。加之海陆交通,朝夕千里。古之所谓绝国,今视之若在户庭。举凡一国之经济政治状态有所变更,其影响率被于世界,不啻牵一发而动全身也。立国于今之世,其兴废存亡,视其国之内政者半,影响于国外者恒亦半焉。以吾国近事证之:日本勃兴,以促吾革命维新之局;欧洲战起,日本乃有对我之要求;此非其彰彰者耶?投一国于世界潮流之中,笃旧者固速其危亡,善变者反因以竞进。

吾国自通海以来,自悲观者言之,失地偿金,国力索矣;自乐观者言之,倘无甲午庚子两次之福音,至今犹在八股垂发时代。居今日而言锁国闭关之策,匪独力所不能,亦且势所不利。万邦并立,动辄相关,无论其国若何富强,亦不能漠视外情,自为风气。各国之制度文物,形式虽不必尽同,但不思驱其国于危亡者,其遵循共同原则之精神,渐趋一致,潮流所及,莫之能违。于此而执特别历史国情之说,以冀抗此潮流,是犹有锁国之精神,而无世界之智识。国民而无世界知识,其国将何以图存于世界之中?语云:"闭户造车,出门未必合辙。"今之造车者,不但闭户,且欲以《周礼》《考工》之制,行之欧美康庄,其患将不止不合辙已也!

(五)实利的而非虚文的

自约翰弥尔"实利主义"唱道于英,孔特之"实验哲学"唱道于法,欧洲社会之制度,人心之思想,为之一变。最近德意志科学大兴,物质文明,造乎其极,制度人心,为之再变。举凡政治之所营,教育之所期,文学技术之所风向,万马奔驰,无不齐集于厚生利用之一途。一切虚文空想之无禆于现实生活者,吐弃殆尽。当代大哲,若德意志之倭根,若法兰西之柏格森,虽不以现时物质文明为美备,咸揭橥生活(英文曰Life,德文曰Leben,法文曰Lavie)问题,为立言之的。生活神圣,正以此次战争,血染其鲜明之旗帜。欧人空想虚文之梦,势将觉悟无遗。

夫利用厚生,崇实际而薄虚玄,本吾国初民之俗;而今日之社会制度,人心思想,悉自周、汉两代而来,——周礼崇尚虚文,汉则罢黜百家而尊儒重道。——名教之所昭垂,人心之所祈向,无一不与社会现实生活背道而驰。倘不改弦而更张之,则国力莫由昭苏,社会永无宁日。祀天神而拯水旱,诵《孝经》以退黄巾,人非童昏,知其妄也。物之不切于实用者,虽金玉圭璋,不如布粟粪土?若事之无利于个人或社会现实生活者,皆虚文也,诳人之事也。诳人之事,虽祖宗之所遗留,圣贤之所垂教,政府之所提倡,社会之所崇尚,皆一文不值也!

（六）科学的而非想象的

科学者何?吾人对于事物之概念,综合客观之现象,诉之主观之理性而不矛盾之谓也。想象者何?既超脱客观之现象,复抛弃主观之理性,凭空构造,有假定而无实证,不可以人间已有之智灵,明其理由,道其法则者也。在昔蒙昧之世,当今浅化之民,有想象而无科学。宗教美文,皆想象时代之产物。近代欧洲之所以优越他族者,科学之兴,其功不在人权说下,若舟车之有两轮焉。今且日新月异,举凡一事之兴,一物之细,罔不诉之科学法则,以定其得失从违;其效将使人间之思想云为,一遵理性,而迷信斩焉,而无知妄作之风息焉。

国人而欲脱蒙昧时代,羞为浅化之民也,则急起直追,当以科学与人权并重。士不知科学,故袭阴阳家符瑞五行之说,惑世诬民;地气风水之谈,乞灵枯骨。农不知科学,故无择种去虫之术。工不知科学,故货弃于地,战斗生事之所需,一一仰给于异国。商不知科学,故惟识闯取近利,未来之胜算,无容心焉。医不知科学,既不解人身之构造,复不事药性之分析,菌毒传染,更无闻焉;惟知附会五行生克寒热阴阳之说,袭古方以投药饵,其术殆与矢人同科;其想象之最神奇者,莫如"气"之一说,其说且通于力士羽流之术;试遍索宇宙间,诚不知此"气"之果为何物也!

凡此无常识之思,惟无理由之信仰,欲根治之,厥维科学。夫以科学说明真理,事事求诸证实,较之想象武断之所为,其步度诚踏缓;然其步步皆踏实地,不若幻想突飞者之终无寸进也。宇宙间之事理无穷,科学领土内之膏腴待辟者,正自广阔。青年勉乎哉!

二、写作背景

1915年,这时的中国处于以袁世凯为代表的北洋军阀政府统治下,民族危机,政治黑暗日甚一日,尊孔复古的潮流时有泛起,鬼神迷信思想大肆泛滥,引起了以陈独秀为代表的先进知识分子的沉痛反思:文化复古思潮为何如此泛滥?民主共和实现为何如此艰难?帝制复辟丑剧为何能够一再上演?他们总结了辛亥革命以来的经验教训,认为,以往先觉者所进行的救国斗争所以屡遭失败,根本原因是因为中国国民没觉悟,"吾国之维新也,复古也,共和也,帝制也,皆政府当与在野党之所主张抗斗,而国民若观对岸之火,熟视而无所容心"。因此,"欲图根本之救亡,必须改造中国的国民性",使人们从封建思想的束缚中解放出来。于是,他们决心发动一场冲击封建主义旧文化,宣传资产阶级民主主义思想的文化运动,即新文化运动。

1915年9月,陈独秀在上海创办《青年》(后改名为《新青年》)杂志,揭开了新文化运动的序幕。《敬告青年》是陈独秀为这份杂志写的发刊词,也是他发动新文化运动的宣言书,表达了他反对封建礼教,追求民主与科学的强烈愿望。

三、主要内容

(一)提出青年应承担起国家兴衰、民族兴亡的责任

文章满怀激情地讴歌"青年如初春,如朝日,如百卉之萌动,如利刃之新发于硎,人生最可宝贵之时期也。青年之于社会,犹新鲜活泼细胞之在人身"的基础上,提出青年是中国未来的希望,中国欲图根本之救亡,寄托于青年;青年应承担起国家兴衰、民族兴亡的责任。"吾国之社会,其隆盛耶?抑将亡耶?""惟属望于新鲜活泼之青年,有以自觉而奋斗耳!"

(二)提出了青年应具备"民主与科学"的精神,用"民主与科学"改造青年和国民的思想,进而改造中国

在文中,陈独秀总结近代欧洲强盛的原因,指出"近代欧洲之所以优越他族者,科学之兴,其功不在人权说下,若舟车之有两轮焉",并据此向青年提出六点希望:"自主的而非奴隶的""进步的而非保守的""进取的而非退隐的""世界的而非锁国的""实利的而非虚文的""科学的而非想象的",勉励广大青年崇尚自由、进步、科学,要有世界眼光,讲究实利,积极进取。并提出"国人而欲脱蒙昧时代,羞为浅化之民也,即急起直追,当以科学与人权并重"。在这里强调科学和人权(即民主)是推动社会历史前进的两个车轮,从而首先在中国高举起"科学"与"民主"两面大旗。

四、重要意义

作为开刊之作,《敬告青年》是《新青年》的一篇纲领性文章,具有重要的意义。

(1)它最早提出了新文化运动的两大基本口号——"民主"和"科学",擂响了新文化运动的战鼓,唱响了时代的主强音,激起了思想革命的火花,启蒙了广大青年的智慧,激发了广大爱国青年探索救国自强道路的热情,其思想哺育了一代青年,在中国现代启蒙思想史上具有不可估量的作用。

(2)《敬告青年》充分表达了"五四"时期的启蒙主义知识分子改造国民性的思想主张,体现出他们瞩望于青年但又必须改造青年国民性的深刻意识。文中向青年提出的六点希望所反映出来的观点不仅对当时青年树立先进的思想意识起了重大的作用,而且对今天青年树立正确的思想意识也有着深刻的指导意义。陈独秀的科学民主精神和爱国主义精神值得我们当代青年认真学习。

第十章

Chapter 10

反对本本主义（1930年5月）*

一、原文

一　没有调查，没有发言权

你对于某个问题没有调查，就停止你对于某个问题的发言权。这不太野蛮了吗？一点也不野蛮。你对那个问题的现实情况和历史情况既然没有调查，不知底里，对于那个问题的发言便一定是瞎说一顿。瞎说一顿之不能解决问题是大家明了的，那末，停止你的发言权有什么不公道呢？许多的同志都成天地闭着眼睛在那里瞎说，这是共产党员的耻辱，岂有共产党员而可以闭着眼睛瞎说一顿的吗？

要不得！

要不得！

注重调查！

反对瞎说！

二　调查就是解决问题

你对于那个问题不能解决吗？那末，你就去调查那个问题的现状和它的历史吧！你完完全全调查明白了，你对那个问题就有解决的办法了。一切结论产生于调查情况的末尾，而不是在它的先头。只有蠢人，才是他一个人，或者邀集一堆人，不作调查，而只是冥思苦索地"想办

---

*毛泽东的这篇文章是为了反对当时红军中的教条主义思想而写的。那时没有用"教条主义"这个名称，而叫它做"本本主义"。原文选自《毛泽东选集》人民出版社1991年版。

法","打主意"。须知这是一定不能想出什么好办法，打出什么好主意的。换一句话说，他一定要产生错办法和错主意。

许多巡视员，许多游击队的领导者，许多新接任的工作干部，喜欢一到就宣布政见，看到一点表面，一个枝节，就指手画脚地说这也不对，那也错误。这种纯主观地"瞎说一顿"，实在是最可恶没有的。他一定要弄坏事情，一定要失掉群众，一定不能解决问题。

许多做领导工作的人，遇到困难问题，只是叹气，不能解决。他恼火，请求调动工作，理由是"才力小，干不下"。这是懦夫讲的话。迈开你的两脚，到你的工作范围的各部分各地方去走走，学个孔夫子的"每事问"，任凭什么才力小也能解决问题，因为你未出门时脑子是空的，归来时脑子已经不是空的了，已经载来了解决问题的各种必要材料，问题就是这样子解决了。一定要出门吗？也不一定，可以召集那些明了情况的人来开个调查会，把你所谓困难问题的"来源"找到手，"现状"弄明白，你的这个困难问题也就容易解决了。

调查就像"十月怀胎"，解决问题就像"一朝分娩"。调查就是解决问题。

三　反对本本主义

以为上了书的就是对的，文化落后的中国农民至今还存着这种心理。不谓共产党内讨论问题，也还有人开口闭口"拿本本来"。我们说上级领导机关的指示是正确的，决不单是因为它出于"上级领导机关"，而是因为它的内容是适合于斗争中客观和主观情势的，是斗争所需要的。不根据实际情况进行讨论和审察，一味盲目执行，这种单纯建立在"上级"观念上的形式主义的态度是很不对的。为什么党的策略路线总是不能深入群众，就是这种形式主义在那里作怪。盲目地表面上完全无异议地执行上级的指示，这不是真正在执行上级的指示，这是反对上级指示或者对上级指示怠工的最妙方法。

本本主义的社会科学研究法也同样是最危险的，甚至可能走上反革命的道路，中国有许多专门从书本上讨生活的从事社会科学研究的共产党员，不是一批一批地成了反革命吗？就是明显的证据。我们说马克思主义是对的，决不是因为马克思这个人是什么"先哲"，而是因为他的理论，在我们的实践中，在我们的斗争中，证明了是对的。我们的斗争需要马克思主义。我们欢迎这个理论，丝毫不存什么"先哲"一类的形式的甚至神秘的念头在里面。读过马克思主义"本本"的许多人，成了革命叛徒，那些不识字的工人常常能够很好地掌握马克思主义。马克思主义的"本本"是要学习的，但是必须同我国的实际情况相结合。我们需要"本本"，但是一定要纠正脱离实际情况的本本主义。

怎样纠正这种本本主义？只有向实际情况作调查。

四　离开实际调查就要产生唯心的阶级估量和唯心的工作指导，那末，它的结果，不是机会主义，便是盲动主义

你不相信这个结论吗？事实要强迫你信。你试试离开实际调查去估量政治形势，去指导斗争工作，是不是空洞的唯心的呢？这种空洞的唯心的政治估量和工作指导，是不是要产生机

会主义错误,或者盲动主义错误呢?一定要弄出错误。这并不是他在行动之前不留心计划,而是他于计划之前不留心了解社会实际情况,这是红军游击队里时常遇见的。那些李逵式的官长,看见弟兄们犯事,就懵懵懂懂地乱处置一顿。结果,犯事人不服,闹出许多纠纷,领导者的威信也丧失干净,这不是红军里常见的吗?

必须洗刷唯心精神,防止一切机会主义盲动主义错误出现,才能完成争取群众战胜敌人的任务。必须努力作实际调查,才能洗刷唯心精神。

五　社会经济调查,是为了得到正确的阶级估量,接着定出正确的斗争策略

为什么要作社会经济调查?我们就是这样回答。因此,作为我们社会经济调查的对象的是社会的各阶级,而不是各种片断的社会现象。近来红军第四军的同志们一般的都注意调查工作了,但是很多人的调查方法是错误的。调查的结果就像挂了一篇狗肉账,像乡下人上街听了许多新奇故事,又像站在高山顶上观察人民城郭。这种调查用处不大,不能达到我们的主要目的。我们的主要目的,是要明了社会各阶级的政治经济情况。我们调查所要得到的结论,是各阶级现在的以及历史的盛衰荣辱的情况。举例来说,我们调查农民成分时,不但要知道自耕农,半自耕农,佃农,这些以租佃关系区别的各种农民的数目有多少,我们尤其要知道富农,中农,贫农,这些以阶级区别阶层区别的各种农民的数目有多少。我们调查商人成分,不但要知道粮食业、衣服业、药材业等行业的人数各有多少,尤其要调查小商人、中等商人、大商人各有多少。我们不仅要调查各业的情况,尤其要调查各业内部的阶级情况。我们不仅要调查各业之间的相互关系,尤其要调查各阶级之间的相互关系。我们调查工作的主要方法是解剖各种社会阶级,我们的终极目的是要明了各种阶级的相互关系,得到正确的阶级估量,然后定出我们正确的斗争策略,确定哪些阶级是革命斗争的主力,哪些阶级是我们应当争取的同盟者,哪些阶级是要打倒的。我们的目的完全在这里。

什么是调查时要注意的社会阶级?下面那些就是:

工业无产阶级

手工业工人

雇农

贫农

城市贫民

游民

手工业者

小商人

中农

富农

地主阶级

商业资产阶级

工业资产阶级

这些阶级(有的是阶层)的状况,都是我们调查时要注意的。在我们暂时的工作区域中所没有的,只是工业无产阶级和工业资产阶级,其余都是经常碰见的。我们的斗争策略就是对这许多阶级阶层的策略。

我们从前的调查还有一个极大的缺点,就是偏于农村而不注意城市,以致许多同志对城市贫民和商业资产阶级这二者的策略始终模糊。斗争的发展使我们离开山头跑向平地了,我们的身子早已下山了,但是我们的思想依然还在山上。我们要了解农村,也要了解城市,否则将不能适应革命斗争的需要。

六 中国革命斗争的胜利要靠中国同志了解中国情况

我们的斗争目的是要从民权主义转变到社会主义。我们的任务第一步是,争取工人阶级的大多数,发动农民群众和城市贫民,打倒地主阶级,打倒帝国主义,打倒国民党政权,完成民权主义革命。由这种斗争的发展,跟着就要执行社会主义革命的任务。这些伟大的革命任务的完成不是简单容易的,它全靠无产阶级政党的斗争策略的正确和坚决。倘若无产阶级政党的斗争策略是错误的,或者是动摇犹豫的,那末,革命就非走向暂时的失败不可。须知资产阶级政党也是天天在那里讨论斗争策略的,他们的问题是怎样在工人阶级中传播改良主义影响,使工人阶级受他们的欺骗,而脱离共产党的领导,怎样争取富农去消灭贫农的暴动,怎样组织流氓去镇压革命等等。在这样日益走向尖锐的短兵相接的阶级斗争的形势之下,无产阶级要取得胜利,就完全要靠他的政党——共产党的斗争策略的正确和坚决。共产党的正确而不动摇的斗争策略,决不是少数人坐在房子里能够产生的,它是要在群众的斗争过程中才能产生的,这就是说要在实际经验中才能产生。因此,我们需要时时了解社会情况,时时进行实际调查。那些具有一成不变的保守的形式的空洞乐观的头脑的同志们,以为现在的斗争策略已经是再好没有了,党的第六次全国代表大会的"本本"保障了永久的胜利,只要遵守既定办法就无往而不胜利。这些想法是完全错误的,完全不是共产党人从斗争中创造新局面的思想路线,完全是一种保守路线。这种保守路线如不根本丢掉,将会给革命造成很大损失,也会害了这些同志自己。红军中显然有一部分同志是安于现状,不求甚解,空洞乐观,提倡所谓"无产阶级就是这样"的错误思想,饱食终日,坐在机关里面打瞌睡,从不肯伸只脚到社会群众中去调查调查。对人讲话一向是那几句老生常谈,使人厌听。我们要大声疾呼,唤醒这些同志:

速速改变保守思想!

换取共产党人的进步的斗争思想!

到斗争中去!

到群众中作实际调查去!

七　调查的技术

(1) 要开调查会作讨论式的调查

只有这样才能近于正确,才能抽出结论。那种不开调查会,不作讨论式的调查,只凭一个人讲他的经验的方法,是容易犯错误的。那种只随便问一下子,不提出中心问题在会议席上经过辩论的方法,是不能抽出近于正确的结论的。

(2) 调查会到些什么人?

要是能深切明了社会经济情况的人。以年龄说,老年人最好,因为他们有丰富的经验,不但懂得现状,而且明白因果。有斗争经验的青年人也要,因为他们有进步的思想,有锐利的观察。以职业说,工人也要,农民也要,商人也要,知识分子也要,有时兵士也要,流氓也要。自然,调查某个问题时,和那个问题无关的人不必在座,如调查商业时,工农学各业不必在座。

(3) 开调查会人多好还是人少好?

看调查人的指挥能力。那种善于指挥的,可以多到十几个人或者二十几个人。人多有人多的好处,就是在做统计时(如征询贫农占农民总数的百分之几),在做结论时(如征询土地分配平均分好还是差别分好),能得到比较正确的回答。自然人多也有人多的坏处,指挥能力欠缺的人会无法使会场得到安静。究竟人多人少,要依调查人的情况决定。但是至少需要三人,不然会囿于见闻,不符合真实情况。

(4) 要定调查纲目

纲目要事先准备,调查人按照纲目发问,会众口说。不明了的,有疑义的,提起辩论。所谓"调查纲目",要有大纲,还要有细目,如"商业"是个大纲,"布匹"、"粮食"、"杂货"、"药材"都是细目,布匹下再分"洋布"、"土布"、"绸缎"各项细目。

(5) 要亲身出马

凡担负指导工作的人,从乡政府主席到全国中央政府主席,从大队长到总司令,从支部书记到总书记,一定都要亲身从事社会经济的实际调查,不能单靠书面报告,因为二者是两回事。

(6) 要深入

初次从事调查工作的人,要作一两回深入的调查工作,就是要了解一处地方(例如一个农村、一个城市),或者一个问题(例如粮食问题、货币问题)的底里。深切地了解一处地方或者一个问题了,往后调查别处地方、别个问题,便容易找到门路了。

(7) 要自己做记录

调查不但要自己当主席,适当地指挥调查会的到会人,而且要自己做记录,把调查的结果记下来。假手于人是不行的。

二、写作背景

《反对本本主义》一文是毛泽东在土地革命战争时期为反对当时红军中的教条主义思想而写的,原名《调查工作》。《调查工作》写出后,党内曾少量印发。遗憾的是,《调查工作》一文在第五次反"围剿"中,不幸遗失了。为此,毛泽东非常惋惜,多次与人谈起这本小册子,说想念这篇文章就像想念自己的孩子一样。他还多次说过:"我对自己的文章有些并不喜欢,但这篇《调查工作》我是喜欢的。"后来,这篇著作终于找到了,在白色恐怖年代里冒死藏下这个小册子的是福建省上杭县的一位共产党员农民赖茂基。1955 年 4 月 10 日,中共中央办公厅发出了在全国范围内征集革命历史资料的通知。1957 年 2 月,赖茂基老人毅然把这本小册子作为重要的革命文物捐给中共福建上杭县委,后上交龙岩地委。毛泽东见到这本小册子时高兴地说,"失散多年的孩子"终于找回来了。1964 年经毛泽东同意,在《毛泽东著作选读》甲种本和乙种本中首次公开发表时,把它改名为《反对本本主义》。

土地革命兴起以后,党内的教条主义倾向,到了 20 年代末 30 年代初,有了较大的发展。当时的中共中央领导人李立三,全然不顾中国的具体国情,提出了一系列错误主张。如在革命任务问题上,把反对资产阶级同反帝反封建并列;在革命的道路问题上,坚持城市中心论,反对毛泽东提出的以农村包围城市,最后夺取全国政权的正确道路。1930 年上半年,李立三的这些错误及其教条主义的思想方法,已经在党和红军内发生了重大影响。

当时红四军在毛泽东的倡导下,调查研究工作已经开展起来,但是不可避免地受到党内教条主义的干扰,在调查工作中,许多同志还没有掌握正确的方法。为了克服共产党内和红军中存在的教条主义倾向,抵制"左"倾冒险主义的错误,大兴调查研究之风,毛泽东于 1930 年 5 月在江西寻乌进行了深入的社会调查之后,写出了《调查工作》这篇意义深远的文章。

三、主要内容

《反对本本主义》一文,共有七个部分,主要内容有三个方面:

（一）明确地提出了"共产党人从斗争中创造新局面的思想路线",即实事求是,一切从实际出发的思想路线

毛泽东根据辩证唯物论的认识论及自己在革命实践中的亲身体会,做出了"没有调查,没有发言权"的科学论断。他指出:"共产党的正确而不动摇的斗争策略,决不是少数人坐在房子里能够产生的,它是要在群众的斗争过程中才能产生的,这就是说要在实际经验中才能产生。因此,我们需要时时了解社会情况,时时进行实际调查。"毛泽东形象地比喻说:"调查就像'十月怀胎',解决问题就像'一朝分娩',调查就是解决问题。"如果一事当前不去调查它的实际情况"成天地闭着眼睛在那里瞎说,这是共产党员的耻辱"。因为"一切结论产生于调查情况的末尾,而不是在它的先头",那种不作调查,纯主观地瞎说一顿的做法,就"一定要产生错办法和错主意",就"一定要弄坏事情,一定要失掉群众,一定不能解决问题"。毛泽东还建议那些遇到难题退缩不前,缺乏勇气解决难题的领导同志,应当到自己"工作范围的各部分各地方去走走"或"召集那些明了情况的人来开个调查会",去寻找"解决问题的各种必要材料",以求难题得到解决。

（二）深刻地阐明了本本主义的危害性和反对本本主义的重要性，明确地提出学习马克思主义必须同中国的实际情况相结合

毛泽东指出，"唯书""唯上"是本本主义的基本特点。"唯书"者，盲目地"以为上了书就是对的"；"唯上"者，对上级领导机关的指示，采取一种"单纯建立在上级观念上的形式主义态度"。他们在实际工作中拒绝调查研究，只知道照章办事，"开口闭口拿本本来"；对上级指示，"不根据实际情况进行讨论和审察，一味盲目执行"。这种对待马克思主义和上级指示的态度"是完全错误的"，"完全是一种保守路线"。毛泽东进一步指出："我们说马克思主义是对的，决不是因为马克思这个人是什么'先哲'，而是因为他的理论，在我们的实践中，在我们的斗争中，证明了是对的"；"我们说上级领导机关的指示是正确的，决不单是因为它出于'上级领导机关'，而是因为它的'指示内容'是适合于斗争中客观和主观情势的，是斗争所需要的。"最后毛泽东总结说："马克思主义的本本是要学习的，但是必须同我国的实际情况相结合。我们需要'本本'，但是一定要纠正脱离实际情况的本本主义。"

毛泽东还深刻地揭露了本本主义者的危害，指出："离开实际调查就要产生唯心的阶级估量和唯心的工作指导，那末，它的结果，不是机会主义，便是盲动主义。""这种保守路线如不根本丢掉，将给革命造成很大损失。"

毛泽东在文章中郑重提出："中国革命斗争的胜利要靠中国同志了解中国情况。"是要求全党同志不要迷信写在"本本"上的东西、"上级"的指示以及外国的革命经验，而要依靠自己在马克思主义一般原则指导下，深入调查研究，掌握自己的国情，走自己的路；同时，这也是对上级机关那种不顾实际情况，滥发号令，指挥一切的作风的一种批评。这里，毛泽东初步明确地提出了党的独立自主原则。

（三）具体地提出了纠正本本主义，进行调查研究的正确方法

毛泽东指出，为要洗刷唯心精神，纠正本本主义，"只有向实际情况作调查"。而调查工作又必须有正确的方法。他明确提出："我们调查工作的主要方法是解剖各种社会阶级，我们的终极目的是要明了各种阶级的相互关系，得到正确的阶级估量，然后定出我们正确的斗争策略，确定哪些阶级是革命斗争的主力，哪些阶级是我们应当争取的同盟者，哪些阶级是要打倒的。我们的目的完全在这里。"

文章还通篇渗透着群众路线的思想，提出了群众路线的调查方法。毛泽东认为，革命斗争中一切正确的决策和办法，归根到底是来源于千百万从事生产斗争和阶级斗争实践的人民群众，因而做实际调查，就是"到群众中实际调查"。由于本本主义者，"从不肯伸只脚到社会群众中去调查"，所以他们的策略路线"总是不能深入群众，进而给革命事业带来危害。"毛泽东深刻指出，"迈开你的两脚"，到群众中去，"学个孔夫子的'每事问'，任凭什么才力小也能解决问题，"因为，"你未出门时脑子是空的，归来时脑子已经不是空的了，已经载来了解决问题的各种必要材料，问题就是这样子解决了。"

毛泽东还根据自己从事和倡导调查工作实践的体会,论述了有关调查工作的技术问题,他提出进行调查工作的基本方式应当是"开调查会作讨论式的调查",调查前应做好准备,制定调查纲目,调查时"按照纲目发问,会众口说";领导干部必须"亲身从事社会经济的实际调查,不能单靠书面报告";调查者要自己做记录,不能"假手于人"等。

四、重要意义

《反对本本主义》是毛泽东把辩证唯物主义和历史唯物主义的基本观点运用于党的实际工作,同教条主义做斗争的一篇重要论文。

(1)文章明确地回答了当时党在认识上亟待解决的重大问题,为中国共产党人正确对待马克思主义,正确对待"上级领导机关"的指示和外国革命经验,坚持把马列主义基本原理同中国革命实际相结合,指明了正确的方向。这是对当时党内开始盛行的把马克思主义教条化,把共产国际指示和苏联经验神圣化的错误倾向的强有力批评。文章中阐述的思想,成为以毛泽东为代表的党内一部分同志反对教条主义的锐利武器和开展革命斗争的行动指南。经过一个时期的革命实践,它开始在党内深入人心,并逐渐占据统治地位,进而成为中国共产党在革命的各个阶段制定路线、方针、政策的思想基础,指引着中国革命从胜利走向胜利。

(2)文章论述的中心问题,实质就是实事求是问题,并且第一次提出这是"思想路线"问题。因此,这篇文章标志着我们党实事求是,一切从实际出发,把马列主义基本原理同中国革命实际相结合的思想路线的初步形成。文章在阐述这条马克思主义思想路线、批判教条主义的同时,还得出"中国革命斗争的胜利要靠中国同志了解中国情况"的重要结论,这是毛泽东独立自主思想最初的明确表述。文章在论述调查工作的基本方法时,实际上初步提出了"从群众中来,到群众中去"这样一种正确的群众路线的领导方法。这篇文章初步地提出了毛泽东思想活的灵魂的三个基本点,即实事求是、群众路线、独立自主的思想,是马克思主义和中国革命实际相统一的毛泽东思想开始形成的标志之一,在毛泽东思想发展史上占有重要的地位。

(3)文章提出的思想原则,不仅适用于中国民主革命,也适用于中国的社会主义现代化建设。历史已经证明,在中国模仿西方走资本主义现代化的道路,是根本行不通的;照搬国外社会主义国家经济建设的模式,同样要吃苦头。只有坚持实事求是,坚持把马克思主义基本原理同中国社会主义建设的实际相结合,建设中国特色的社会主义,才是唯一的出路。

第十一章
Chapter 11

可爱的中国（1935年5月2日）*

一、原文

朋友！中国是生育我们的母亲。你们觉得这位母亲可爱吗？我想你们是和我一样的见解，都觉得这位母亲是蛮可爱蛮可爱的。以言气候，中国处于温带，不十分热，也不十分冷，好像我们母亲的体温，不高不低，最适宜于孩儿们的偎依。以言国土，中国土地广大，纵横万数千里，好像我们的母亲是一个身体魁大、胸宽背阔的妇人，不像日本姑娘那样苗条瘦小。中国许多有名的崇山大岭，长江巨河，以及大小湖泊，岂不象征着我们母亲丰满坚实的肌肤上之健美的肉纹和肉窝？中国土地的生产力是无限的；地底蕴藏着未开发的宝藏也是无限的；废置而未曾利用起来的天然力，更是无限的；这又岂不象征着我们的母亲，保有着无穷的乳汁，无穷的力量，以养育她四万万的孩儿？我想世界上再没有比她养得更多的孩子的母亲吧。至于说到中国天然风景的美丽，我可以说，不但是雄巍的峨嵋，妩媚的西湖，幽雅的雁荡，与夫"秀丽甲天下"的桂林山水，可以傲睨一世，令人称美；其实中国是无地不美，到处皆景，自城市以至乡村，一山一水，一丘一壑，只要稍加修饰和培植，都可以成流连难舍的胜景；这好像我们的母亲，她是一个天姿玉质的美人，她的身体的每一部分，都有令人爱慕之美。中国海岸线之长而且弯曲，照现代艺术家说来，这象征我们母亲富有曲线美吧。咳！母亲！美丽的母亲，可爱的母亲，只因你受着人家的压榨和剥削，弄成贫穷已极；不但不能买一件新的好看的衣服，把你自己装

---

* 这是方志敏同志在狱中写的遗作。本文为节选。原文选自《树理想之中华——革命先驱诗文选粹》北京十月文艺出版社2001年版。

第十一章 可爱的中国

饰起来；甚至不能买块香皂将你全身洗擦洗擦，以致现出怪难看的一种憔悴褴褛和污秽不洁的形容来！啊！我们的母亲太可怜了，一个天生的丽人，现在却变成叫化的婆子！站在欧洲、美洲各位华贵的太太面前，固然是深愧不如，就是站在那日本小姑娘面前，也自惭形秽得很呢！

听着！朋友！母亲躲到一边去哭了，哭得伤心得很呀！她似乎在骂着："难道我四万万的孩子，都是白生了吗？难道他们真像着了魔的狮子，一天到晚的睡着不醒吗？难道他们不知道自己伟大的团结力量，去与残害母亲、剥削母亲的敌人斗争吗？难道他们不想将母亲从敌人手里救出来，把母亲也装饰起来，成为世界上一个最出色、最美丽、最令人尊敬的母亲吗？"朋友，听到没有母亲哀痛的哭骂？是的，是的，母亲骂得对，十分对！我们不能怪母亲好哭，只怪得我们之中出了败类，自己压制自己，眼睁睁的望着我们这位挺慈祥美丽的母亲，受着许多无谓的屈辱，和残暴的踩蹦！这真是我们做孩子们的不是了，简直连一位母亲都爱护不住了！

……

朋友，从崩溃毁灭中，救出中国来，从帝国主义恶魔生吞活剥下，救出我们垂死的母亲来，这是刻不容缓的了。但是，到底怎样去救呢？是不是由我们同胞中，选出几个最会做文章的人，写上一篇十分娓娓动听的文告或书信，去劝告那些恶魔停止侵略呢？还是挑选几个最会演说、最长于外交辞令的人，去向他们游说，说动他们的良心，自动的放下屠刀不再宰割中国呢？抑或挑选一些顶善哭泣的人，组成哭泣团，到他们面前去，长跪不起，哭个七日七夜，哭动他们的慈心，从中国撒手回去呢？再或者……我想不讲了，这些都不会丝毫有效的。哀求帝国主义不侵略和灭亡中国，那岂不等于哀求老虎不吃肉？那是再可笑也没有了。我想，欲求中国民族的独立解放，决不是哀告、跪求哭泣所能济事，而是唤起全国民众起来斗争，都手执武器，去与帝国主义进行神圣的民族革命战争，将他们打出中国去，这才是中国唯一的出路，也是我们救母亲的唯一方法，朋友，你们说对不对呢？

……

不错，目前的中国，固然是江山破碎，国蔽民穷，但谁能断言，中国没有一个光明的前途呢？不，决不会的，我们相信，中国一定有个可赞美的光明前途。中国民族在很早以前，就造起了一座万里长城和开凿了几千里的运河，这就证明中国民族伟大无比的创造力！中国在战斗之中一旦斩去了帝国主义的锁链，肃清自己阵线内的汉奸卖国贼，得到了自由与解放，这种创造力，将会无限地发挥出来。到那时，中国的面貌将会被我们改造一新。所有贫穷和灾荒，混乱和仇杀，饥饿和寒冷，疾病和瘟疫，迷信和愚昧，以及那慢性的杀灭中国民族的鸦片毒物，这些等等都是帝国主义带给我们可憎的赠品，将来也要随着帝国主义的赶走而离去中国了。朋友，我相信，到那时，到处都是活跃跃的创造，到处都是日新月异的进步，欢歌将代替了悲叹，笑脸将代替了哭脸，富裕将代替了贫穷，康健将代替了疾苦，智慧将代替了愚昧，友爱将代替了仇杀，生之快乐将代替了死之悲哀，明媚的花园，将代替了凄凉的荒地！这时，我们民族就可以无愧色地立在人类的面前，而生育我们的母亲，也会最美丽地装饰起来，与世界上各位母亲平等地携手了。

81

这么光荣的一天,决不在辽远的将来,而在很近的将来,我们可以这样相信的,朋友!

朋友,我的话说得太噜嗦厌听了吧!好,我只说下面几句了。我老实地告诉你们,我爱护中国之热诚,还是如小学生时代一样的真诚无伪;我要打倒帝国主义为中国民族解放之心还是火一般的炽烈。不过,现在我是一个待决之囚呀!我没有机会为中国民族尽力了,我今日写这封信,是我为民族热情所感,用文字来作一次为垂危的中国的呼喊,虽然我的呼喊,声音十分微弱,有如一只将死之鸟的哀鸣。

啊!我虽然不能实际地为中国奋斗,为中国民族奋斗,但我的心总是日夜祷祝着中国民族在帝国主义羁绊之下解放出来之早日成功!假如我还能生存,那我生一天就要为中国呼喊一天;假如我不能生存——死了,我流血的地方,或者我瘗骨的地方,或许会长出一朵可爱的花来,这朵花你们就看作是我的精诚的寄托吧!在微风的吹拂中,如果那朵花是上下点头,那就可视为我对于为中国民族解放奋斗的爱国志士们在致以热诚的敬礼;如果那朵花是左右摇摆,那就可视为我在提劲儿唱着革命之歌,鼓励战士们前进啦!

亲爱的朋友们,不要悲观,不要畏馁,要奋斗!要持久地艰苦地奋斗!把各人所有的智慧才能,都提供于民族的拯救吧!无论如何,我们决不能让伟大的可爱的中国,灭亡于帝国主义的肮脏的手里!

二、写作背景

1934年第五次反"围剿"失败后,红军不得不进行战略转移——长征。为配合主力红军的战略转移,10月,红十军与由红七军团等部组成的北上抗日先遣队会合,组成红十军团,方志敏同志任军政委员会主席,率部继续北上抗日。在皖南遭到国民党重兵围追堵截,在撤返赣东北途中,被七倍于己的敌军围困于怀玉山区。方志敏同志带领先头部队奋战脱险,但为接应后续部队又陷入重围,1935年1月,在同国民党军队作战中被捕。面对敌人的严刑和诱降,方志敏同志大义凛然,坚贞不屈,体现了共产党人的革命气节和崇高风范。在狱中,他利用敌人要他"写点东西"给的纸和笔,写下了《我从事革命斗争的略述》《可爱的中国》《清贫》《狱中纪实》等重要文著,并秘密托人通过鲁迅先生等关系辗转送给了党中央。他在生命的最后时刻,倾吐了对党对祖国的赤子之心,总结了自己毕生奋斗的历史,为后人留下了一笔用生命凝成的精神遗产。1935年8月6日,方志敏同志在南昌英勇就义,时年36岁。

三、主要内容

《可爱的中国》是方志敏同志用自己对祖国火一样的爱恋之情铸就的一篇爱国史诗,表达了一个共产党员的赤子情怀的远大抱负。

(1)在文章中,他满怀爱国主义激情,象征性地把祖国比喻为"生育我们的母亲","她是一个天姿玉质的美人,她的身体的每一部分都有令人爱慕之美"。并从气候、国土、物产等方面讴歌了我们伟大的祖国。

（2）文章借用母亲的哭诉,愤怒地控诉了帝国主义肆意欺侮中国人民和汉奸军阀助纣为虐的种种罪行。指出,美丽健壮而可爱的母亲,却正受着"无谓屈辱和残暴的蹂躏",强盗、恶魔残害她,掠夺她,肢解她的身体,吮吸她的血液,汉奸军阀帮助恶魔杀害自己的母亲。高声疾呼:"母亲快要死去了","救救母亲呀!"

（3）文章揭示了挽救祖国的"唯一的出路",就是进行武装斗争。指出:"我想,欲求中国民族的独立解放,决不是哀告、跪求哭泣所能济事,而是唤起全国民众起来斗争,都手执武器,去与帝国主义进行神圣的民族革命战争,将他们打出中国去,这才是中国唯一的出路,也是我们救母亲的唯一方法。"并论证了中国是有自救的力量,坚信中华民族必能从战斗中获救。

（4）文章展示了中国革命的光明前景,描绘出革命后祖国未来的美好幸福的景象。指出:"到那时,中国的面貌将会被我们改造一新。所有贫穷和灾荒,混乱和仇杀,饥饿和寒冷,疾病和瘟疫,迷信和愚昧,以及那慢性的杀灭中国民族的鸦片毒物,这些等等都是帝国主义带给我们可憎的赠品,将来也要随着帝国主义的赶走而离去中国了。到那时,到处都是活跃跃的创造,到处都是日新月异的进步,欢歌将代替了悲叹,笑脸将代替了哭脸,富裕将代替了贫穷,康健将代替了疾苦,智慧将代替了愚昧,友爱将代替了仇杀,生之快乐将代替了死之悲哀,明媚的花园,将代替了凄凉的荒地!"

四、重要意义

《可爱的中国》充分表达了方志敏对祖国、对人民的深厚情感。自1951年由上海出版社出版了影印版后,一版再版,激励了一代又一代的中国人,成为"爱国主义的千古绝唱"。

爱国主义精神是中华民族生生不息、发展壮大的力量源泉,是中国共产党团结带领各族人民从胜利走向胜利的光辉旗帜。在中华民族的历史长河中,无数仁人志士以深厚的民族情感和报国热情筑起一座座爱国主义的丰碑,方志敏就是其中的杰出代表。他把对祖国和人民的最深厚的情感,化作对帝国主义、封建主义和国民党反动派的无比仇恨,化作拯救民族危难、实现共产主义崇高理想的不懈奋斗。他虽然身陷囹圄、征程未竟、壮志未酬,但他的爱国救民之心仍坚如磐石,坚信中国一定有个可赞美的光明前途,得到了自由与解放。今天,学习方志敏的《可爱的中国》,就是要引领我们大学生大力弘扬以爱国主义为核心的民族精神,自觉把个人价值追求融入实现中国梦的伟大实践,自觉把个人理想抱负化为励志图强、创造崭新业绩的实际行动,为国家富强、民族振兴、人民幸福不断做出新的贡献。

第十二章
Chapter 12

青年运动的方向（1939年5月4日）*

一、原文

今天是五四运动的二十周年纪念日，我们延安的全体青年在这里开这个纪念大会，我就来讲一讲关于中国青年运动的方向的几个问题。

第一，现在定了五月四日为中国青年节，这是很对的。"五四"至今已有二十年，今年才在全国定为青年节，这件事含着一个重要的意义。就是说，它表示我们中国反对帝国主义和封建主义的人民民主革命，快要进到一个转变点了。几十年来反帝反封建的人民民主革命屡次地失败了，这种情形，现在要来一个转变，不是再来一次失败，而是要转变到胜利的方面去了。现在中国的革命正在前进着，正在向着胜利前进。历史上多次失败的情形，不能再继续了，也决不能让它再继续了，而要使它转变为胜利。那末，现在已经转变了没有呢？没有。这一个转变，现在还没有到来，现在我们还没有胜利。但是胜利是可以争取到来的。抗日战争就要努力达到这个由失败到胜利的转变点。五四运动所反对的是卖国政府，是勾结帝国主义出卖民族利益的政府，是压迫人民的政府。这样的政府要不要反对呢？假使不要反对的话，那末，五四运动就是错的。这是很明白的，这样的政府一定要反对，卖国政府应该打倒。你们看，孙中山先生远在五四运动以前，就是当时政府的叛徒，他反对了清朝政府，并且推翻了清朝政府。他做的对不对呢？我以为是很对的。因为他所反对的不是反抗帝国主义的政府，而是勾结帝国

---

* 这是毛泽东在延安青年群众举行的五四运动二十周年纪念会上的讲演。毛泽东在这个讲演中发展了关于中国革命问题的思想。原文选自《毛泽东选集》人民出版社1991年版。

第十二章 青年运动的方向

主义的政府,不是革命的政府,而是压迫革命的政府。五四运动正是做了反对卖国政府的工作,所以它是革命的运动。全中国的青年,应该这样去认识五四运动。现当全国人民奋起抗日的时候,大家鉴于过去革命失败的经验,下决心一定要把日本帝国主义打败,并且不容许再有卖国贼,不容许革命再失败。全国的青年除了一部分人之外,大家都觉悟起来,都具备这种必胜的决心,规定"五四"为青年节就表示了这一点。我们正向胜利的路上前进,只要全国人民一齐努力,中国革命一定要在抗日过程中得到胜利。

第二,中国的革命,它反对的是什么东西?革命的对象是什么呢?大家知道,一个是帝国主义,一个是封建主义。现在的革命对象是什么?一个是日本帝国主义,再一个是汉奸。要革命一定要打倒日本帝国主义,一定要打倒汉奸。革命是什么人去干呢?革命的主体是什么呢?就是中国的老百姓。革命的动力,有无产阶级,有农民阶级,还有其他阶级中一切愿意反帝反封建的人,他们都是反帝反封建的革命力量。但是这许多人中间,什么人是根本的力量,是革命的骨干呢?就是占全国人口百分之九十的工人农民。中国革命的性质是什么?我们现在干的是什么革命呢?我们现在干的是资产阶级性的民主主义的革命,我们所做的一切,不超过资产阶级民主革命的范围。现在还不应该破坏一般资产阶级的私有财产制,要破坏的是帝国主义和封建主义,这就叫做资产阶级性的民主主义的革命。但是这个革命,资产阶级已经无力完成,必须靠无产阶级和广大人民的努力才能完成。这个革命要达到的目的是什么呢?目的就是打倒帝国主义和封建主义,建立一个人民民主的共和国。这种人民民主主义的共和国,就是革命的三民主义的共和国。它比起现在这种半殖民地半封建的状态来是不相同的,它跟将来的社会主义制度也不相同。在社会主义的社会制度中是不要资本家的;在这个人民民主主义的制度中,还应当容许资本家存在。中国是否永远要资本家呢?不是的,将来一定不要。不但中国如此,全世界也是如此。英国也好,美国也好,法国也好,日本也好,德国也好,意大利也好,将来都统统不要资本家,中国也不能例外。苏联是建设了社会主义的国家,将来全世界统统要跟它走,那是没有疑义的。中国将来一定要发展到社会主义去,这样一个定律谁都不能推翻。但是我们在目前的阶段上不是实行社会主义,而是破坏帝国主义和封建主义,改变中国现在的这个半殖民地半封建的地位,建立人民民主主义的制度。全国青年应当为此而努力。

第三,过去中国革命的经验教训怎么样呢?这也是青年要懂得的一个重要问题。中国反帝反封建的资产阶级民主革命,正规地说起来,是从孙中山先生开始的,已经五十多年了;至于资本主义外国侵略中国,则差不多有了一百年。一百年来,中国的斗争,从鸦片战争反对英国侵略起,后来有太平天国的战争,有甲午战争,有戊戌维新,有义和团运动,有辛亥革命,有五四运动,有北伐战争,有红军战争,这些虽然情形各不相同,但都是为了反抗外敌,或改革现状的。但是从孙中山先生开始,才有比较明确的资产阶级民主革命。从孙先生开始的革命,五十年来,有它胜利的地方,也有它失败的地方。你们看,辛亥革命把皇帝赶跑,这不是胜利了吗?说它失败,是说辛亥革命只把一个皇帝赶跑,中国仍旧在帝国主义和封建主义的压迫之下,反帝反封建的革命任务并没有完成。五四运动是干什么的呢?也是为着反帝反封建,但是也失败了,中国仍然在帝国主义和封建主义的统治之下。北伐战争的革命也是一样,它胜利了,但又失败了。国民党反共以来,中国又是帝国主义和封建主义的天下。于是不得不有十年的红军战争。但是这十年的奋斗,也只完成了局部的革命任务,还没有完成全国的革命任务。如果我们把过去几十年的革命做一个总结,那便是只得到了暂时的部分的胜利,没有永久的全国的胜利。正如孙中山先生说过的话:"革命尚未成功,同志仍须努力。"现在要问:中国革命干了几十年,为什么至今尚未达到目的呢?原因在什么地方呢?我以为原因在两个地方:第一是敌人的力量太强;第二是自己的力量太弱。一个强了,一个弱了,所以革命没有胜利。所谓敌人的力量太强,是说帝国主义(这是主要的)和封建主义的力量太强。所谓自己的力量太弱,有军事、政治、经济、文化各方面表现的弱点,但是主要的是因为占全国人口百分之九十的工农劳动群众还没有动员起来,所以表现了弱,所以不能完成反帝反封建的任务。如果要把几十年来的革命做一个总结,那就是全国人民没有充分地动员起来,并且反动派总是反对和摧残这种动员。而要打倒帝国主义和封建主义,只有把占全国人口百分之九十的工农大众动员起来,组织起来,才有可能。孙中山先生在他的遗嘱里说:"余致力国民革命凡四十年,其目的在求中国之自由平等。积四十年之经验,深知欲达到此目的,必须唤起民众及联合世界上以平等待我之民族共同奋斗。"这位老先生死了十多年了,连同他说的四十年,共有五十多年,这五十多年来的革命的经验教训是什么呢?根本就是"唤起民众"这一条道理。你们应该好好地研究一下,全国青年都应该好生研究。青年们一定要知道,只有动员占全国人口百分之九十的工农大众,才能战胜帝国主义,才能战胜封建主义。现在我们要达到战胜日本建立新中国的目的,不动员全国的工农大众,是不可能的。

第四,我再讲到青年运动。在二十年前的今天,由学生们参加的历史上叫做五四运动的大事件,在中国发生了,这是一个有重大意义的运动。"五四"以来,中国青年们起了什么作用呢?起了某种先锋队的作用,这是全国除开顽固分子以外,一切的人都承认的。什么叫做先锋队的作用?就是带头作用,就是站在革命队伍的前头。中国反帝反封建的人民队伍中,有由中国知识青年们和学生青年组成的一支军队。这支军队是相当的大,死了的不算,在目前就有几百万。这支几百万人的军队,是反帝反封建的一个方面军,而且是一个重要的方面军。但是光靠这个方面军是不够的,光靠了它是不能打胜敌人的,因为它还不是主力军。主力军是谁呢?就是工农大众。中国的知识青年们和学生青年们,一定要到工农群众中去,把占全国人口百分之九十的工农大众,动员起来,组织起来。没有工农这个主力军,单靠知识青年和学生青年这支军队,要达到反帝反封建的胜利,是做不到的。所以全国知识青年和学生青年一定要和广大的工农群众结合在一块,和他们变成一体,才能形成一支强有力的军队。这是一支几万万人的军队啊!有了这支大军,才能攻破敌人的坚固阵地,才能攻破敌人的最后堡垒。拿这个观点来看过去的青年运动,就应该指出一种错误的倾向,这就是在过去几十年的青年运动中,有一部分青年,他们不愿意和工农大众相联合,他们反对工农运动,这是青年运动潮流中的一股逆流。他们实在太不高明,跟占全国人口百分之九十的工农大众不联合,并且根本反对工农。

这样一个潮流好不好呢？我看是不好的，因为他们反对工农，就是反对革命，所以说，它是青年运动中的一股逆流。这样的青年运动，是没有好结果的。早几天，我作了一篇短文，我在那里说过这样一句话："革命的或不革命的或反革命的知识分子的最后的分界，看其是否愿意并且实行和工农民众相结合。"我在这里提出了一个标准，我认为是唯一的标准。看一个青年是不是革命的，拿什么做标准呢？拿什么去辨别他呢？只有一个标准，这就是看他愿意不愿意、并且实行不实行和广大的工农群众结合在一块。愿意并且实行和工农结合的，是革命的，否则就是不革命的，或者是反革命的。他今天把自己结合于工农群众，他今天是革命的；但是如果他明天不去结合了，或者反过来压迫老百姓，那就是不革命的，或者是反革命的了。有些青年，仅仅在嘴上大讲其信仰三民主义，或者信仰马克思主义，这是不算数的。你们看，希特勒不是也讲"信仰社会主义"吗？墨索里尼在二十年前也还是一个"社会主义者"呢！他们的"社会主义"到底是什么东西呢？原来就是法西斯主义！陈独秀不是也"信仰"过马克思主义吗？他后来干了什么呢？他跑到反革命那里去了。张国焘不是也"信仰"过马克思主义吗？他现在到哪里去了呢？他一小差就开到泥坑里去了。有些人自己对自己加封为"三民主义信徒"，而且是老牌的三民主义者，可是他们做了些什么呢？原来他们的民族主义，就是勾结帝国主义；他们的民权主义，就是压迫老百姓；他们的民生主义呢，那就是拿老百姓身上的血来喝得越多越好。这是口是心非的三民主义者。所以我们看人的时候，看他是一个假三民主义者还是一个真三民主义者，是一个假马克思主义者还是一个真马克思主义者，只要看他和广大的工农群众的关系如何，就完全清楚了。只有这一个辨别的标准，没有第二个标准。我希望全国的青年切记不要堕入那股黑暗的逆流之中，要认清工农是自己的朋友，向光明的前途进军。

第五，现在的抗日战争，是中国革命的一个新阶段，而且是最伟大、最活跃、最生动的一个新阶段。青年们在这个阶段里，是负担了重大的责任的。我们中国几十年来的革命运动，经过了许多的奋斗阶段，但是没有一次像现在的抗日战争这样广大的。我们认为现在的中国革命有和过去不同的特点，它将从失败转变到胜利，就是指的中国的广大的人民进步了，青年的进步就是明证。因此，这次抗日战争是一定要胜利的，非胜利不可。大家知道，抗日战争的根本政策，是抗日民族统一战线，它的目的是打倒日本帝国主义，打倒汉奸，变旧中国为新中国，使全民族从半殖民地半封建的地位解放出来。现在中国青年运动的不统一，是一个很大的缺点。你们应该继续要求统一，因为统一才有力量。你们要使全国青年知道现在的形势，实行团结，抗日到底。

最后，第六，我要说到延安的青年运动。延安的青年运动是全国青年运动的模范。延安的青年运动的方向，就是全国的青年运动的方向。为什么？因为延安的青年运动的方向是正确的。你们看，在统一方面，延安的青年们不但做了，而且做得很好。延安的青年们是团结的，是统一的。延安的知识青年、学生青年、工人青年、农民青年，大家都是团结的。全国各地，远至海外的华侨中间，大批的革命青年都来延安求学。今天到会的人，大多数来自千里万里之外，不论姓张姓李，是男是女，作工务农，大家都是一条心。这还不算全国的模范吗？延安的青年们不但本身团结,而且和工农群众相结合,这一点更加是全国的模范。延安的青年们干了些什么呢?他们在学习革命的理论,研究抗日救国的道理和方法。他们在实行生产运动,开发了千亩万亩的荒地。开荒种地这件事,连孔夫子也没有做过。孔子办学校的时候,他的学生也不少,"贤人七十,弟子三千",可谓盛矣。但是他的学生比起延安来就少得多,而且不喜欢什么生产运动。他的学生向他请教如何耕田,他就说:"不知道,我不如农民。"又问如何种菜,他又说:"不知道,我不如种菜的。"中国古代在圣人那里读书的青年们,不但没有学过革命的理论,而且不实行劳动。现在全国广大地方的学校,革命理论不多,生产运动也不讲。只有我们延安和各敌后抗日根据地的青年们根本不同,他们真是抗日救国的先锋,因为他们的政治方向是正确的,工作方法也是正确的。所以我说,延安的青年运动是全国青年运动的模范。

今天的大会很有意思。我要讲的都讲过了。希望大家把五十年来的中国革命经验研究一下,把好的地方发挥起来,把错误去掉,使全国青年和全国人民结合起来,使革命由失败转变到胜利。到了全国青年和全国人民都发动起来、组织起来、团结起来的一天,就是日本帝国主义被打倒的一天。每个青年都要担负这个责任。每个青年现在必须和过去不同,一定要下一个大决心,把全国的青年团结起来,把全国的人民组织起来,一定要把日本帝国主义打倒,一定要把旧中国改造为新中国。这就是我所希望于你们的。

二、写作背景

抗日战争爆发后,全国人民,特别是广大青年在中国共产党全面抗战路线的指引下,积极投入到全民族抗日战争的伟大洪流中来,成为抗日战争中英勇奋战、不怕流血牺牲的民族精华。抗日根据地的广大革命青年,积极参军参战,成为杀敌的英雄模范;敌占区和国民党统治区的广大爱国青年积极地投入抗日救亡运动,以各种方式同敌、伪顽强进行斗争,成为抗日战争中的一支生力军;特别是敌占区和国民党统治区的有志青年,冒着生命危险,冲破层层封锁线,跋山涉水来到革命圣地延安和各根据地的抗日前线,直接投入伟大的抗日战争,为民族的解放和国家的独立做出了杰出的贡献。

延安的青年,在中国共产党中央的亲切关怀和培养下,在抗日斗争的烽火硝烟的熏陶考验中,锻炼成为全国的抗日先锋和榜样。但是,由于各自的觉悟程度、知识水平、成长道路等条件不同,所以对中国革命的性质、任务、动力和对青年运动发展方向等问题的认识并不清楚,存在着不少模糊观念。针对当时的形势和青年知识分子中存在的这些问题,毛泽东在延安青年群众举行的五四运动二十周年纪念会上做了《青年运动的方向》这一著名的讲演,号召全国青年坚决走与工农相结合的道路,同全国人民团结起来,打倒日本侵略者,夺取抗日战争的彻底胜利,为建立一个独立、民主、富强的新中国而奋斗。

三、主要内容

毛泽东在这个讲演中,从中国革命和抗日战争的实际出发,站在中国革命对青年要求的高度,围绕青年运动的方向这一中心问题,着重阐明了中国革命的性质、任务和青年在中国革命中的地位、作用等一系列重要问题。主要内容有四个方面:

(一)阐明了中国新民主主义革命的对象、任务、动力和性质、前途

毛泽东指出,中国革命的对象是帝国主义和封建主义。但是,由于日本帝国主义入侵中国,所以抗日战争时期的革命对象一个是日本帝国主义,再一个就是汉奸。这两个敌人就是现阶段中国革命的主要敌人。现阶段的革命任务是打倒帝国主义、打倒封建主义,建立一个人民民主的共和国即革命的三民主义的共和国。革命的主体就是中国的老百姓,革命的动力有无产阶级、农民阶级,还有其他阶级中一切愿意反帝反封建的人,革命的骨干是占全国人口百分之九十的工人、农民,他们是革命的主力军。中国革命的性质是资产阶级性质的民主主义革命。这个革命,只有在无产阶级及其政党——中国共产党的领导下,依靠广大人民的努力,才能取得彻底胜利。关于中国新民主主义革命的前途,毛泽东认为,虽然中国人民现在进行的是资产阶级民主主义革命,但是,中国将来一定要发展到社会主义去。

(二)分析了自鸦片战争以来中国革命的历史及其经验教训

毛泽东在这篇讲演中,回顾了一百年来中国人民所进行的伟大的革命斗争,指出了中国革命至今没有完成的两个主要原因:第一是敌人的力量太强;第二是自己的力量太弱。毛泽东在详细分析了这两个原因后,进一步指出,要打倒帝国主义和封建主义,只有把占全国人口百分之九十的工农大众动员起来、组织起来,才能打倒帝国主义和封建主义。他号召全国青年应该好好地研究一下这条经验。

(三)充分肯定和高度评价了青年运动在中国革命斗争中的地位和作用,指出了革命青年必须走同工农群众相结合的道路

毛泽东根据中国青年自五四运动以来在中国革命中所起的先锋作用、桥梁作用和他们具有的科学文化知识、政治敏锐性等特点,充分肯定了他们是反帝反封建的一个重要方面军。革命要取得胜利,没有他们是不行的。但是,光靠这个方面军是不能打败敌人的,因为它还不是主力军,主力军是工农大众。所以,全国的知识青年和学生青年一定要和广大的工农群众结合起来,才能打败日本侵略者,推翻帝国主义、封建主义在中国的反动统治。毛泽东在充分肯定青年运动的历史地位和作用的基础上,指出衡量一个青年是否革命的标志,就是看他是否愿意并且实行和广大的工农群众结合,愿意并且实行和工农结合的,是革命的,否则就是不革命的,或者是反革命的,从而为青年运动指出了正确的方向。

(四)明确地指出了延安青年运动是全国青年运动的模范,延安青年运动的方向,就是全国青年运动的方向,号召全国青年向延安青年学习

毛泽东指出,延安青年运动的方向是正确的。他们在党中央的直接培养、教育和关怀下,坚持统一和团结,坚持坚定正确的政治方向,实行和工农群众相结合,努力学习革命理论和研究抗日救国的方法,实行生产劳动,并直接参加抗日,是抗日救国的先锋。因此,毛泽东说延安

青年要把全国的青年团结起来,同全国人民一道为实现打败日本侵略者、建立新中国而奋斗。

四、重要意义

毛泽东的《青年运动方向》是一个指导中国青年运动的纲领性文献。

(1)为抗日战争时期的广大青年,特别是为延安青年和各抗日根据地的青年指明了正确方向。他们在毛泽东关于知识分子必须和工农群众相结合思想的指引下,跋山涉水、冲破敌、伪、顽层层封锁,历经千难万险,来到延安和抗日前线,投入抗日战争的火热斗争和中国革命的伟大洪流中,创造了无数可歌可泣的英雄业绩。在抗日战争胜利后,他们又投入到伟大的解放战争的战场,为新中国的诞生做出了重要的贡献。新中国成立后,他们中的绝大多数成为各条战线的各级领导和骨干。因此,这篇讲话无论对中国民主革命的胜利,还是对干部队伍和知识分子队伍的建设,都起了巨大的推动作用。

(2)毛泽东的《青年运动方向》提出的青年知识分子必须同工农相结合的思想,是对马克思主义的辩证唯物论和历史唯物论创造性的运用和发展。工农群众才是创造世界历史的主人,工农群众的实践是社会发展的基本实践。青年学生和青年知识分子只有投身于工农群众及其改造客观世界的伟大实践中,才能树立无产阶级的科学世界观,才能成为一个真正的革命者。

(3)毛泽东的《青年运动方向》不仅为民主革命时期青年运动指明了正确的方向,同样也为广大青年在社会主义现代化建设新时期与工农相结合,实现中华民族的伟大复兴指明了前进的方向。

新时期的伟大历史任务,要求广大青年要继承和发扬五四运动的光荣传统,以延安青年为榜样,坚定不移地和全国人民一道,全面开创社会主义现代化建设的新局面,为中华民族的复兴而奋斗。为此,广大青年必须沿着知识分子与工农相结合的康庄大道走下去,虚心向工农群众学习,加强思想品德修养,树立革命的世界观和科学的方法论,做一个有理想、有道德、有文化、有纪律的社会主义青年。

第十三章

Chapter 13

纪念白求恩 (1939年12月21日)

一、原文

　　白求恩同志是加拿大共产党员,五十多岁了,为了帮助中国的抗日战争,受加拿大共产党和美国共产党的派遣,不远万里,来到中国。去年春上到延安,后来到五台山工作,不幸以身殉职。一个外国人,毫无利己的动机,把中国人民的解放事业当作他自己的事业,这是什么精神?这是国际主义的精神,这是共产主义的精神,每一个中国共产党员都要学习这种精神。列宁主义认为:资本主义国家的无产阶级要拥护殖民地半殖民地人民的解放斗争,殖民地半殖民地的无产阶级要拥护资本主义国家的无产阶级的解放斗争,世界革命才能胜利。白求恩同志是实践了这一条列宁主义路线的。我们中国共产党员也要实践这一条路线。我们要和一切资本主义国家的无产阶级联合起来,要和日本的、英国的、美国的、德国的、意大利的以及一切资本主义国家的无产阶级联合起来,才能打倒帝国主义,解放我们的民族和人民,解放世界的民族和人民。这就是我们的国际主义,这就是我们用以反对狭隘民族主义和狭隘爱国主义的国际主义。

　　白求恩同志毫不利己专门利人的精神,表现在他对工作的极端的负责任,对同志对人民的极端的热忱。每个共产党员都要学习他。不少的人对工作不负责任,拈轻怕重,把重担子推给人家,自己挑轻的。一事当前,先替自己打算,然后再替别人打算。出了一点力就觉得了不起,喜欢自吹,生怕人家不知道。对同志对人民不是满腔热忱,而是冷冷清清,漠不关心,麻木不仁。这种人其实不是共产党员,至少不能算一个纯粹的共产党员。从前线回来的人说到白求恩,没有一个不佩服,没有一个不为他的精神所感动。晋察冀边区的军民,凡亲身受过白求恩医生的治疗和亲眼看过白求恩医生的工作的,无不为之感动。每一个共产党员,一定要学习白求恩同志的这种真正共产主义者的精神。

白求恩同志是个医生,他以医疗为职业,对技术精益求精;在整个八路军医务系统中,他的医术是很高明的。这对于一班见异思迁的人,对于一班鄙薄技术工作以为不足道、以为无出路的人,也是一个极好的教训。

我和白求恩同志只见过一面。后来他给我来过许多信。可是因为忙,仅回过他一封信,还不知他收到没有。对于他的死,我是很悲痛的。现在大家纪念他,可见他的精神感人之深。我们大家要学习他毫无自私自利之心的精神。从这点出发,就可以变为大有利于人民的人。一个人能力有大小,但只要有这点精神,就是一个高尚的人,一个纯粹的人,一个有道德的人,一个脱离了低级趣味的人,一个有益于人民的人。

二、历史背景

《纪念白求恩》一文,写于1939年12月21日,曾以《学习白求恩》为题收入八路军政治部、卫生部1940年出版的《诺尔曼·白求恩纪念册》。

1937年七七事变后,日本发动了全面的侵华战争,中国人民奋起抵抗。中国人民的抗日战争得到了世界人民的支持和声援,加拿大共产党员诺尔曼·白求恩,受国际援华委员会的派遣,率领加拿大美国医疗队,于1938年初来中国,3月底到达延安,受到毛泽东等的接见。不久赴晋察冀边区工作,被任命为八路军晋察冀军区卫生顾问,在那里工作了一年多。他不顾个人安危,拒绝组织上对他的照顾,亲自率领战地医疗队到火线抢救伤员,以一个普通八路军战士的身份,战斗在烽火前线,表现了一个共产党员崇高的献身精神。1939年11月12日,白求恩在为伤员施行急救手术时受伤的手指被病菌感染患败血症,在河北省唐县黄石口村不幸逝世。

白求恩逝世后,晋察冀边区党政军领导机关和驻地群众为他举行了隆重的葬礼和追悼会。延安的报纸,登载了这一沉痛的消息。八路军朱德总司令、彭德怀副总司令致电慰问白求恩家属。1939年12月1日,延安各界代表举行追悼大会,沉痛悼念白求恩。毛泽东主席向大会致了挽词,号召"学习白求恩同志的国际主义精神,学习他的牺牲精神、责任心与工作热情"。不久以后,又写了这篇文章来纪念白求恩。

三、主要内容

《纪念白求恩》这篇文章的中心思想,就是纪念白求恩,学习白求恩。主要内容有四个方面:

(一)高度赞扬了白求恩为人类解放事业献身的国际主义精神

毛泽东指出:"一个外国人,毫无利己的动机,把中国人民的解放事业当作他自己的事业,这是什么精神?这是国际主义的精神,这是共产主义的精神。"白求恩作为一名共产党员,一位享有国际声誉的外科医生,曾亲赴前线为反法西斯的西班牙人民服务。中国抗日战争爆发后,他积极呼吁援助中国人民抗战,并毅然率领加拿大美国医疗队来中国,和中国人民一道为中国的生存而战。在中国的两年中,他把自己的全部身心,都熔铸在中国人民争取民族解放的伟大事业中。他说:"我决心和中国同志并肩战斗,直到抗战最后胜利;最近两年是我生平最愉快、最有意义的日子。"白求恩这种毫无利己的崇高的国际主义精神,永远为中国人民所敬仰。"每一个中国共产党员都要学习这种精神"。

(二)高度赞扬了白求恩的毫不利己、专门利人的共产主义精神

毛泽东指出:"白求恩同志毫不利己专门利人的精神,表现在他对工作的极端的负责任,对同志对人民的极端的热忱。每个共产党员都要学习他。"在晋察冀边区近两年的时间里,白求恩把全部精力,都投入到抢救每一个八路军伤员的工作中。哪里最艰苦,哪里最需要他,他就到哪里去。他的手术室,有时就设在离前沿阵地最近的地方。在战斗最紧张的时刻,他经常是连续几天几夜为伤员做手术,忘记了吃饭和疲劳。在晋察冀边区,不论是八路军的伤病员,还是普通的老百姓,他总是怀着满腔热忱去医治。抢救伤员需要输血,他毫不犹豫地输自己的血;伤员康复需要增加营养,他就用自己的津贴买。就是在最危险的时刻,他首先考虑的不是自己的安危,而是伤病员的存亡。为救治伤员,献出了自己的生命。白求恩的这种高尚的共产主义精神,深深地感动、教育了晋察冀边区的军民。正像毛泽东指出的那样:"从前线回来的人说到白求恩,没有一个不佩服,没有一个不为他的精神所感动。晋察冀边区的军民,凡亲身受过白求恩医生的治疗和亲眼看过白求恩医生的工作的,无不为之感动。每一个共产党员,一定要学习白求恩同志的这种真正共产主义者的精神。"

(三)高度赞扬了白求恩对技术精益求精的精神

白求恩是世界著名的外科专家,可是他从来不满足自己的技术,不墨守成规,发现任何缺点,立即就设法改正。他创设的正规模范医院被敌人扫荡破坏后,立即就改为创立小规模的以老百姓的家庭为基础的小型医院,并改进了医疗器械的携带方式,使其更加符合野外游击战的需要。他在极其困难的条件下,创造了八路军卫生工作的新纪录,能在战斗的最前线施行手术救护,使伤者速愈。他亲手培养了大批的外科医生,提高了医疗水平,使因战斗而骨折残废的比率大大降低。在晋察冀边区,他以自己精湛的技术和严格的作风,挽救了一个又一个八路军伤病员的生命,深深受到广大八路军将士的信任和爱戴。毛泽东高度赞扬了白求恩这种对技术工作一丝不苟、精益求精的科学精神,指出:"在整个八路军医务系统中,他的医术是很高明的。这对于一班见异思迁的人,对于一班鄙薄技术工作以为不足道、以为无出路的人,也是一个极好的教训。"

(四)号召学习白求恩精神,做一个有益于人民的人

白求恩作为一个共产主义者,他把对人类解放应尽的责任,凝结在自己的手术刀上,凝结在对人民、对同志无限的热爱中。白求恩作为世界著名的外科医生,他不仅以科学的态度行医

治学,而且不断地在实践中探索提高医疗水平。白求恩这种为人类解放事业献身的国际主义精神,毫不利己、专门利人的共产主义精神,对技术精益求精的科学精神,感人之深,激励着每一个中国共产党人。毛泽东号召:"我们大家要学习他毫无自私自利之心的精神。从这点出发,就可以变为大有利于人民的人。一个人能力有大小,但只要有这点精神,就是一个高尚的人,一个纯粹的人,一个有道德的人,一个脱离了低级趣味的人,一个有益于人民的人。"

四、重要意义

《纪念白求恩》这篇文章发表后,半个多世纪以来,白求恩的崇高形象和高尚精神,在中国人民中广为传颂,成为中国人民学习的光辉榜样。

(1)《纪念白求恩》这篇文章中所阐述的白求恩的崇高形象和光辉思想,成为八路军广大医护工作者提高思想素质和医疗技术水平的强大动力,也成为八路军将士彻底战胜日本侵略者,完成民族解放事业的宝贵精神力量。

(2)《纪念白求恩》一文是我们进行国际主义和共产主义教育的好材料。毛泽东在这篇文章中,通过对白求恩崇高形象和光辉思想的最本质的阐述,把马克思主义关于国际主义精神,共产主义精神的概念形象化、具体化了。它大大加深了人们对马克思主义关于国际主义精神,共产主义精神的认识和理解,使白求恩这个光辉的名字和它所代表的伟大精神,成为教育中国人民、鼓舞中国人民前进的强大思想武器。

(3)继承和发扬毛泽东在《纪念白求恩》这篇文章中所赞扬的为人类进步事业献身的精神,对工作极端负责任的精神,对同志对人民极端热忱的精神,对技术精益求精的精神,做一个有益于人民的人,对我们今天加强思想政治教育和进行精神文明建设具有重大和深远的意义。

第十四章

Chapter 14

我的修养要则 (1843年3月18日)*

一、原文

1. 加紧学习,抓住中心,宁精勿杂,宁专勿多。
2. 努力工作,要有计划,有重点,有条理。
3. 习作合一,要注意时间、空间、条件,使之配合适当,要注意检讨和整理,要有发现和创造。
4. 要与自己的他人的一切不正确的思想意识做原则上坚决的斗争。
5. 适当发扬自己的长处,具体纠正自己的短处。
6. 永远不与群众隔离,向群众学习,并帮助他们。过集体生活,注意调研,遵守纪律。
7. 健全自己身体,保持合理的规律生活,这是自我修养的物质基础。

二、写作背景

1943年3月18日是周恩来45岁生日。当时,中共中央南方局机关的干部,正根据党中央的统一部署开展整风学习活动。这天,周恩来在南方局办事处机关做了一场自我反省报告。他简要回顾了自己参加革命的经历,剖析了自己的性格弱点,以反躬自省的精神为自己传奇的人生经历做了一个虔诚的总结,并检讨自己"理论修养不够,有些事务主义的作风"。这天,同

---

* 本文是周恩来在重庆红岩整风学习时写的。原文选自《周恩来选集》人民出版社1997年版。

志们并没有忘记周恩来的生日,特做了几道简单的菜准备晚上为他祝寿。周恩来知道后坚持不出席,只让厨房煮了碗面算是过了生日。就在这天的晚上,周恩来在办公室写下了这份《我的修养要则》,以明心志。

三、主要内容

《我的修养要则》,言简意赅,主要内容有四个方面:

(1)在学习与工作方面,提出学习要精而专、工作要有计划有重点的原则,克服学习中的杂而多,工作中的事务主义作风。同时,要处理好学习与工作的关系,首先要兼顾学习与工作相互统一、相互促进,学以致用,学用结合,以学促用,以用验学,不纸上谈兵,以理论指导实践,以实践检验理论。其次要适当地配置时间、空间、条件,只有三者配合适当才能事半功倍,走向成功。再次要注意检讨和整理,检讨是调整自己的理念、做法和航向。

(2)在正确对待自己方面,提出要发扬长处、纠正短处,与不正确的思想意识作原则上坚决的斗争。每一个人,都有自己的长处和短处,都可能存在或多或少的不正确的思想意识,如果不能够正视自己的长处和短处,不愿做反省功夫而自满自傲,不承认自己有任何错误和缺点而害怕批评和自我批评,不敢正视错误和改正错误,那么,这个人就一定不能健康地成长,成为真正的共产党员。因此,《我的修养要则》提出,每一个共产党员适当发扬自己的长处,具体纠正自己的短处,要与自己的、他人不正确的思想意识做坚决的斗争。

(3)在坚持党的群众路线方面,提出一要永远不与群众隔离,向群众学习,并帮助他们,二要过集体生活,注意调研,遵守纪律。这两方面,是我们党的"一切为了群众,一切依靠群众;从群众中来,到群众中去"的群众路线的具体化。

(4)在自我修养的物质基础方面,提出健康的身体,合理的生活规律,这是自我修养的物质基础。而要具备这种物质基础,需要强身健体,要过高尚、有节制、有规律的生活,不能沉溺于享乐,业荒于嬉。

四、重要意义

(1)《我的修养要则》是一份加强党性修养的珍贵文献。它仿佛是一面镜子,透过它,我们看到了周恩来作为无产阶级革命家崇高的人格光辉和修养魅力;透过它,我们也看到一位真正共产党人所应达到的精神境界。七条要则,言简意赅,不做作,不虚夸,可以说是周恩来人格魅力的真实写照。凡是读过这篇《要则》的人,都会对它留下深刻印象,都会把它当作共产党人修养的名篇,以此警示自己,警示后人,警示来者。

(2)《我的修养要则》为共产党人尤其是高级领导干部树立了榜样,指明了共产党人自我修养的内容、要求和方法。周恩来的修养要则,朴实无华,字句易懂,但真正做到很不容易。

第十五章
Chapter 15

为人民服务（1944年9月8日）*

一、原文

　　我们的共产党和共产党所领导的八路军、新四军，是革命的队伍。我们这个队伍完全是为着解放人民的，是彻底地为人民的利益工作的。张思德同志就是我们这个队伍中的一个同志。

　　人总是要死的，但死的意义有不同。中国古时候有个文学家叫做司马迁的说过："人固有一死，或重于泰山，或轻于鸿毛。"为人民利益而死，就比泰山还重；替法西斯卖力，替剥削人民和压迫人民的人去死，就比鸿毛还轻。张思德同志是为人民利益而死的，他的死是比泰山还要重的。

　　因为我们是为人民服务的，所以，我们如果有缺点，就不怕别人批评指出。不管是什么人，谁向我们指出都行。只要你说得对，我们就改正。你说的办法对人民有好处，我们就照你的办。"精兵简政"这一条意见，就是党外人士李鼎铭先生提出来的；他提得好，对人民有好处，我们就采用了。只要我们为人民的利益坚持好的，为人民的利益改正错的，我们这个队伍就一定会兴旺起来。

　　我们都是来自五湖四海，为了一个共同的革命目标，走到一起来了。我们还要和全国大多数人民走这一条路。我们今天已经领导着有九千一百万人口的根据地，但是还不够，还要更大些，才能取得全民族的解放。我们的同志在困难的时候，要看到成绩，要看到光明，要提高我们

---

*这是毛泽东在中共中央警备团追悼张思德的会上的讲演。原文选自《毛泽东选集》人民出版社1991年版。

的勇气。中国人民正在受难,我们有责任解救他们,我们要努力奋斗。要奋斗就会有牺牲,死人的事是经常发生的。但是我们想到人民的利益,想到大多数人民的痛苦,我们为人民而死,就是死得其所。不过,我们应当尽量地减少那些不必要的牺牲。我们的干部要关心每一个战士,一切革命队伍的人都要互相关心,互相爱护,互相帮助。

今后我们的队伍里,不管死了谁,不管是炊事员,是战士,只要他是做过一些有益的工作的,我们都要给他送葬,开追悼会。这要成为一个制度。这个方法也要介绍到老百姓那里去。村上的人死了,开个追悼会。用这样的方法,寄托我们的哀思,使整个人民团结起来。

二、写作背景

《为人民服务》是毛泽东1944年9月8日在中共中央直属机关追悼中央警卫团战士张思德同志大会上所做的演讲。

张思德是四川仪陇县人,1933年参加红军,1937年入党。参加过长征,作战机智勇敢,曾多次负伤。1938年任中央军委警卫营通讯班长,1942年11月任中央警卫团一连通讯班长,后调延安枣园担任中央领导同志的警卫。

1944年夏,中央办公厅抽调有烧木炭经验的人去安塞县石峡峪(今楼坪乡)打窑烧木炭。中央警卫团派张思德等和中央社会部的同志组成一个烧炭生产队,张思德任副队长。他工作认真负责,不怕苦、不怕累、不怕脏,处处起模范带头作用。1944年9月5日,由于连日阴雨,炭窑崩塌,崩塌的炭窑压住了正在埋头工作的张思德。待战友们将他救出时,年仅29岁的共产党员张思德已经停止了呼吸。

1944年9月8日下午2时,张思德烈士的追悼大会在延安枣园后沟西山脚下的操场上举行,中央警卫团的全体指战员,中央社会部及中共中央直属机关等1 000多人参加了追悼会。毛泽东亲笔写了"向为人民利益而牺牲的张思德同志致敬!"的挽词,并在追悼会做了这篇讲演,深刻阐述了为人民服务的思想。

三、主要内容

《为人民服务》一文,主要内容有以下四个方面:

(一)阐述了完全、彻底为人民服务的根本立场和观点

毛泽东指出:"我们的共产党和共产党所领导的八路军、新四军,是革命的队伍。我们这个队伍完全是为着解放人民的,是彻底地为人民的利益工作的。"这就是说,我们的党和党所领导的革命队伍,是为了人民的利益而建立而奋斗的。人民的利益,即是党的利益,除了人民的利益,党再无自己的特殊利益。为人民服务是共产党人的唯一的宗旨,是我们考虑一切问题的根本出发点。我们所有党员的一切努力、斗争和牺牲,都是为了人民的解放和幸福,我们党的一切工作,都是紧紧地和人民联系在一起的,都是为人民服务的。每个要求参加这个队伍的人,都应该牢记这个宗旨,并自觉地为之而奋斗。张思德是完全彻底为人民服务的典型,因此,

毛泽东号召所有共产党员和革命战士都应该向张思德那样树立全心全意为人民服务的思想。

（二）阐述了无产阶级的生死观

毛泽东指出："人总是要死的，但死的意义有不同"，"为人民利益而死，就比泰山还重；替法西斯卖力，替剥削人民和压迫人民的人去死，就比鸿毛还轻"，这是无产阶级的革命生死观同其他剥削阶级生死观的根本区别。无产阶级所以要把是否为人民利益而死作为衡量人生价值的基本标准，其根本原因，是无产阶级的生死观是以历史唯物主义为基础的。历史唯物主义认为，人民群众是历史的创造者，是历史发展和社会变革的决定力量。任何个人，要在历史上充分发挥自己的力量和作用，都离不开社会发展的客观条件和要求，都离不开人民群众的活动，都必须把个人的活动同人民群众的活动结合起来，并在自己的活动中正确反映人民群众的根本利益，才会做出有益于人民和推进历史发展的事业。一个人的生命是有限的，但生命的价值不能用时间的长短来衡量，而只能用是否有利于人民的事业来衡量。许多革命先烈，虽然在青壮年时代就献出了宝贵的生命，但是由于他们是为中国人民的解放事业而牺牲的，是为了人民的利益而死的，所以他们的死就比泰山还重。张思德同志是为人民利益而死的，他的死也是比泰山还要重的。

为人民而生，为人民而死，这是完全彻底为人民服务必须解决的一个重要问题。每个共产党员和革命战士都应该树立无产阶级的生死观，并认真地付诸行动。

（三）阐述了为人民的利益坚持真理、改正错误的重要原则

毛泽东指出："因为我们是为人民服务的，所以，我们如果有缺点，就不怕别人批评指出。不管是什么人，谁向我们指出都行。只要你说得对，我们就改正。你说的办法对人民有好处，我们就照你的办。""只要我们为人民的利益坚持好的，为人民的利益改正错的，我们这个队伍就一定会兴旺起来。"这就告诉我们，作为一个真正的革命者，一个忠诚的共产党员，不但要有为了人民的利益而献身的牺牲精神，而且要有为了人民的利益坚持真理、改正错误和批评与自我批评的作风，这也是坚持全心全意为人民服务必须解决的一个重要原则问题。我们共产党人之所以要把批评与自我批评作为改造和进步的武器，是因为，只有这种方法才能使我们抵抗各种政治灰尘和政治微生物的侵蚀，克服各种错误思想，加强党的团结以及党与人民的团结，完成改革旧社会，建设新社会的任务。有无认真的自我批评，也是我们和其他政党互相区别的显著标志之一。我们党，正是在经常的批评和自我批评中，不断纠正错误、克服缺点而获得不断进步的。我们完全懂得，实行认真的自我批评，接受别人的批评，除了失掉错误之外，什么也不会失掉，而得到的却是广大人民群众的更大的拥护。

（四）阐述了加强革命队伍团结的重要性

毛泽东指出："我们都是来自五湖四海，为了一个共同的革命目标，走到一起来了。我们还要和全国大多数人民走这一条路。"共同的革命目标是革命队伍内部团结的牢固基础，也是实现全国人民大团结的基本条件。这个共同的革命目标，在现时就是打败日本侵略者，取得全

民族的解放,在将来就是要实现社会主义和共产主义。这个共同的革命目标集中反映了中国人民的最大的、最根本的利益,为人民服务就必须为中国人民的这个最根本的利益而努力奋斗。毛泽东指出:"要奋斗就会有牺牲,死人的事是经常发生的。""不过,我们应当尽量地减少那些不必要的牺牲。我们的干部要关心每一个战士,一切革命队伍的人都要互相关心,互相爱护,互相帮助。"要在共同的革命目标之下,把来自五湖四海的每一个革命同志都团结起来,并使整个人民也团结起来,那我们就一定能够战胜任何困难,夺取革命的胜利。

四、重要意义

(1)《为人民服务》一文,是加强共产党和革命队伍思想建设的重要文献,是进行革命人生观教育的极好教材。

毛泽东在文中提出和阐述的为人民服务的思想,就是对共产党人和革命者所应具备的世界观和工作作风的高度概括。毛泽东把完全彻底为人民服务作为党的宗旨,要求每个共产党员和革命者都应该像张思德那样,牢记党的宗旨,正确对待人民和人民的事业,全心全意为人民服务,把自己个人的一切都献给中国人民的解放事业;同时,为人民的利益坚持好的,为人民的利益改正错的,为人民的利益而加强革命队伍的团结,加强全体人民的团结,从而使我们的事业兴旺发达起来,这就有力地加强了党和革命队伍的思想统一,推动了党和革命队伍的思想建设和作风建设,从根本上保证了人民解放事业的发展和胜利,并丰富和发展了党的思想建设理论和群众路线的思想。

(2)在建设中国特色社会主义的新时期,《为人民服务》一文所阐述的全心全意为人民服务的思想,仍然具有重要的指导意义。

党的十一届三中全会以后,随着党的马克思主义路线的重新确立和拨乱反正任务的完成,全心全意为人民服务的传统得到恢复和发扬。但是,由于种种复杂的原因,现在仍有些干部和共产党员经不住资产阶级和其他剥削阶级思想的腐蚀,在他们掌握一部分权力时,就丧失革命者的本色,忘记为人民服务的宗旨,以权谋私,损公肥私,甚至严重违法乱纪,腐化堕落,成为人民的罪人。因此,继续发扬全心全意为人民服务的精神,使之成为全体共产党员和革命者的精神支柱,用以抵制各种剥削阶级思想的侵蚀,仍然是我们所面临的一个严重的任务。只有把这个问题解决好,才能实现党风和社会风气的根本好转,才能把党建设成为领导中国特色社会主义建设的坚强核心。

第十六章

Chapter 16

解放思想,实事求是,团结一致向前看（1978年12月13日）*

一、原文

同志们：

这次会议开了一个多月了,就要结束了。中央提出了把全党工作的重心转到实现四个现代化上来的根本指导方针,解决了过去遗留下来的一系列重大问题,必将使全党、全军和全国各族人民提高斗志,增强信心,加强团结。现在,我们可以有把握地说,全党、全军和全国各族人民在党中央的正确领导下,在新的长征中,一定会不断取得新的胜利。

这次会议开得很好,很成功,在党的历史上有重要意义。我们党多年以来没有开过这样的会了,这一次恢复和发扬了党的民主传统,开得生动活泼。我们要把这种风气扩大到全党、全军和全国各族人民中去。

这次会议讨论和解决了许多有关党和国家命运的重大问题。大家敞开思想,畅所欲言,敢于讲心里话,讲实在话。大家能够积极地开展批评,包括对中央工作的批评,把意见摆在桌面上。一些同志也程度不同地进行了自我批评。这些都是党内生活的伟大进步,对于党和人民的事业将起巨大的促进作用。

今天,我主要讲一个问题,就是解放思想,开动脑筋,实事求是,团结一致向前看。

---

* 这是邓小平同志在中共中央工作会议闭幕会上的讲话。这次中央工作会议为随即召开的中共十一届三中全会做了充分准备。邓小平同志的这个讲话实际上是三中全会的主题报告。原文选自《邓小平文选》人民出版社1994年版。

一 解放思想是当前的一个重大政治问题

解放思想,开动脑筋,实事求是,团结一致向前看,首先是解放思想。只有思想解放了,我们才能正确地以马列主义、毛泽东思想为指导,解决过去遗留的问题,解决新出现的一系列问题,正确地改革同生产力迅速发展不相适应的生产关系和上层建筑,根据我国的实际情况,确定实现四个现代化的具体道路、方针、方法和措施。

在我们的干部特别是领导干部中间,解放思想这个问题并没有完全解决。不少同志的思想还很不解放,脑筋还没有开动起来,也可以说,还处在僵化或半僵化的状态。这并不是因为他们不是好同志。这种状态是在一定历史条件下形成的。

一是因为十多年来,林彪、"四人帮"大搞禁区、禁令,制造迷信,把人们的思想封闭在他们假马克思主义的禁锢圈内,不准越雷池一步。否则,就要追查,就要扣帽子、打棍子。在这种情况下,一些人就只好不去开动脑筋,不去想问题了。

二是因为民主集中制受到破坏,党内确实存在权力过分集中的官僚主义。这种官僚主义常常以"党的领导"、"党的指示"、"党的利益"、"党的纪律"的面貌出现,这是真正的管、卡、压。许多重大问题往往是一两个人说了算,别人只能奉命行事。这样,大家就什么问题都用不着思考了。

三是因为是非功过不清,赏罚不明,干和不干一个样,甚至干得好的反而受打击,什么事不干的,四平八稳,却成了"不倒翁"。在这种不成文法底下,人们就不愿意去动脑筋了。

四是因为小生产的习惯势力还在影响着人们。这种习惯势力的一个显著特点,就是因循守旧,安于现状,不求发展,不求进步,不愿接受新事物。

思想不解放,思想僵化,很多的怪现象就产生了。

思想一僵化,条条、框框就多起来了。比如说,加强党的领导,变成了党去包办一切、干预一切;实行一元化领导,变成了党政不分、以党代政;坚持中央的统一领导,变成了"一切统一口径"。违反中央政策根本原则的"土政策"要反对,但是也有的"土政策"确是从实际出发的,是得到群众拥护的。这些正确政策现在往往也受到指责,因为它"不合统一口径"。

思想一僵化,随风倒的现象就多起来了。不讲党性,不讲原则,说话做事看来头、看风向,满以为这样不会犯错误。其实随风倒本身就是一个违反共产党员党性的大错误。独立思考,敢想、敢说、敢做,固然也难免犯错误,但那是错在明处,容易纠正。

思想一僵化,不从实际出发的本本主义也就严重起来了。书上没有的,文件上没有的,领导人没有讲过的,就不敢多说一句话,多做一件事,一切照抄照搬照转。把对上级负责和对人民负责对立起来。

不打破思想僵化,不大大解放干部和群众的思想,四个现代化就没有希望。

目前进行的关于实践是检验真理的唯一标准问题的讨论,实际上也是要不要解放思想的争论。大家认为进行这个争论很有必要,意义很大。从争论的情况来看,越看越重要。一个党,一个国家,一个民族,如果一切从本本出发,思想僵化,迷信盛行,那它就不能前进,它的生机就停止了，就要亡党亡国。这是毛泽东同志在整风运动中反复讲过的。只有解放思想，坚持实事求是，一切从实际出发，理论联系实际，我们的社会主义现代化建设才能顺利进行，我们党的马列主义、毛泽东思想的理论也才能顺利发展。从这个意义上说，关于真理标准问题的争论，的确是个思想路线问题，是个政治问题，是个关系到党和国家的前途和命运的问题。

实事求是，是无产阶级世界观的基础，是马克思主义的思想基础。过去我们搞革命所取得的一切胜利，是靠实事求是；现在我们要实现四个现代化，同样要靠实事求是。不但中央、省委、地委、县委、公社党委，就是一个工厂、一个机关、一个学校、一个商店、一个生产队，也都要实事求是，都要解放思想，开动脑筋想问题、办事情。

在党内和人民群众中，肯动脑筋、肯想问题的人愈多，对我们的事业就愈有利。干革命、搞建设，都要有一批勇于思考、勇于探索、勇于创新的闯将。没有这样一大批闯将，我们就无法摆脱贫穷落后的状况，就无法赶上更谈不到超过国际先进水平。我们希望各级党委和每个党支部，都来鼓励、支持党员和群众勇于思考、勇于探索、勇于创新，都来做促进群众解放思想、开动脑筋的工作。

二 民主是解放思想的重要条件

解放思想，开动脑筋，一个十分重要的条件就是要真正实行无产阶级的民主集中制。我们需要集中统一的领导，但是必须有充分的民主，才能做到正确的集中。

当前这个时期，特别需要强调民主。因为在过去一个相当长的时间内，民主集中制没有真正实行，离开民主讲集中，民主太少。现在敢出来说话的，还是少数先进分子。我们这次会议先进分子多一点，但就全党、全国来看，许多人还不是那么敢讲话。好的意见不那么敢讲，对坏人坏事不那么敢反对，这种状况不改变，怎么能叫大家解放思想，开动脑筋？四个现代化怎么化法？

我们要创造民主的条件，要重申"三不主义"：不抓辫子，不扣帽子，不打棍子。在党内和人民内部的政治生活中，只能采取民主手段，不能采取压制、打击的手段。宪法和党章规定的公民权利、党员权利、党委委员的权利，必须坚决保障，任何人不得侵犯。

前几天对天安门事件进行了平反，全国各族人民欢欣鼓舞，大大激发了人民群众的社会主义积极性。群众提了些意见应该允许，即使有个别心怀不满的人，想利用民主闹一点事，也没有什么可怕。要处理得当，要相信绝大多数群众有判断是非的能力。一个革命政党，就怕听不到人民的声音，最可怕的是鸦雀无声。现在党内外小道消息很多，真真假假，这是对长期缺乏政治民主的一种惩罚。有了又有集中又有民主，又有纪律又有自由，又有统一意志、又有个人心情舒畅、生动活泼的政治局面，小道消息就少了，无政府主义就比较容易克服。我们相信，我们的人民是顾大局、识大体、守纪律的。我们各级领导干部，特别是高级干部，也要注意严格遵守党的纪律，保守党的秘密，不要搞那些小道消息和手抄本之类的东西。

人民群众提出的意见，当然有对的，也有不对的，要进行分析。党的领导就是要善于集中人民群众的正确意见，对不正确的意见给以适当解释。对于思想问题，无论如何不能用压服的办法,要真正实行"双百"方针。一听到群众有一点议论,尤其是尖锐一点的议论,就要追查所谓"政治背景"、所谓"政治谣言",就要立案,进行打击压制,这种恶劣作风必须坚决制止。毛泽东同志历来说,这种状况实际上是软弱的表现,是神经衰弱的表现。我们的各级领导,无论如何不要造成同群众对立的局面。这是一个必须坚持的原则。我们的国家还有极少数的反革命分子,当然不能对他们丧失警惕。

我想着重讲讲发扬经济民主的问题。现在我国的经济管理体制权力过于集中,应该有计划地大胆下放,否则不利于充分发挥国家、地方、企业和劳动者个人四个方面的积极性,也不利于实行现代化的经济管理和提高劳动生产率。应该让地方和企业、生产队有更多的经营管理的自主权。我国有这么多省、市、自治区,一个中等的省相当于欧洲的一个大国,有必要在统一认识、统一政策、统一计划、统一指挥、统一行动之下,在经济计划和财政、外贸等方面给予更多的自主权。

当前最迫切的是扩大厂矿企业和生产队的自主权,使每一个工厂和生产队能够千方百计地发挥主动创造精神。一个生产队有了经营自主权,一小块地没有种上东西,一小片水面没有利用起来搞养殖业,社员和干部就要睡不着觉,就要开动脑筋想办法。全国几十万个企业,几百万个生产队都开动脑筋,能够增加多少财富啊!为国家创造财富多,个人的收入就应该多一些,集体福利就应该搞得好一些。不讲多劳多得,不重视物质利益,对少数先进分子可以,对广大群众不行,一段时间可以,长期不行。革命精神是非常宝贵的,没有革命精神就没有革命行动。但是,革命是在物质利益的基础上产生的,如果只讲牺牲精神,不讲物质利益,那就是唯心论。

同样,要切实保障工人农民个人的民主权利,包括民主选举、民主管理和民主监督。不但应该使每个车间主任、生产队长对生产负责任、想办法,而且一定要使每个工人农民都对生产负责任、想办法。

为了保障人民民主,必须加强法制。必须使民主制度化、法律化,使这种制度和法律不因领导人的改变而改变,不因领导人的看法和注意力的改变而改变。现在的问题是法律很不完备,很多法律还没有制定出来。往往把领导人说的话当做"法",不赞成领导人说的话就叫做"违法",领导人的话改变了,"法"也就跟着改变。所以,应该集中力量制定刑法、民法、诉讼法和其他各种必要的法律,例如工厂法、人民公社法、森林法、草原法、环境保护法、劳动法、外国人投资法等等,经过一定的民主程序讨论通过,并且加强检察机关和司法机关,做到有法可依,有法必依,执法必严,违法必究。国家和企业、企业和企业、企业和个人等等之间的关系,也要用法律的形式来确定;它们之间的矛盾,也有不少要通过法律来解决。现在立法的工作量很大,人力很不够,因此法律条文开始可以粗一点,逐步完善。有的法规地方可以先试搞,然后经过总结提高,制定全国通行的法律。修改补充法律,成熟一条就修改补充一条,不要等待"成套设备"。总之,有比没有好,快搞比慢搞好。此外,我们还要大力加强对国际法的研究。

国要有国法,党要有党规党法。党章是最根本的党规党法。没有党规党法,国法就很难保障。各级纪律检查委员会和组织部门的任务不只是处理案件,更重要的是维护党规党法,切实把我们的党风搞好。对于违反党纪的,不管是什么人,都要执行纪律,做到功过分明,赏罚分明,伸张正气,打击邪气。

三 处理遗留问题为的是向前看

这次会议,解决了一些过去遗留下来的问题,分清了一些人的功过,纠正了一批重大的冤案、错案、假案。这是解放思想的需要,也是安定团结的需要。目的正是为了向前看,正是为了顺利实现全党工作重心的转变。

我们的原则是"有错必纠"。凡是过去搞错了的东西,统统应该改正。有的问题不能够一下子解决,要放到会后去继续解决。但是要尽快实事求是地解决,干脆利落地解决,不要拖泥带水。对过去遗留的问题,应当解决好。不解决不好,犯错误的同志不做自我批评不好,对他们不作适当的处理不好。但是,不可能也不应该要求解决得十分完满。要大处着眼,可以粗一点,每个细节都弄清不可能,也不必要。

安定团结十分重要。加强全国各族人民的团结,首先要加强全党的团结,特别是要加强党的领导核心的团结。我们党的团结,是建立在马列主义、毛泽东思想基础上的团结。党内要分清理论是非、路线是非,要开展批评和自我批评,互相帮助,互相监督,克服各种错误思想。

对于犯错误的同志,要促进他们自己总结经验教训,认识和改正错误。要给他们考虑思索的时间。在大是大非问题上有了认识,检讨了,就要表示欢迎。对于人的处理要十分慎重。对过去的错误,处理可宽可严的,可以从宽;对今后发生的问题,要严些。对一般党员处理要宽些,对领导干部要严些,特别是对高级干部要更严些。

今后选拔干部要严格。对于那些搞打砸抢的、帮派思想严重的、出卖灵魂陷害同志的、连党的最关紧要的利益都不顾的人,决不能重用。对于看风使舵、找靠山、不讲党的原则的人,也不能轻易信任,要警惕,要教育,要促使他们改造世界观。

最近国际国内都很关心我们对毛泽东同志和对文化大革命的评价问题。毛泽东同志在长期革命斗争中立下的伟大功勋是永远不可磨灭的。回想在一九二七年革命失败以后,如果没有毛泽东同志的卓越领导,中国革命有极大的可能到现在还没有胜利,那样,中国各族人民就还处在帝国主义、封建主义、官僚资本主义的反动统治之下,我们党就还在黑暗中苦斗。所以说没有毛主席就没有新中国,这丝毫不是什么夸张。毛泽东思想培育了我们整整一代人。我们在座的同志,可以说都是毛泽东思想教导出来的。没有毛泽东思想,就没有今天的中国共产党,这也丝毫不是什么夸张。毛泽东思想永远是我们全党、全军、全国各族人民的最宝贵的精神财富。我们要完整地准确地理解和掌握毛泽东思想的科学原理,并在新的历史条件下加以发展。当然,毛泽东同志不是没有缺点、错误的,要求一个革命领袖没有缺点、错误,那不是马克思主义。我们要领导和教育全体党员、全军指战员、全国各族人民科学地历史地认识毛泽东同志的伟大功绩。

关于文化大革命,也应该科学地历史地来看。毛泽东同志发动这样一次大革命,主要是从反修防修的要求出发的。至于在实际过程中发生的缺点、错误,适当的时候作为经验教训总结一下,这对统一全党的认识,是需要的。文化大革命已经成为我国社会主义历史发展中的一个阶段,总要总结,但是不必匆忙去做。要对这样一个历史阶段做出科学的评价,需要做认真的研究工作,有些事要经过更长一点的时间才能充分理解和做出评价,那时再来说明这一段历史,可能会比我们今天说得更好。

四　研究新情况,解决新问题

要向前看,就要及时地研究新情况和解决新问题,否则我们就不可能顺利前进。各方面的新情况都要研究,各方面的新问题都要解决,尤其要注意研究和解决管理方法、管理制度、经济政策这三方面的问题。

在管理方法上,当前要特别注意克服官僚主义。

官僚主义是小生产的产物,同社会化的大生产是根本不相容的。要搞四个现代化,把社会主义经济全面地转到大生产的技术基础上来,非克服官僚主义这个祸害不可。现在,我们的经济管理工作,机构臃肿,层次重叠,手续繁杂,效率极低。政治的空谈往往淹没一切。这并不是哪一些同志的责任,责任在于我们过去没有及时提出改革。但是如果现在再不实行改革,我们的现代化事业和社会主义事业就会被葬送。

我们要学会用经济方法管理经济。自己不懂就要向懂行的人学习,向外国的先进管理方法学习。不仅新引进的企业要按人家的先进方法去办,原有企业的改造也要采用先进的方法。在全国的统一方案拿出来以前,可以先从局部做起,从一个地区、一个行业做起,逐步推开。中央各部门要允许和鼓励它们进行这种试验。试验中间会出现各种矛盾,我们要及时发现和克服这些矛盾。这样我们才能进步得比较快。

今后,政治路线已经解决了,看一个经济部门的党委善不善于领导,领导得好不好,应该主要看这个经济部门实行了先进的管理方法没有,技术革新进行得怎么样,劳动生产率提高了多少,利润增长了多少,劳动者的个人收入和集体福利增加了多少。各条战线的各级党委的领导,也都要用类似这样的标准来衡量。这就是今后主要的政治。离开这个主要的内容,政治就变成空头政治,就离开了党和人民的最大利益。

在管理制度上,当前要特别注意加强责任制。

现在,各地的企业事业单位中,党和国家的各级机关中,一个很大的问题就是无人负责。名曰集体负责,实际上等于无人负责。一项工作布置之后,落实了没有,无人过问,结果好坏,谁也不管。所以急需建立严格的责任制。列宁说过:"借口集体领导而无人负责,是最危险的祸害","这种祸害无论如何要不顾一切地尽量迅速地予以根除"。

任何一项任务、一个建设项目,都要实行定任务、定人员、定数量、定质量、定时间等几定制度。例如,引进技术设备,引进什么项目,从哪里引进,引进到什么地方,什么人参加工作,都要具体定下来。引进项目要有几定,原有企业也要有几定。现在打屁股只能打计委、党委,这不解决问题,还必须打到具体人的身上才行。同样,奖励也必须奖到具体的集体和个人才行。我们在实行党委领导下的厂长负责制的时候,要切实做到职责分明。

要使责任制真正发挥作用,必须采取以下几方面的措施:

一要扩大管理人员的权限。责任到人就要权力到人。当厂长的、当工程师的、当技术员的、当会计出纳的,各有各的责任,也各有各的权力,别人不能侵犯。只交责任,不交权力,责任制非落空不可。

二要善于选用人员,量才授予职责。要发现专家,培养专家,重用专家,提高各种专家的政治地位和物质待遇。用人的政治标准是什么?为人民造福,为发展生产力、为社会主义事业做出积极贡献,这就是主要的政治标准。

三要严格考核,赏罚分明。所有的企业、学校、研究单位、机关,都要有对工作的评比和考核,要有学术职称、技术职称和荣誉称号。要根据工作成绩的大小、好坏,有赏有罚,有升有降。而且,这种赏罚、升降必须同物质利益联系起来。

总之,要通过加强责任制,通过赏罚严明,在各条战线上形成你追我赶、争当先进、奋发向上的风气。

在经济政策上,我认为要允许一部分地区、一部分企业、一部分工人农民,由于辛勤努力成绩大而收入先多一些,生活先好起来。一部分人生活先好起来,就必然产生极大的示范力量,影响左邻右舍,带动其他地区、其他单位的人们向他们学习。这样,就会使整个国民经济不断地波浪式地向前发展,使全国各族人民都能比较快地富裕起来。

当然,在西北、西南和其他一些地区,那里的生产和群众生活还很困难,国家应当从各方面给以帮助,特别要从物质上给以有力的支持。

这是一个大政策,一个能够影响和带动整个国民经济的政策,建议同志们认真加以考虑和研究。

在实现四个现代化的进程中,必然会出现许多我们不熟悉的、预想不到的新情况和新问题。尤其是生产关系和上层建筑的改革,不会是一帆风顺的,它涉及的面很广,涉及一大批人的切身利益,一定会出现各种各样的复杂情况和问题,一定会遇到重重障碍。例如,企业的改组,就会发生人员的去留问题;国家机关的改革,相当一部分工作人员要转做别的工作,有些人就会有意见,等等。这些问题很快就要出现,对此我们必须有足够的思想准备。要教育党员和群众以大局为重,以党和国家的整体利益为重。我们应当充满信心。只要我们信任群众,走群众路线,把情况和问题向群众讲明白,任何问题都可以解决,任何障碍都可以排除。随着经济的发展,路子会越走越宽,人们会各得其所。这是毫无疑义的。

实现四个现代化是一场深刻的伟大的革命。在这场伟大的革命中,我们是在不断地解决新的矛盾中前进的。因此,全党同志一定要善于学习,善于重新学习。

全国胜利前夕,毛泽东同志号召全党重新学习。那一次我们学得不坏,进城以后,很快恢复了经济,成功地完成了社会主义改造。这些年来,应当承认学得不好。主要的精力放到政治运动上去了,建设的本领没有学好,建设没有上去,政治也发生了严重的曲折。现在要搞现代化建设,就更加不懂了。所以全党必须再重新进行一次学习。

学习什么?根本的是要学习马列主义、毛泽东思想,要努力把马克思主义的普遍原则同我国实现四个现代化的具体实践结合起来。当前大多数干部还要着重抓紧三个方面的学习:一个是学经济学,一个是学科学技术,一个是学管理。学习好,才可能领导好高速度、高水平的社会主义现代化建设。从实践中学,从书本上学,从自己和人家的经验教训中学。要克服保守主义和本本主义。几百个中央委员,几千个中央和地方的高级干部,要带头钻研现代化经济建设。

只要我们大家团结一致,同心同德,解放思想,开动脑筋,学会原来不懂的东西,我们就一定能够加快新长征的步伐。让我们在党中央和国务院的领导下,为改变我国的落后面貌,把我国建成现代化的社会主义强国而奋勇前进!

二、写作背景

经过十年的"文化大革命",中国积累了大量政治、经济、社会问题,困难成堆、问题成堆、百废待举、百业待兴。粉碎"四人帮"后,广大人民渴望迅速恢复正常的社会秩序和生产、生活秩序,祈盼国家安定团结,经济迅速发展,摆脱贫困落后的状态,使社会主义现代化事业兴旺发达。而当时主持中央工作的主要领导人仍然坚持"以阶级斗争为纲"和无产阶级专政下继续革命的理论,并提出了"两个凡是",使党和国家的工作总体上受到严重阻碍,出现了两年的徘徊状况,中国面临着向何处去的重要抉择。当时存在着三种可能:一是按照"两个凡是"的错误方针办,走老路;二是实行全盘西化,走邪路;三是以解放思想、实事求是为指导,走一条符合中国国情的建设社会主义的新路。在这样的形势下召开了党的中央工作会议。这次会议原定讨论农业问题,1979年、1980年国民经济计划安排问题和李先念在国务院务虚会议上的讲话三个议程。在讨论这些议题之前,还有一个事关全局的问题,即把全党工作重点转移到社会主义现代化建设上来,这也是这次会议的中心议题。但是,以什么指导思想实现工作重点转移,实现工作重点转移要扫除哪些障碍,要不要彻底纠正"文革"及其以前的"左"倾错误,实际上涉及党的思想路线、政治路线、组织路线问题。经过从1978年11月10日到12月12日一个多月的讨论和思想交锋,开展批评与自我批评,在一系列重大问题上取得了重大突破,为十一届三中全会做了充分准备。正是在这样的背景下,邓小平代表党中央做了题为《解放思想,实事求是,团结一致向前看》的重要讲话。

三、主要内容

这篇重要讲话共分四个部分:

(1)解放思想是当前的一个重大政治问题。邓小平对半年来党内外热烈开展的关于真理标准问题的讨论做了总结,批评了"两个凡是"和个人崇拜,着重强调了解放思想、打破僵化的迫切任务。他说:"首先是解放思想。只有思想解放了,我们才能正确地以马列主义、毛泽东思想为指导,解决过去遗留的问题,解决新出现的一系列问题。""不打破思想僵化,不大大解放干部和群众的思想,四个现代化就没有希望。"关于实践是检验真理的唯一标准问题的讨论,很有必要,意义很大,"一个党,一个国家,一个民族,如果一切从本本出发,思想僵化,迷信盛行,那它就不能前进,它的生机就停止了,就要亡党亡国"。只有解放思想,坚持实事求是,一切从实际出发,理论联系实际,我们的社会主义现代化建设才能顺利进行,我们党的马列主义、毛泽东思想的理论也才能顺利发展。"从这个意义上说,关于真理标准问题的争论,的确是个思想路线问题,是个政治问题,是个关系到党和国家的前途和命运的问题。"

(2)民主是解放思想的重要条件。邓小平指出:解放思想,一个十分重要的条件就是要真正实行民主集中制。当前这个时期,特别需要强调民主。因为在过去一个相当长的时期内,民主集中制没有真正实行,离开民主讲集中,民主太少。为了保障人民民主,必须加强法制。必须使民主制度化、法律化,使这种制度和法律不因领导人的改变而改变,不因领导人的看法和注意力的改变而改变。

(3)处理遗留问题为的是向前看。对这次会议解决的一些历史遗留问题,纠正的一些重大冤假错案,邓小平指出:这是解放思想的需要,也是安定团结的需要。目的正是为了向前看,正是为了顺利实现全党工作重心的转变。我们的原则是有错必纠。凡是过去搞错了的东西,统统应该改正。"文化大革命"已经成为我国社会主义历史发展中的一个阶段,总要总结,但是不必匆忙去做。有些事要经过更长一点的时间才能充分理解和做出评价。

(4)研究新情况,解决新问题。邓小平提出,当前尤其要注意研究和解决管理方法、管理制度、经济政策这三个方面的问题。目前的经济管理机构臃肿,层次重叠,手续繁杂,效率极低,政治的空谈往往淹没一切。如果再不改革,我们的现代化事业和社会主义事业就会被葬送,当前最迫切的是扩大厂矿企业和生产队的自主权,使每一个工厂和生产队能够千方百计地发挥主动创造精神。在经济政策上,要允许一部分地区、一部分人,由于辛勤努力成绩大而收入先多一些,生活先好起来。这样"必然产生极大的示范力量,影响左邻右舍,带动其他地区","使整个国民经济不断地波浪式地向前发展,使全国各族人民都能比较快地富裕起来","这是一个大政策,一个能够影响和带动整个国民经济的政策"。

四、重要意义

(1)邓小平的这篇讲话是在"文化大革命"结束以后,中国面临向何处去的重大历史关头,提出了当时实现历史性转折和进行现代化建设所面临的最重大、最关键的问题,为即将召开的十一届三中全会明确了指导思想,指明了党在今后的主要任务和前进方向。

(2)讲话打破"两个凡是"方针的束缚,为实现全面拨乱反正和开创建设中国特色社会主义新局面做了理论上和政策的准备。

(3)这篇讲话是坚持马列主义与中国实际相结合原则的宣言书,学习和掌握这篇讲话的精神,对于坚持解放思想、实事求是的思想路线,不断研究新情况、解决新问题,开拓马克思主义的新境界,建设有中国特色社会主义的新局面,意义十分重大。

第十七章

Chapter 17

坚持四项基本原则（1979年3月30日）*

一、原文

同志们：

党的理论工作务虚会已经开了一段时间了。在会议临近结束的时候，我受党中央的委托来向大家讲几点意见。

……

二　实现四个现代化必须　坚持四项基本原则

要在本世纪内实现四个现代化，把我国建成一个社会主义强国，这是一个非常艰巨的任务。

过去搞民主革命，要适合中国情况，走毛泽东同志开辟的农村包围城市的道路。现在搞建设，也要适合中国情况，走出一条中国式的现代化道路。

要使中国实现四个现代化，至少有两个重要特点是必须看到的：

一个是底子薄。帝国主义、封建主义、官僚资本主义长时期的破坏，使中国成了贫穷落后的国家。建国后我们的经济建设是有伟大成绩的，建立了比较完整的工业体系，培养了一批技术人才。我国工农业从解放以来直到去年的每年平均增长速度，在世界上是比较高的。但是由于底子太薄，现在中国仍然是世界上很贫穷的国家之一。中国的科学技术力量很不足，科学

---

* 这是邓小平同志在党的理论工作务虚会上的讲话。本文为节选。原文选自《邓小平文选》人民出版社1994年版。

技术水平从总体上看要比世界先进国家落后二三十年。过去三十年中，我们的经济经过两起两落，特别是林彪、"四人帮"在一九六六年到一九七六年这十年对国民经济的大破坏，后果极其严重。现在我们要调整，也就是为了进一步消除这个严重的后果。

第二条是人口多，耕地少。现在全国人口有九亿多，其中百分之八十是农民。人多有好的一面，也有不利的一面。在生产还不够发展的条件下，吃饭、教育和就业就都成为严重的问题。我们要大力加强计划生育工作，但是即使若干年后人口不再增加，人口多的问题在一段时间内也仍然存在。我们地大物博，这是我们的优越条件。但有很多资源还没有勘探清楚，没有开采和使用，所以还不是现实的生产资料。土地面积广大，但是耕地很少。耕地少，人口多特别是农民多，这种情况不是很容易改变的。这就成为中国现代化建设必须考虑的特点。

中国式的现代化，必须从中国的特点出发。比方说，现代化的生产只需要较少的人就够了，而我们人口这样多，怎样两方面兼顾？不统筹兼顾，我们就会长期面对着一个就业不充分的社会问题。这里问题很多，需要全党做实际工作和理论工作的同志共同研究，我们也一定能找出适当的办法来妥善解决。我今天不说这方面的问题。

我今天要说的是思想政治方面的问题。中央认为，我们要在中国实现四个现代化，必须在思想政治上坚持四项基本原则。这是实现四个现代化的根本前提。这四项是：

第一，必须坚持社会主义道路；

第二，必须坚持无产阶级专政；

第三，必须坚持共产党的领导；

第四，必须坚持马列主义、毛泽东思想。

大家知道，这四项基本原则并不是新的东西，是我们党长期以来所一贯坚持的。粉碎"四人帮"以至三中全会以来，党中央实行的一系列方针政策，一直是坚持这四项基本原则的。

我们从实践上和理论上，都批判了"四人帮"那种以极左面目出现的主张普遍贫穷的假社会主义。我们坚持了社会主义公有制和按劳分配的原则。我们坚持自力更生为主、争取外援为辅、学习和引进外国先进技术发展我国社会主义经济建设的方针。我们努力按照客观经济规律办事。也就是说，我们坚持了科学社会主义。

我们粉碎了"四人帮"的封建法西斯主义，平反了大量冤案，解决了历史上遗留的一系列问题，巩固了无产阶级专政，恢复和发扬了社会主义民主，特别是三中全会以后，出现了毛泽东同志生前多年盼望实现的生动活泼的政治局面。

我们恢复了遭到破坏的党的三大作风，健全了党的民主集中制，增强了全党的团结、党和群众的团结，从而大大提高了党的威信，加强了党对国家和社会生活的领导。

我们破除了林彪和"四人帮"所制造的精神枷锁，坚持领袖是人不是神；坚持完整地准确地掌握马列主义、毛泽东思想的科学体系；坚持从实际出发，实事求是。这就恢复了毛泽东思想的本来面目，维护了毛泽东同志作为一个伟大革命家在中国革命史和世界革命史上应当享有的崇高地位。

第十七章 坚持四项基本原则

尽管如此，中央认为今天还是有很大的必要来强调宣传这四项基本原则。因为现在一方面，党内有一部分同志还深受林彪、"四人帮"极左思潮的毒害，有极少数人甚至散布流言蜚语，攻击中央在粉碎"四人帮"以来特别是三中全会以来所实行的一系列方针政策违反马列主义、毛泽东思想；另一方面，社会上有极少数人正在散布怀疑或反对这四项基本原则的思潮，而党内也有个别同志不但不承认这种思潮的危险，甚至直接间接地加以某种程度的支持。虽然这几种人在党内外都是极少数，但是不能因为他们是极少数而忽视他们的作用。事实证明，他们不但可以而且已经对我们的事业造成很大的危害。因此，我们必须一方面继续坚定地肃清"四人帮"的流毒，帮助一部分还在中毒的同志觉悟过来，并且对极少数人所散布的诽谤党中央的反动言论给予痛击；另一方面用巨大的努力同怀疑上面所说的四项基本原则的思潮做坚决的斗争。这两种思潮都是违背马列主义、毛泽东思想的，都是妨碍我们的社会主义现代化建设事业的前进的。关于林彪、"四人帮"所散布的极左思潮（毫无疑问，这种思潮也是反对四项基本原则的，只是从"左"面来反对），我们过去已经进行了大量的批判，今后还需要继续开展这种批判，不能放松。现在，我想着重对从右面来怀疑或反对四项基本原则的思潮进行一些批判。

第一条，我们必须坚持社会主义道路。现在有一些人散布所谓社会主义不如资本主义的言论。一定要彻底驳倒这种言论。首先，只有社会主义才能救中国，这是中国人民从五四运动到现在六十年来的切身体验中得出的不可动摇的历史结论。中国离开社会主义就必然退回到半封建半殖民地。中国绝大多数人决不允许历史倒退。其次，社会主义的中国在经济、技术、文化等方面现在还不如发达的资本主义国家，这是事实。但是这不是社会主义制度造成的，从根本上说，是解放以前的历史造成的，是帝国主义和封建主义造成的。社会主义革命已经使我国大大缩短了同发达资本主义国家在经济发展方面的差距。我们尽管犯过一些错误，但我们还是在三十年间取得了旧中国几百年、几千年所没有取得过的进步。我们的经济建设曾经有过较快的发展速度。现在我们总结了经验，纠正了错误，毫无疑问将来会比任何资本主义国家发展得都快，并且比较稳定而持久。至于国民生产总值按人口平均数赶上和超过发达的资本主义国家，那当然需要相当长的时间。再次，社会主义制度和资本主义制度哪个好？当然是社会主义制度好。社会主义国家所以在某些情况下也犯严重错误，甚至出现林彪、"四人帮"的破坏这种严重曲折，固然有主观的原因，根本上还是旧社会长时期历史遗留的影响造成的，这种影响不可能在一个早上就用扫帚扫光。有长期封建历史的资本主义国家如英、法、德、日、意的发展，也都有过重大的曲折和反复（英、法出现过反革命复辟，德、日、意出现过法西斯统治）。但是，我们依靠社会主义制度，用自己的力量比较顺利地战胜了林彪、"四人帮"，使国家很快又走上了安定团结、健康发展的道路。社会主义的经济是以公有制为基础的，生产是为了最大限度地满足人民的物质、文化需要，而不是为了剥削。由于社会主义制度的这些特点，我国人民能有共同的政治经济社会理想，共同的道德标准。以上这些，资本主义社会永远不可能有。资本主义无论如何不能摆脱百万富翁的超级利润，不能摆脱剥削和掠夺，不能摆脱经济危机,不能形成共同的理想和道德,不能避免各种极端严重的犯罪、堕落、绝望。资本主义已经有了几百年历史,各国人民在资本主义制度下所发展的科学和技术,所积累的各种有益的知识和经验,都是我们必须继承和学习的。我们要有计划、有选择地引进资本主义国家的先进技术和其他对我们有益的东西,但是我们决不学习和引进资本主义制度,决不学习和引进各种丑恶颓废的东西。如果发达的资本主义国家摆脱了资本主义制度,它们的经济文化肯定还会有更大的进步。所以资本主义国家中一切要求社会进步的政治力量也在努力研究和宣传社会主义,努力为消灭资本主义社会的各种不公道、不合理现象直至实现社会主义革命而斗争。我们要向人民特别是青年介绍资本主义国家中进步和有益的东西,批判资本主义国家中反动和腐朽的东西。

第二条,我们必须坚持无产阶级专政。我们已经做了大量的宣传,说明无产阶级专政对于人民来说就是社会主义民主,是工人、农民、知识分子和其他劳动者所共同享受的民主,是历史上最广泛的民主。在民主的实践方面,我们过去做得不够,并且犯过错误。林彪、"四人帮"宣传什么"全面专政",对人民实行封建法西斯专政,我们已彻底粉碎了这个专政。这与无产阶级专政毫无共同之点,而且完全相反。现在我们已经坚决纠正了过去的错误,并且采取各种措施继续努力扩大党内民主和人民民主。没有民主就没有社会主义,就没有社会主义的现代化。当然,民主化和现代化一样,也要一步一步地前进。社会主义愈发展,民主也愈发展。这是确定无疑的。但是发展社会主义民主,决不是可以不要对敌视社会主义的势力实行无产阶级专政。我们反对把阶级斗争扩大化,不认为党内有一个资产阶级,也不认为在社会主义制度下,在确已消灭了剥削阶级和剥削条件之后还会产生一个资产阶级或其他剥削阶级。但是我们必须看到,在社会主义社会,仍然有反革命分子,有敌特分子,有各种破坏社会主义秩序的刑事犯罪分子和其他坏分子,有贪污盗窃、投机倒把的新剥削分子,并且这种现象在长时期内不可能完全消灭。同他们的斗争不同于过去历史上的阶级对阶级的斗争(他们不可能形成一个公开的完整的阶级),但仍然是一种特殊形式的阶级斗争,或者说是历史上的阶级斗争在社会主义条件下的特殊形式的遗留。对于这一切反社会主义的分子仍然必须实行专政。不对他们专政,就不可能有社会主义民主。这种专政是国内斗争,有些同时也是国际斗争,两者实际上是不可分的。因此,在阶级斗争存在的条件下,在帝国主义、霸权主义存在的条件下,不可能设想国家的专政职能的消亡,不可设想常备军、公安机关、法庭、监狱等等的消亡。它们的存在同社会主义国家的民主化并不矛盾,它们的正确有效的工作不是妨碍而是保证社会主义国家的民主化。事实上,没有无产阶级专政,我们就不可能保卫从而也不可能建设社会主义。

第三条,我们必须坚持共产党的领导。自有国际共产主义运动以来,就证明了没有无产阶级的政党就不可能有国际共产主义运动。自从十月革命以来,更证明了没有共产党的领导就不可能有社会主义革命,不可能有无产阶级专政,不可能有社会主义建设。列宁说:"无产阶级专政是对旧社会的势力和传统进行的顽强斗争,流血的和不流血的,暴力的和和平的,军事的和经济的,教育的和行政的斗争。……没有铁一般的和在斗争中锻炼出来的党,没有为本阶级全体忠实的人所信赖的党,没有善于考察群众情绪和影响群众情绪的党,要顺利地进行这种斗争是不可能的。"列宁所说的这个真理,现在仍然有效。在中国,在五四运动以来的六十年中,除了中国共产党,根本不存在另外一个像列宁所说的联系广大劳动群众的党。没有中国共产党,就没有社会主义的新中国。林彪、"四人帮"的倒行逆施所以不但引起全党而且引起全国人民的坚决反抗,正是因为他们踢开了久经考验并与人民群众建立了血肉联系的领导者中国共产党。而粉碎"四人帮"以后特别是三中全会以后党的威信在全国人民中所以普遍提高,正是因为全国人民把他们对于前途的一切希望寄托在党的领导上。一九七六年的天安门广场悼念周恩来总理的群众运动,尽管不是党有组织地领导的运动,仍然是一个坚决拥护党的领导而反对"四人帮"的运动,参加这个运动的群众的革命觉悟同党多年来的教育是不可分的,而且他们中间的主要积极分子正是党团员。因此,决不能把天安门广场那个群众运动看成为与党的领导无关的像五四运动那样纯粹自发的运动。事实上,离开了中国共产党的领导,谁来组织社会主义的经济、政治、军事和文化?谁来组织中国的四个现代化?在今天的中国,决不应该离开党的领导而歌颂群众的自发性。党的领导当然不会没有错误,而党如何才能密切联系群众,实施正确的和有效的领导,也还是一个必须认真考虑和努力解决的问题,但是这决不能成为要求削弱和取消党的领导的理由。我们党经历过多次错误,但是我们每一次都依靠党而不是离开党纠正了自己的错误。今天的党中央坚持发扬党的民主和人民民主,并且坚决纠正过去所犯的错误。在这样的情况下,竟然要求削弱甚至取消党的领导,更是广大群众所不能容许的。这事实上只能导致无政府主义,导致社会主义事业的瓦解和覆灭。林彪、"四人帮"踢开党委闹革命,闹出一场什么"革命",大家都很清楚。今天如果踢开党委闹民主,会闹出一场什么"民主",难道不同样清楚吗?一九六六年本来是中国经济经过几年调整得到迅速发展的一年,但是林彪、"四人帮"一闹,经济受到了严重破坏。现在中国经济正在党中央和国务院的领导下重新走上健康发展的道路,如果再让有些人到处踢开党委去闹,那就只能把四个现代化吹得精光。这不是危言耸听,而是大量实践所证明了的客观真理。

第四条,我们必须坚持马列主义、毛泽东思想。我们同林彪、"四人帮"斗争的中心内容之一,就是反对他们伪造、篡改、割裂马列主义、毛泽东思想。我们粉碎了"四人帮",使马列主义、毛泽东思想重新恢复了它的科学面目,成为我们行动的指南。这是全党和全国人民的一个伟大胜利。但是有极少数人不这样想。他们或者公然反对马列主义的基本原理,或者口头上拥护马列主义,但是反对马列主义普遍真理与中国革命实践相结合而产生的毛泽东思想。我们必须反对所有这些错误的思潮。有些同志说,我们只拥护"正确的毛泽东思想",而不拥护"错误的毛泽东思想"。这种说法也是错误的。我们坚持的和要当作行动指南的是马列主义、毛泽东思想的基本原理,或者说是由这些基本原理构成的科学体系。至于个别的论断,那末,无论马克思、列宁和毛泽东同志,都不免有这样那样的失误。但是这些都不属于马列主义、毛泽东思想的基本原理所构成的科学体系。

现在我着重谈谈毛泽东思想。中国反帝反封建革命经历过无数次悲惨的失败。难道不是毛泽东思想才使约占全人类四分之一的中国人民找到正确的革命道路,并在一九四九年获得全国解放,在一九五六年基本上完成社会主义改造吗?这一系列伟大的胜利不但根本改变了中国的命运,也改变了世界的形势。毛泽东思想在世界上是同反霸权主义的斗争分不开的,而打着社会主义旗号实行霸权主义正是取得了政权的马列主义党背叛社会主义原则的最显著标志。我们在前面说,毛泽东同志在他的晚年还提出了关于三个世界划分的战略思想,并且亲自开创了中美关系和中日关系的新阶段,从而为世界反霸斗争和世界政治前途创造了新的发展条件。我们能在今天的国际环境中着手进行四个现代化建设,不能不铭记毛泽东同志的功绩。毛泽东同志同任何别人一样,也有他的缺点和错误。但是,在他的伟大的一生中的这些错误,怎么能够同他对人民的不朽贡献相比拟呢?在分析他的缺点和错误的时候,我们当然要承认个人的责任,但是更重要的是要分析历史的复杂的背景。只有这样,我们才是公正地、科学地、也就是马克思主义地对待历史,对待历史人物。如果谁在对待这样严肃的问题上离开了马克思主义,那末,他就会受到党和群众的责难。这有什么奇怪呢?

毛泽东思想过去是中国革命的旗帜,今后将永远是中国社会主义事业和反霸权主义事业的旗帜,我们将永远高举毛泽东思想的旗帜前进。

毛泽东同志的事业和思想,都不只是他个人的事业和思想,同时是他的战友、党、是人民的事业和思想,是半个多世纪中国人民革命斗争经验的结晶。这正如马克思的情况一样。恩格斯在评价马克思的时候说,现代无产阶级只是依赖马克思才第一次意识到本身的地位和要求,意识到本身的解放条件。这难道是说个人创造了历史吗?历史是人民创造的,但是这丝毫不排斥人民对于杰出的个人的尊敬;而尊敬,当然不是迷信,不是把他当作神。

总之,为了实现四个现代化,我们必须坚持社会主义道路,坚持无产阶级专政,坚持共产党的领导,坚持马列主义、毛泽东思想。中央认为,今天必须反复强调坚持这四项基本原则,因为某些人(哪怕只是极少数人)企图动摇这些基本原则。这是决不允许的。每个共产党员,更不必说每个党的思想理论工作者,决不允许在这个根本立场上有丝毫动摇。如果动摇了这四项基本原则中的任何一项,那就动摇了整个社会主义事业,整个现代化建设事业。

中央这样提出问题,是不是小题大做?不是的。情况的发展使党不能不这样提出问题。

最近一段时间内,在一些地方出现了少数人的闹事现象。有些坏分子不但不接受党和政府的负责人的引导、劝告、解释,并且提出种种在目前不可能实现的或者根本不合理的要求,煽动、诱骗一部分群众冲击党政机关,占领办公室,实行静坐绝食,阻断交通,严重破坏工作秩序、生产秩序和社会秩序。

不但如此,他们还耸人听闻地提出什么"反饥饿"、"要人权"等口号,在这些口号下煽动一部分人游行示威,蓄谋让外国人把他们的言论行动拿到世界上去广为宣传。有个所谓"中国人权小组",居然贴出大字报,要求美国总统"关怀"中国的人权。这种公然要求外国人干涉中国内政的行为,是我们能够允许的吗?有个所谓"解冻社",发表了一个宣言,公开反对无产阶级专政,说这是分裂人类的。我们能够允许这种公开反对宪法原则的"言论自由"吗?

上海有个所谓"民主讨论会",其中有些人诽谤毛泽东同志,打出大幅反革命标语,鼓吹"万恶之源是无产阶级专政",要"坚决彻底批判中国共产党"。他们认为资本主义比社会主义好,因此中国现在不是搞四个现代化的问题,而是应当实行他们的所谓"社会改革",也就是搞资本主义那一套。他们公开声言,他们的任务就是要解决"四人帮"没有解决的那些"走资派"。他们中间有的人要求到外国去"政治避难",有的人甚至秘密同蒋特机构发生联系,策划破坏活动。

很明显,这些人就是要千方百计地破坏我们工作着重点的转移。我们如果对这些严重现象熟视无睹,那我们的各级党政机关都只有被他们困扰得无法进行工作,还有什么可能考虑四个现代化?

这些事件诚然是极少数,并且受到了绝大多数人的抵制,但是值得严重注意。第一,这些人一般都打着所谓民主的幌子,很容易淆惑视听。第二,这些人利用林彪、"四人帮"时期遗留下来的一些社会问题,很容易蒙蔽一部分目前有困难而政府一时还不能完全予以解决的群众。第三,这些人开始结成各种秘密的或者半公开的组织,一面在全国范围内互相串联,一面同台湾以及国外的政治力量相勾结。第四,这些人中还有一部分人同社会上的一些流氓组织以及"四人帮"的一些党羽相勾结,以扩大他们的破坏活动的范围。第五,这些人力图利用我们某些同志的这样或那样的不慎重的言论,作为他们的借口或护身符。以上的情况说明,同这些人的斗争不是很简单的、短时间就可以解决的问题。我们必须努力做好工作,把受他们蒙蔽的群众(其中许多是天真的青年)同这些反革命分子、坏分子分离开来,要按照法律,对这些反革命分子、坏分子进行严肃的处理。同时,我们也必须教育全党同志务必注意提高警惕,照顾大局,在中央的领导下团结一致,既要继续解放思想,坚决发扬民主,调动一切积极因素,又要努力克服一小部分群众特别是一小部分青年中间的思想混乱。

我们一定要向人民和青年着重讲清楚民主问题。社会主义道路、无产阶级专政、共产党的领导、马列主义毛泽东思想,都同民主问题有关。什么是中国人民今天所需要的民主呢?中国人民今天所需要的民主,只能是社会主义民主或称人民民主,而不是资产阶级的个人主义的民主。人民的民主同对敌人的专政分不开,同民主基础上的集中也分不开。我们实行的是民主集中制,这就是民主基础上的集中和集中指导下的民主相结合。民主集中制是社会主义制度的一个不可分的组成部分。在社会主义制度之下,个人利益要服从集体利益,局部利益要服从整体利益,暂时利益要服从长远利益,或者叫做小局服从大局,小道理服从大道理。我们提倡和实行这些原则,决不是说可以不注意个人利益,不注意局部利益,不注意暂时利益,而是因为在社会主义制度之下,归根结底,个人利益和集体利益是统一的,局部利益和整体利益是统一的,暂时利益和长远利益是统一的。我们必须按照统筹兼顾的原则来调节各种利益的相互关系。如果相反,违反集体利益而追求个人利益,违反整体利益而追求局部利益,违反长远利益而追求暂时利益,那末,结果势必两头都受损失。民主和集中的关系,权利和义务的关系,归根结底,就是以上所说的各种利益的相互关系在政治上和法律上的表现。正因为这样,毛泽东同志才说，我们的目标，是想造成一个又有集中又有民主，又有纪律又有自由，又有统一意志、又有个人心情舒畅、生动活泼，那样一种政治局面。这就是社会主义民主的政治局面，这就是我们今天和今后所要努力实现的政治局面。

我们过去对民主宣传得不够，实行得不够，制度上有许多不完善，因此，继续努力发扬民主，是我们全党今后一个长时期的坚定不移的目标。但是我们在宣传民主的时候，一定要把社会主义民主同资产阶级民主、个人主义民主严格地区别开来，一定要把对人民的民主和对敌人的专政结合起来，把民主和集中、民主和法制、民主和纪律、民主和党的领导结合起来。在我们目前经济生活还面临一系列困难，还需要进行一系列调整、整顿和改组的时候，特别要着重宣传个人利益服从集体利益、局部利益服从整体利益、暂时利益服从长远利益的道理。只有党内党外上上下下人人都注意照顾大局，我们才能够顺利地克服困难，争取四个现代化的光明前途。反之，如果离开四项基本原则，抽象地空谈民主，那就必然会造成极端民主化和无政府主义的严重泛滥，造成安定团结政治局面的彻底破坏，造成四个现代化的彻底失败。那样，我们同林彪和"四人帮"的十年斗争就等于白费，中国就将重新陷于混乱、分裂、倒退和黑暗，中国人民就将失去一切希望。这不但是全国各族人民所极为关心的问题，也是全世界一切愿意中国强大的人们，甚至仅仅愿意同中国发展贸易的人们所极为关心的问题。

这里还要提出一个社会风气问题。我们建国以后的十多年中，由于党和政府的正确领导，社会风气是健康的。在党的教育下成长起来的青少年，绝大多数怀抱崇高理想，热爱社会主义祖国，积极响应党和政府的号召，捍卫人民利益，维护社会秩序，处处表现良好的献身精神和守纪律精神。青少年的这种风气和整个社会的风气互相影响，互相促进，受到全国人民和各国人士的赞许。但是过去的十来年中，林彪、"四人帮"把我们的党和政府搞乱了，把我们的社会搞乱了，也把不少青少年毒害了，社会主义的道德风尚受到了严重的损害。粉碎"四人帮"以后，情况有了很大的好转，但是他们的流毒在某些范围内还不能低估。这种情况，同全党工作着重点转移的需要极端不相适应。我们提倡中国人和外国人发展正常交往，这对于加强我国和各国人民的了解和友谊是必要的，对于引进国外技术和资金也是必要的，今后这种交往还会日益增多。但是由于对少数青少年的教育和管理不够，也出现了一些不健康的现象。一些青年男女盲目地羡慕资本主义国家，有些人在同外国人交往中甚至不顾自己的国格和人格。这种情况必须引起我们的认真注意。我们一定要教育好我们的后一代，一定要从各方面采取有效的措施，搞好我们的社会风气，打击那些严重败坏社会风气的恶劣行为。

为了促进社会风气的进步，首先必须搞好党风，特别是要求党的各级领导同志以身作则。党是整个社会的表率，党的各级领导同志又是全党的表率。如果党的组织把群众的意见和利害放在一边，不闻不问，怎么能要求群众信任和爱戴这样的党组织的领导呢？如果党的领导干部自己不严格要求自己，不遵守党纪国法，违反党的原则，闹派性，搞特殊化，走后门，铺张浪费，损公利私，不与群众同甘苦，不实行吃苦在先、享受在后，不服从组织决定，不接受群众监督，甚至对批评自己的人实行打击报复，怎么能指望他们改造社会风气呢！在目前的历史转变时期,问题堆积成山,工作百端待举,加强党的领导,端正党的作风,具有决定的意义。毛泽东同志说:"只要我们党的作风完全正派了,全国人民就会跟我们学。党外有这种不良风气的人,只要他们是善良的,就会跟我们学,改正他们的错误,这样就会影响全民族。"只有搞好党风,才能转变社会风气,才能坚持四项基本原则。

以上所说的,同三中全会的精神有没有不一致的地方?没有。这里所说的一切,都是为贯彻执行三中全会各项方针政策所必须采取的措施。再说一遍,不采取这些措施,三中全会的方针政策就要落空,工作着重点的转移就要落空,四个现代化建设就要落空,党内外民主生活的发展也要落空。因此,有人把中央的方针说成是"收"了,说中央把发扬民主的方针改变了,这是完全错误的。只有坚持我们党历来坚持的四项基本原则,坚决克服妨碍实现三中全会方针政策的不良倾向,我们才能坚定地向着我们的宏伟目标胜利前进。

三 思想理论工作的任务

中央和各省、市、自治区的理论工作务虚会提出的问题很多,我现在不能一一解答。我今天想就思想理论工作的任务,讲下面两个问题。我了解的情况不多,尤其对于地方的情况了解更少,讲得是否完全恰当,请同志们考虑。

第一,对当前思想理论工作的一些要求。

马克思主义的思想理论工作是不能离开现实政治的。我这里说的政治,是国内外阶级斗争的大局,是中国人民和世界人民在现实斗争中的根本利害。不能设想,离开政治的大局,不研究政治的大局,不估计革命斗争的实际发展,能成为一个马克思主义的思想家、理论家。如果那样,我们在去年用大半年时间讨论实践是检验真理的标准的问题,还有什么意义呢?科学社会主义是在实际斗争中发展着,马列主义、毛泽东思想是在实际斗争中发展着。我们当然不会由科学的社会主义退回到空想的社会主义,也不会让马克思主义停留在几十年或一百多年前的个别论断的水平上。所以我们反复说,解放思想,就是要运用马列主义、毛泽东思想的基本原理,研究新情况,解决新问题。

什么是我国今天最重要的新情况,最重要的新问题呢?当然就是实现四个现代化,或者像我在前面说的,实现中国式的现代化。我们已经说过,深入研究中国实现四个现代化所遇到的新情况、新问题,并且做出有重大指导意义的答案,这将是我们思想理论工作者对马克思主义的重大贡献,对毛泽东思想旗帜的真正高举。当然这决不是说,凡是同实现四个现代化没有直接关系的思想理论问题就可以不去认真深入地研究。哲学、社会科学同自然科学一样,决不能忽视基础理论的研究,这些研究是理论工作的任何巨大前进所不可缺少的。

我在讲话的第二部分提出的实现四个现代化所必须坚持的四项基本原则,虽然我已经说过都不是什么新问题,但是这些原则在目前的新形势下却都有新的意义,都需要根据新的丰富的事实做出新的有充分说服力的论证。这样才能够教育全国人民,全国青年,全国工人,解放军全体指战员,也才能够说服那些向今天的中国寻求真理的人们。这是一项十分重大的任务,既是重大的政治任务,又是重大的理论任务。这决不是改头换面地抄袭旧书本所能完成的工作,而是要费尽革命思想家心血的崇高的创造性的科学工作。由于林彪、"四人帮"的十年捣乱,思想战线上长期间充满了胡言乱语,以至人们对于从事政治教育工作的许多干部和教师失掉了信任。这不是政治教育工作者的过错。现在这些同志十分苦恼,许多家长、老工人、老战士也都十分苦恼。这也是目前极少数敌对分子所以能够兴风作浪的一个重要条件。我们思想理论战线的同志们一定要赶快组织力量,定好计划,在尽可能短的时间里陆续写出并印出一批有新内容、新思想、新语言的有分量的论文、书籍、读本、教科书来,填补这个空白。我提议中央宣传部把对这项工作的领导责任担当起来,并且提议,对于确实写得好的著作,经过评审,应该由党和国家发给奖金,以便给这项看来似乎平凡实则很艰苦的工作以应有的荣誉。

　　实现四个现代化是一项多方面的复杂繁重的任务,思想理论工作者的任务当然不能限于讨论它的一些基本原则。我们面前有大量的经济理论问题,包括基本理论问题、工业理论问题、农业理论问题、商业理论问题、管理理论问题等等。列宁号召多谈些经济,少谈些政治。我想,对于这两方面理论工作的比例来说,这句话今天仍然适用。不过我并不认为政治方面已经没有问题需要研究,政治学、法学、社会学以及世界政治的研究,我们过去多年忽视了,现在也需要赶快补课。我们绝大多数思想理论工作者都应该钻研一门到几门专业,凡是能学外国语的都要学外国语,要学到能毫无困难地阅读外国的重要社会科学著作。我们已经承认自然科学比外国落后了,现在也应该承认社会科学的研究工作(就可比的方面说)比外国落后了。我们的水平很低,好多年连统计数字都没有,这样的情况当然使认真的社会科学的研究遇到极大的困难。因此,我们的思想理论工作者必须下定决心,急起直追,一定要深入专业,深入实际,调查研究,知彼知己,力戒空谈。四个现代化靠空谈是化不出来的。毛泽东同志指出的骄傲自满、故步自封、夜郎自大的毛病,我们的思想理论工作者同样要竭力避免。承认落后才能克服落后。应该指出,所以形成这种落后状况,责任首先在于中央和各级党委对于思想理论工作的领导方法不对,禁区太多,关心和支持太少。今天我代表中央向大家作自我批评。今后要求从中央起,各级党委一定要把思想理论工作放在正确轨道和重要地位上。我们是一个马克思主义的大党,我们自己不重视马克思主义的研究,不按照实践的发展来推动马克思主义的前进,我们的工作还能够做得好吗?我们讲高举马列主义、毛泽东思想的旗帜,不就成了说空话吗?

　　第二,对几个理论问题的看法。

　　在近几个月理论工作者的讨论中,提出的问题很多。许多问题还需要继续研究。现在我只就几个比较迫切的问题说一点看法。

　　(一)社会主义社会的基本矛盾和目前时期的主要矛盾。关于基本矛盾,我想现在还是按照毛泽东同志在《关于正确处理人民内部矛盾的问题》一文中的提法比较好。毛泽东同志说:"在社会主义社会中,基本的矛盾仍然是生产关系和生产力之间的矛盾,上层建筑和经济基础之间的矛盾。"他在这里说了很长的一段话,现在不重复。当然,指出这些基本矛盾,并不就完全解决了问题,还需要就此做深入的具体的研究。但是从二十多年的实践看来,这个提法比其他的一些提法妥当。至于什么是目前时期的主要矛盾,也就是目前时期全党和全国人民所必须解决的主要问题或中心任务,由于三中全会决定把工作重点转移到社会主义现代化建设方面来,实际上已经解决了。我们的生产力发展水平很低,远远不能满足人民和国家的需要,这就是我们目前时期的主要矛盾,解决这个主要矛盾就是我们的中心任务。

(二)社会主义社会的阶级斗争。这个问题,我在前面讲无产阶级专政的时候已经说到一些。社会主义社会中的阶级斗争是一个客观存在,不应该缩小,也不应该夸大。实践证明,无论缩小或者夸大,两者都要犯严重的错误。至于整个社会主义社会历史时期是否始终存在某种阶级斗争,这里包括许多理论上和实践上复杂和困难的问题,不是只靠引证前人的书本所能够解决的,大家可以继续研究。总之,社会主义社会目前和今后的阶级斗争,显然不同于过去历史上阶级社会的阶级斗争,这也是客观的事实,我们不能否认,否认了也要犯严重的错误。

(三)无产阶级专政下继续革命。这个提法,如果按照提出的当时的解释,即所谓"向走资派夺权",也就是撇开党委闹革命,打倒一切,那么实践已经证明是错误的。至于做出新的解释,可以在党内继续研究。

(四)涉及党的十一大路线一些提法的问题是否可以讨论?党的路线同党的一切决议一样,总是要在实践中受检验的,这是毛泽东同志讲过多次的道理。不能说一种提法一经党的代表大会通过,就不能对它的正确性做任何讨论,否则下次代表大会怎么会提出新的提法呢?党的历届代表大会的决议,在下届代表大会之前,中央根据实际情况的变化而不得不做出必要的修改,是常有的事。党的十一大制定的路线,也由于实际情况的变化和对于实际情况认识的变化,由历届中央全会特别是三中全会做了一些必要的调整,今后也还可能做某些必要的调整。这是完全正常的。但是按照党的纪律,对于涉及十一大路线一些提法的讨论,除了中央已经正式决定的以外,应该限于党的适当的会议,不应该超出这个范围。

无论如何,思想理论问题的研究和讨论,一定要坚决执行百花齐放、百家争鸣的方针,一定要坚决执行不抓辫子、不戴帽子、不打棍子的"三不主义"的方针,一定要坚决执行解放思想、破除迷信、一切从实际出发的方针。这些都是三中全会决定了的,现在重申一遍,不允许有丝毫动摇。

同志们!目前这个时期是我们党和我们国家的历史上的一个重大转折时期。我们党已经领导全国人民胜利地渡过了"四人帮"给我们设下的重重难关,把一个混乱的国家变成了一个有秩序的、进步很快的国家。实现四个现代化的伟大前景激动着、鼓舞着、引导着我们全党、全军和全国各族人民。广大干部、群众都在争着为这个光明前途贡献力量。在这个时期,思想理论工作战线的任务特别重大。我们党的思想理论队伍在粉碎"四人帮"以后已经做出了巨大的成绩,在三中全会以后也做出了重要的成绩,对这些成绩的任何估计不足都是错误的。但是形势在迅速发展,我们的工作也需要迅速发展。我希望这次重要的会议能使党的思想理论工作者对形势、任务、党的方针政策和自己的工作的认识提高一步,更紧密地团结在党中央的周围,并且通过你们的卓有成效的工作,把全国各族人民更紧密地团结在中国共产党的周围。让我们同心同德,为坚定不移地贯彻执行三中全会的方针,实现党的工作着重点的转移,克服一切困难，取得实现四个现代化的伟大胜利而奋斗！

二、写作背景

1978年12月党的十一届三中全会后，各条战线的拨乱反正和改革开放的推进，使全国广大干部和群众从过去长期盛行的个人崇拜与教条主义的精神枷锁中解脱出来，党内外思想活跃，出现了努力研究新情况、解决新问题的生动景象，这是当时的主流。但与此同时，也出现了一些值得注意与警觉的现象。这就是，一方面，一些同志由于受极"左"思想的束缚，对三中全会以来党的路线和政策表现出某种程度的不理解甚至抵触情绪；另一方面，极少数人利用党进行拨乱反正的时机，打着"社会改革"的幌子，曲解"解放思想"的口号，采取"攻其一点，不及其余"的手法，把党的错误加以极端夸大，企图否定党的领导，否定党所指引的社会主义道路。他们中的一些人还耸人听闻地提出什么"反饥饿""要人权"等口号，煽动一部分人去游行示威，冲击党政机关；甚至成立非法组织、出版地下刊物，在全国各地串联，还同台湾及国外的敌对政治势力相勾结。在共产党内部，极少数人在党揭露和纠正自己所犯的错误时，思想发生动摇，他们不但不承认这股否定党的领导和社会主义制度的思潮即资产阶级自由化思潮的危险，甚至直接间接地加以某种程度的支持。这种情况，如果任其发展，必将破坏安定团结的局面，造成极为严重的后果。

针对这种情况，邓小平受中央委托，于1979年3月30日，在党的理论务虚会上做了坚持四项基本原则的重要讲话。

三、主要内容

（一）讲话着重阐述了在中国实现四个现代化必须坚持四项基本原则

邓小平指出：我们当前以及今后相当长一个历史时期的主要任务就是搞现代化建设。能否实现四个现代化，决定着我们国家的命运、民族的命运。社会主义现代化建设是我们当前最大的政治。现在搞建设，也要适合中国情况，走出一条中国式的现代化道路。要使中国实现四个现代化，至少要有两个重要特点是必须看到的：一个是底子薄，另一个是人口多、耕地少。中国式的现代化，必须从中国的特点出发。要在中国实现四个现代化，必须在思想政治上坚持四项基本原则。这是实现四个现代化的根本前提。这四项基本原则是：第一，必须坚持社会主义道路；第二，必须坚持无产阶级专政；第三，必须坚持共产党的领导；第四，必须坚持马列主义、毛泽东思想。这四项基本原则是我们党长期以来所一贯坚持的，是有机联系的整体，必须准确地把握其完整内容和精神实质。社会主义道路是我们事业发展的根本方向，人民民主专政是我们事业不断胜利的政治保证，共产党的领导是我们事业的核心力量，马克思主义是我们事业的根本指导思想。如果动摇了四项基本原则中的任何一项，那就动摇了整个社会主义事业，整个现代化事业。

(二)讲话阐明了十一届三中全会精神和四项基本原则的一致性,批判了企图脱离党的领导,否定社会主义制度,弯曲"解放思想"方针的右的和"左"的错误倾向

邓小平指出:粉碎"四人帮"以至三中全会以来,党中央实行的一系列方针政策,一直是坚持四项基本原则的。我们从实践上和理论上,都批判了"四人帮"那种以极左面目出现的主张普遍穷的假社会主义。我们坚持了社会主义公有制和按劳分配的原则。我们坚持自力更生为主、争取外援为辅、学习和引进外国先进技术发展我国社会主义经济建设的方针。我们努力按照经济规律办事。也就是说,我们坚持了社会主义。他强调:只有社会主义才能救中国,这是中国人民从五四运动以来切身体验中得出的不可动摇的历史结论。他还指出,没有民主,就没有社会主义,就没有社会主义现代化。我们将永远高举毛泽东思想的旗帜前进。马克思主义的思想理论工作是不能离开现实政治的。解放思想,就是要运用马列主义、毛泽东思想的基本原理,研究新情况,解决新问题。对四项基本原则,要根据新的丰富的事实做出新的有说服力的论证,这既是重大的政治任务,又是重大的理论任务。

(三)讲话提出了对几个理论问题的看法。

1. 关于社会主义社会的基本矛盾和目前时期的主要矛盾

邓小平指出:还是按照毛泽东同志在《关于正确处理人民内部矛盾的问题》一文中的提法比较好,即"在社会主义社会中,基本的矛盾仍然是生产关系和生产力之间的矛盾,上层建筑和经济基础之间的矛盾"。从二十多年的实践看来,这个提法比其他的一些提法妥当。至于什么是目前时期的主要矛盾,也就是目前时期全党和全国人民所必须解决的主要问题或中心任务,由于三中全会决定把工作重点转移到社会主义现代化建设方面来,实际上已经解决了。我们的生产力发展水平很低,远远不能满足人民和国家的需要,这就是我们目前时期的主要矛盾,解决这个主要矛盾就是我们的中心任务。

2. 关于社会主义社会的阶级斗争问题

邓小平指出:社会主义社会中的阶级斗争是一个客观存在,不应该缩小,也不应该夸大。实践证明,无论缩小或者夸大,两者都要犯严重的错误。至于整个社会主义社会历史时期是否始终存在某种阶级斗争,不是只靠引证前人的书本所能够解决的,大家可以继续研究。

四、重要意义

邓小平同志在党的理论工作务虚会上发表的这篇重要讲话中,代表党中央第一次明确、完整地提出了四项基本原则,并对其进行了深刻系统地阐述,具有重大的意义。

(1)四项基本原则作为党在社会主义初级阶段的基本路线的一个重要内容,它的提出为党在社会主义初级阶段的基本路线的制定提供了条件,奠定了理论基础。

(2)四项基本原则是对我们党和国家长期历史经验的高度概括,是全党全国人民团结奋

斗的共同政治基础,是立国之本。它的提出,为我们坚持走中国特色社会主义道路,使我们社会主义建设事业健康发展提供了最根本的前提和政治保证。30多年来的实践证明,改革开放和现代化建设的每一步成就,中国特色社会主义事业的不断兴旺发达,都是与四项基本原则的保障作用分不开的。

(3)邓小平在这篇重要讲话中指出,坚持四项基本原则必须进行反"左"右倾向斗争,需要根据新的丰富的事实对四项基本原则做出新的有充分说服力的论证。这就为我们在新形势下坚持四项基本原则指明了方向。我们一方面要在建设中国特色社会主义的伟大实践中,不断赋予四项基本原则以新的时代内容;另一方面,仍要旗帜鲜明地反对"左"右两种错误倾向。

第十八章
Chapter 18

一靠理想二靠纪律才能团结起来 ^(1985年3月7日) *

一、原文

现在我们国内形势很好。有一点要提醒大家,就是我们在建设具有中国特色的社会主义社会时,一定要坚持发展物质文明和精神文明,坚持五讲四美三热爱,教育全国人民做到有理想、有道德、有文化、有纪律。这四条里面,理想和纪律特别重要。我们一定要经常教育我们的人民,尤其是我们的青年,要有理想。为什么我们过去能在非常困难的情况下奋斗出来,战胜千难万险使革命胜利呢?就是因为我们有理想,有马克思主义信念,有共产主义信念。我们干的是社会主义事业,最终目的是实现共产主义。这一点,我希望宣传方面任何时候都不要忽略。现在我们搞四个现代化,是搞社会主义的四个现代化,不是搞别的现代化。我们采取的所有开放、搞活、改革等方面的政策,目的都是为了发展社会主义经济。我们允许个体经济发展,还允许中外合资经营和外资独营的企业发展,但是始终以社会主义公有制为主体。社会主义的目的就是要全国人民共同富裕,不是两极分化。如果我们的政策导致两极分化,我们就失败了;如果产生了什么新的资产阶级,那我们就真是走了邪路了。我们提倡一部分地区先富裕起来,是为了激励和带动其他地区也富裕起来,并且使先富裕起来的地区帮助落后的地区更好地发展。提倡人民中有一部分人先富裕起来,也是同样的道理。对一部分先富裕起来的个人,也要有一些限制,例如,征收所得税。还有,提倡有的人富裕起来以后,自愿拿出钱来办教育、修

---

* 这是邓小平同志在全国科技工作会议上做《改革科技体制是为了解放生产力》的讲话后,即席做的一次讲话。原文选自《邓小平文选》人民出版社 1993 年版。

路。当然,决不能搞摊派,现在也不宜过多宣传这样的例子,但是应该鼓励。

总之,一个公有制占主体,一个共同富裕,这是我们所必须坚持的社会主义的根本原则。我们就是要坚决执行和实现这些社会主义的原则。从长远说,最终是过渡到共产主义。现在有人担心中国会不会变成资本主义。这个担心不能说没有一点道理。我们不能拿空话而是要拿事实来解除他们的这个忧虑,并且回答那些希望我们变成资本主义的人。我们的报刊、电视和所有的宣传工作都要注意这个问题。我们这些人的脑子里是有共产主义理想和信念的。要特别教育我们的下一代下两代,一定要树立共产主义的远大理想。一定不能让我们的青少年作资本主义腐朽思想的俘虏,那绝对不行。

有了理想,还要有纪律才能实现。纪律和自由是对立统一的关系,两者是不可分的,缺一不可。我们这么大一个国家,怎样才能团结起来、组织起来呢?一靠理想,二靠纪律。组织起来就有力量。没有理想,没有纪律,就会像旧中国那样一盘散沙,那我们的革命怎么能够成功?我们的建设怎么能够成功?现在有一些值得注意的现象,就是没有理想、没有纪律的表现,比如说,一切向钱看。对这种现象的批评当然要准确,不要不适当,但是这种现象确实存在。有的党政机关设了许多公司,把国家拨的经费拿去做生意,以权谋私,化公为私。还有其他的种种不正之风。对于这些,群众很不满意。我们要提醒人们,尤其是共产党员们,不能这样做。不是在整党吗?应该首先把这些不正之风整一整。

当前在经济改革中出现了一些歪门邪道。"你有政策,我有对策。"违反法纪和政策的种种"对策",可多了。共产党员一定要严格遵守党的纪律。无论是不是党员,都要遵守国家的法律,对于共产党员来说,党的纪律里就包括这一条。遵守纪律的最高标准,是真正维护和坚决执行党的政策,国家的政策。所以,有理想,有纪律,这两件事我们务必时刻牢记在心。一定要让我们的人民,包括我们的孩子们知道,我们是坚持社会主义和共产主义的,我们采取的各方面的政策,都是为了发展社会主义,为了将来实现共产主义。

二、写作背景

这篇文章是邓小平同志1985年3月7日在全国科学技术工作会议闭幕会上的即席讲话。当时我国刚进入改革开放时期,国门打开了,中国融入了世界经济一体化的潮流,我们向世界学习了先进的管理体制、管理方法,引进了项目资金,推动了我国经济的发展。同时,资本主义一些腐朽的东西也涌进了国门,在全社会、在国人中产生了较大的影响,特别是对中国共产党坚持的社会主义制度带来了挑战。不论是在理论界,还是在人民群众中,对姓"社"还是姓"资"的问题争论不休,中国走什么样的路子不明确,中国的前途在哪里不明确。人民群众特别是年青的一代在理想方面比较迷惘。随着经济体制改革的发展,少数部门和单位,不是严肃认真地执行改革开放的政策,而是自行其是,只顾为本单位甚至个人谋取私利,不惜损害国家和人民的利益。少数干部包括极少数高级干部和高干子女,打着"改革"的旗号,醉心于"一切向钱看"的腐朽观念,采取种种非法手段,投机倒把、倒买倒卖,完全背离了共产党人全心全意为人民服务的宗旨,背离了共产主义的崇高理想和党的纪律。它严重危害社会主义事业,引起了党内外广大干部和群众的愤慨。邓小平同志针对这种情况,发表了《一靠理想二靠纪律才能团结起来》的讲话。虽然是邓小平同志的即席讲话,但他从共产党的理想、信念与建设中国特色社会主义的关系,改革开放与维护和执行党的纪律的关系,深刻论述了在新时期坚持理想和纪律的极端重要性。

三、主要内容

（一）讲话阐明了坚持社会主义信念与实现共产主义理想的关系

这篇讲话从坚持发展物质文明和精神文明、五讲四美三热爱、"有理想、有道德、有文化、有纪律"教育这样的活动展开来,提出了建设中国特色社会主义与实现共产主义理想关系这样重大的命题,指出"我们干的是社会主义事业,最终目的是实现共产主义"。邓小平同志明确指出"现在有人担心中国会不会变成资本主义"。"我们搞四个现代化,是指社会主义的四个现代化,不是搞别的现代化。我们采取的所有开放、搞活、改革等方面的政策,目的都是为了发展社会主义经济。我们允许个体经济的发展,还允许中外合资经营和外资独营的企业发展,但是始终以社会主义公有制为主体。如果我们的政策导致两极分化,我们就失败了;如果产生了什么新的资产阶级,那我们就真得走了邪路了"。邓小平同志非常坚定地明确了中国共产党在新的历史条件下的理想和信念问题,这就是"我们干的是社会主义事业,最终目的是实现共产主义"。

邓小平同志不仅回答了理想和信念的问题,他还从社会主义初级阶段的理论出发,从社会主义发展的客观规律出发,阐述了我们所坚持的社会主义的根本原则,这就是"一个公有制占主体,一个共同富裕"。从而明确了建设中国特色社会主义的途径与目标,即始终坚持以社会主义公有制为主体,实现共同富裕,从而达到全国人民共同富裕这个社会主义的根本目的。不论是实现社会主义信念,还是共产主义理想,最根本的是要树立共产主义的理想和信念,这是实现共产主义远大理想的前提和基础。邓小平同志语重心长地讲道:"我们这些人的脑子里是有共产主义理想和信念的。要特别教育我们的下一代下两代,一定要树立共产主义的远大理想。一定不能让我们的青少年作资本主义腐朽思想的俘虏,那绝对不行。"

（二）讲话阐明了纪律与理想的关系

针对当时存在的违反法纪和政策的种种"对策"、党政机关办实体等种种"自由"现象,强调了纪律的重要性。他指出"一个国家,怎样才能团结起来、组织起来呢?一靠理想、二靠纪律"。没有理想,没有纪律,就会像旧中国那样一盘散沙,那我们的革命怎么能够成功?我们的建设怎么能够成功?他告诫全党"无论是不是党员,都要遵守国家的法律,对于共产党员来说,党的纪律就包括这一条。遵守纪律的最高标准,是真正维护和坚决执行党的政策,国家的政策。所以有理想有纪律,这两件事我们务必时刻牢记心中"。邓小平同志的这段话,深刻阐明了纪律是实现理想的手段和条件,只有有了纪律的保证,我们党的事业、社会主义事业、共产主义远大理想才能得到保证,才能一步一步向前推进,最终实现自己的理想。

四、重要意义

这篇讲话不仅具有很强的针对性和现实性,而且对于整个社会主义现代化建设时期加强思想政治工作具有深远的指导意义。

(1)讲话深刻地论述了社会主义现代化建设必须坚持发展物质文明,同时,发展社会主义的精神文明,为我们建设中国特色社会主义指明了方向。

(2)讲话深刻地论述了纪律与理想的关系,对加强青年大学生的理想信念和纪律教育,帮助青年大学生坚定共产主义的远大理想和信念,加强纪律性,成为有理想、有道德、有文化、有纪律的社会主义建设者,具有极其重要的指导意义。

第十九章

Chapter 19

爱国主义和我国知识分子的使命（1990年5月3日）*

一、原文

同志们，朋友们：

今天我们在这里集会，纪念五四运动七十一周年，庆祝五四青年节。我代表中共中央、国务院、中央军委，向全国各民族青年工人、青年农民、青年军人、青年知识分子和所有青年，致以节日的祝贺！

五四运动是一次伟大的反帝反封建运动，也是一次追求民主、科学的思想解放运动和新文化运动。它标志着中国民主革命进入一个崭新阶段，体现了中国人民爱国、革命、进步的强烈愿望和坚定信念。在五四运动中，一大批先进知识分子站在前头，同帝国主义和封建势力进行了彻底的不妥协的斗争，发挥了先锋和桥梁作用。他们所表现出来的爱国主义精神，与历史上的爱国主义相比较，具有本质的进步和鲜明的时代特征。一部分最有觉悟的知识分子接受了马克思列宁主义，找到认识中国、改造中国的强大思想武器，开始与工农大众相结合，找到中国革命最深厚的社会力量。正是通过他们的努力，才实现马克思列宁主义同中国工人运动的结合，从而诞生了中国共产党。这是知识分子在我国现代历史上的伟大贡献。中国共产党领导的人民革命和社会主义建设，又为广大知识分子确立自己的历史位置，实现报国之志，开辟了广阔的道路。

---

* 本文是江泽民同志在首都青年纪念五四运动七十一周年报告会上的讲话。原文选自《江泽民文选》人民出版社2006年版。

我愿借此机会，向为中国革命和社会进步做出卓越贡献的老一辈知识分子表示崇高的敬意，向在社会主义建设各条战线辛勤工作的广大知识分子表示诚挚的问候，向在海外为振兴中华勤奋学习的留学人员表示亲切的慰问，向关心、支持祖国建设和统一大业的港、澳、台同胞和海外侨胞中的知识分子朋友，表示衷心的感谢。

下面，我想讲一讲发扬爱国主义传统、我国知识分子的使命以及党的知识分子工作问题。

一、在新的历史条件下继承和发扬爱国主义传统

在我国历史上，爱国主义从来就是动员和鼓舞人民团结奋斗的一面旗帜，是各族人民共同的精神支柱，在维护祖国统一和民族团结、抵御外来侵略和推动社会进步中，发挥了重大作用。在爱国主义精神的激励下，我们的国家和民族自强不息，具有伟大的凝聚力和生命力。

爱国主义是一个历史范畴，在社会发展的不同阶段、不同时期有不同的具体内容。我们所讲的爱国主义，作为一种体现人民群众对自己祖国深厚感情的崇高精神，是同促进历史发展密切联系在一起的，是同维护国家独立和广大人民的根本利益密切联系在一起的。在新民主主义革命时期，爱国主义主要表现为致力于推翻帝国主义、封建主义和官僚资本主义反动统治的斗争，把黑暗的旧中国改造成为光明的新中国。在现阶段，爱国主义主要表现为献身于建设和保卫社会主义现代化事业，献身于促进祖国统一的事业。邓小平同志指出："中国人民有自己的民族自尊心和自豪感，以热爱祖国、贡献全部力量建设社会主义祖国为最大光荣，以损害社会主义祖国利益、尊严和荣誉为最大耻辱。"这是对我国现阶段爱国主义特征的精辟概括。

在当代中国，爱国主义与社会主义本质上是统一的。社会主义制度的确立，巩固和发展了新民主主义革命的成果，为我国社会生产力发展和社会进步提供了可靠的保证与光明的前景，集中体现着国家、民族、人民的根本利益。四十多年来的社会主义建设，已经使我国改变了民生凋敝、满目疮痍的面貌，成为一个初步繁荣昌盛的国家。社会主义是中国人民的历史选择，是中国走向现代化的必由之路。今天，全体社会主义劳动者、拥护社会主义的爱国者都越来越自觉地认识到，只有社会主义能够救中国，只有社会主义能够发展中国。拥护祖国统一的爱国者已经和正在为祖国的统一和强盛做出贡献，而且我们相信，会有越来越多的人成为社会主义的朋友。为了促进国家统一大业，我们提出了"一国两制"的方针。我们并不要求所有拥护祖国统一的爱国者都赞同大陆实行的社会主义制度，只要他们赞同"一国两制"，我们就要同他们加强团结。

在当代中国，爱国主义和人民民主即社会主义民主本质上也是统一的。世界上只有具体的相对的民主，没有抽象的绝对的民主。民主属于上层建筑。实行什么样的民主，取决于国家和社会制度的性质。社会主义民主与资本主义民主有着根本区别。民主建设是一个过程，它的发展程度，又同一定的经济文化状况相关联。我们党自成立之日起，就为争取人民民主而斗争。现在，我们仍然在为逐步完善社会主义民主和法制进行不懈的努力。在共产党领导下，人民当家做主，建设和管理自己的国家，这是社会主义民主的核心内容。维护和发展社会主义民

主,是爱国主义的重要体现。

国内外敌对势力企图通过和平演变颠覆中国的社会主义制度,剥夺我国人民主宰自己国家命运的权利,使中国变成西方大国的附庸。如果失去了国家主权、民族独立和国家尊严,也就失去了人民民主,并且从根本上失去了人权。一九八九年那些煽动、策划、指挥动乱和反革命暴乱的极少数人,那些叛逃国外的动乱暴乱分子,不仅反对社会主义制度,而且投靠国外敌对势力,进行危害祖国、反对人民的活动,充分暴露出卖国主义的立场和灵魂,他们连国格、人格都不要了,还有什么资格谈爱国、民主、人权!

在新的历史条件下继承和发扬爱国主义传统,需要广泛深入地进行爱国主义教育。这种教育要从少年儿童抓起。全国人民特别是广大青年,都要认真学习和了解祖国的历史尤其是近代以来的历史。中华民族历史悠久,我们的祖先在这块土地上创造了灿烂的物质文明和精神文明,形成了具有民族特色的文化传统,为人类文明做出了卓越的贡献。但是,长期的封建统治阻碍了我国社会的发展。鸦片战争以后,中国又曾受到帝国主义列强的欺凌,人民遭受了巨大的灾难,这是近代中国贫穷衰弱的一个重要原因。我国人民从不屈从于任何外力,为了救亡图存,推翻三座大山,进行过不屈不挠、前仆后继的斗争,涌现出许多永垂史册的志士仁人和英雄豪杰。一部中国近代、现代史,就是一部中国人民爱国主义的斗争史、创业史。我们要正确认识自己的历史文化,区分精华和糟粕,使中华民族几千年来创造的文明成果,在社会主义现代化建设中获得新的生命,放出新的光彩。

继承和发扬爱国主义精神,要体现在实际行动中。要树立高度的民族自尊、自信、自强精神。要勇于同破坏国家统一、损害民族团结、危害社会主义事业的行为,进行坚决的斗争。要自觉地和社会主义现代化建设事业同呼吸、共命运,在自己的岗位上努力学习,辛勤工作,促进安定团结,促进建设和改革。

我们所提倡的爱国主义,决不是狭隘的民族主义。中国的发展和进步,离不开世界各国的文明成果。我们的社会主义现代化建设,需要继承和发扬中华民族优秀文化传统,也需要学习和吸收世界各国人民包括在资本主义制度下创造的优秀文明成果。这种学习,应该立足于中国实际,立足于增强中华民族自力更生的能力。只有这样,中国人民才能和各国人民一道,在促进世界的和平与发展方面充分发挥自己的作用。

二、知识分子在社会主义现代化建设中的使命

我国社会主义现代化建设,是一项宏伟的艰巨的事业。要以经济建设为中心,坚持四项基本原则,坚持改革开放。要以当代先进的科学文化为杠杆,推动社会生产力的发展和社会的全面进步。我们要在本世纪末实现国民生产总值再翻一番,到下个世纪中叶,人均国民生产总值达到中等发达国家水平。实现这一目标,需要工人、农民、知识分子的共同努力。我们要全心全意依靠工人阶级。知识分子作为工人阶级队伍中主要从事脑力劳动的一部分,在社会主义现代化建设中发挥着不可替代的作用,承担着重大的社会责任。毛泽东同志在新民主主义革

命时期说过:"没有知识分子的参加,革命的胜利是不可能的。"今天,没有知识分子的参加,建设和改革的胜利更是不可能的。

我们需要继续把马克思主义普遍真理同中国实际结合起来,建设有中国特色的社会主义。坚持四项基本原则,坚持改革开放,面临着许多新情况新问题。为此,就要从实际出发,认真学习和研究马克思主义基本理论,深化对国情的认识,不断地对人民群众的实践进行理论概括,掌握现代化建设的客观规律。这需要我们的知识分子进行艰辛探索。

我们要在中国条件下把社会主义制度和现代科学技术结合起来,以不断提高劳动生产率,改变经济落后状态,逐步缩小与发达国家的差距。科学技术飞速发展,使它在生产中越来越显示出巨大作用。我们必须努力掌握、推广、运用现代科学技术和管理知识。这一切,没有知识分子特别是科学技术专家的创造性劳动,是完全不能想象的。

我们还面临着建设社会主义精神文明的任务。知识分子作为人类科学文化知识的重要继承者和传播者,作为先进科学技术的重要开拓者,作为美好精神产品的重要创作者,在精神文明建设中是一支骨干力量。我们要提高全民族的思想道德和科学文化素质,培育一代又一代有理想、有道德、有文化、有纪律的社会主义新人。在这方面,广大知识分子负有重要职责。

我们要推进社会主义民主法制建设,必须加强民主建设的理论研究,完善民主制度,制定各方面的法律、法规,宣传、普及民主知识和法律知识,提高和增强全民族的民主素养和法制观念。知识分子不仅有依法参加管理国家和社会事务的神圣权利,而且在上述各项工作中都需要付出许多心血。

我们要顺利实现建设和改革的任务,必须保证决策的科学性。从中央到地方,在决策的研究、论证、咨询、制定和组织实施中,知识分子的作用都越来越突出。

总之,在现代化建设和改革开放的实践中,我们越加深刻地认识到,同历史上任何时期相比较,中国人民从来没有像今天这样,对自己的知识分子提出如此广泛、如此迫切的要求。我们相信,我国知识分子一定会遵循党的基本路线,努力学习马列主义、毛泽东思想,努力提高专业水平,努力增强民族自豪感,为实现社会主义现代化建设的伟大历史任务贡献全部聪明才智,担负起历史赋予的光荣使命。

中华人民共和国建立以来,我国知识分子队伍迅速壮大。在工业、农业、商业、教育、科技、文化、卫生、国防、外交等各条战线和各级党政机关,在城市、农村特别是工作生活条件艰苦的边疆、山区、沙漠、海洋,在发展社会主义经济、政治、文化事业方面,在管理国家和社会事务方面,在维护祖国尊严和人民安全方面,知识分子都做出了不可磨灭的贡献。例如大家知道的,我国原子弹、氢弹、核潜艇、人造卫星的研制,最近长征三号火箭发射亚洲一号卫星的成功,还有南京长江大桥、葛洲坝工程、正负电子对撞机的设计和建设,高温超导的研究,籼型杂交水稻的推广,等等,都凝聚着我国科技人员的智慧和劳动,都是我国人民主要依靠自己的力量获得的巨大成就。在知识分子队伍中,涌现出一批又一批优秀人物。他们有的曾在旧中国饱受磨难,有的是新中国建立后由海外归来的,有的是在社会主义制度下培养起来的。他们真正是祖国的骄傲,民族的脊梁。最近,"奋斗者的足迹"知识分子报告团在北京等地讲演,事迹感人,在广大青年和人民中引起了强烈反响。社会主义现代化建设事业召唤着我国知识分子大显身手。我们希望,广大知识分子继续积极地投身到这项伟大事业中去,创造出新的更大的成绩。

工人、农民、知识分子虽然社会分工不同,但都是社会物质财富和精神财富的创造者,需要相互学习、共同提高。我们任何时候都不能忽视知识分子的作用。极少数坚持资产阶级自由化立场的人鼓吹所谓"精英治国",歪曲和挑拨知识分子同广大工人、农民的关系,否定工人阶级及其政党的领导地位,这是要坚决反对的。只有工人、农民、知识分子同心同德,团结一致,才能把我们的事业不断推向前进。

三、中国知识分子成长的正确道路

五四运动以后,先进的知识分子在中国共产党领导下,在长期艰难曲折的斗争中,继承和发扬中国历史上知识分子的优良传统,表现出具有时代特征的崭新精神风貌。

热爱祖国,忠于人民。把祖国和人民的利益摆在首位,为祖国的独立和富强,为人民的解放和幸福贡献毕生精力,以此作为人生的最高价值。

深入实际,深入工农。研究社会,了解国情,理论联系实际,在实践中认识世界,改造世界。植根于工农群众之中,从群众身上汲取营养和智慧,把自己的力量与人民的力量融合在一起。

追求真理,锐意进取。具有为真理献身的精神,顺应历史发展潮流,敢于冲破落后的陈腐的观念,不断有所发现,有所发明,有所创造,有所前进。具有批评与自我批评的精神,坚持真理,修正错误,在改造客观世界的同时自觉改造主观世界。

艰苦奋斗,乐于奉献。在崇高理想的鼓舞下,不畏艰险,工作孜孜不倦,业务精益求精。"先天下之忧而忧,后天下之乐而乐",奉献多于索取,甘当无名英雄。

先进知识分子的精神风貌,展示出我国知识分子健康成长的正确道路。这就是,在马列主义、毛泽东思想指导下,与实践相结合,与工农相结合。当代知识分子要履行自己的历史职责,就必须沿着这条道路继续前进,在社会主义现代化建设和改革开放的实践中,丰富和发展先进知识分子的优良传统,把它一代又一代地传下去。

现在,青年知识分子在我国知识分子队伍中已占到将近半数,他们已经和即将在各项事业中挑起重担。他们能否健康成长,在很大程度上关系到我们国家和人民的前途。我们的青年知识分子总体上是好的,是可以信赖的。他们中的绝大多数人热爱祖国,热爱人民,热爱社会主义,勤奋好学,积极上进,具有为国家富强而奋斗的真诚愿望,在自己的岗位上做出了可喜的成绩。这是青年知识分子队伍的主流。当然,青年人涉世不深,实践经验较少,不大熟悉中国国情和中国人民奋斗的历史,存在着一些弱点和不足。特别是在一段时间里,由于我们放松了思想政治工作和优良传统的教育,致使一些青年知识分子不同程度地受到西方资产阶级人生观、价值观的影响,受到民族虚无主义的影响。这些问题,我们相信青年同志能够通过学习和实践,通过总结经验得到解决。这里要特别指出的是,发生这些问题,主要责任不在青年身上,而在我们党工作上的失误。

对待青年知识分子，我们既要热情关怀、大胆使用，又要严格要求、积极引导。要鼓励他们按照祖国的需要考虑个人的发展，把个人的聪明才智汇入人民的历史创造活动，通过勤奋的努力实现远大的理想。要积极创造条件，把广大青年知识分子培养成为又红又专的社会主义事业接班人。各级党委和政府，社会各个方面，都要以高度的责任感，为实现这一战略任务进行不懈的努力。

四、进一步做好党的知识分子工作

能不能充分发挥知识分子的积极性和创造性，是我们事业成败的关键之一，也是衡量党的领导水平和领导艺术的一个重要标志。

十一届三中全会以来，党中央和邓小平同志十分重视知识分子工作，强调知识分子是工人阶级的一部分，强调尊重知识、尊重人才，提出了一系列正确的方针政策。其中包括：在政治上、业务上信任和依靠知识分子；从优秀知识分子中发展党员、选拔干部；认真坚持为人民服务、为社会主义服务和百花齐放、百家争鸣的方针；积极发展科学文化的国际交流与合作；努力为他们创造必要的工作和生活条件，等等。这些方针政策，反映了广大知识分子和广大人民的共同愿望，应当继续坚定不移地贯彻执行。

十年多来，各级党委和政府在加强和改进知识分子工作中，做了很大努力，取得了明显成绩。但是也必须看到，在工作中仍有不少问题。比如，还存在对知识分子重视不够、使用不当甚至压抑人才的现象，对知识分子工作生活方面的困难解决不够。又比如，由于抵制和斗争不力，资产阶级自由化思潮曾在意识形态领域泛滥，在一些知识分子中造成了思想混乱；有些党组织软弱涣散，起不到战斗堡垒作用，致使那里知识分子中的一些思想问题长期得不到解决。这些都影响了一部分知识分子的进步和积极性的发挥。各级领导必须明确，做好知识分子工作是全党的一项重要任务。要采取严肃的态度，认真总结经验教训，进一步加强和改进党的知识分子工作。

我们历来认为，我们的知识分子队伍是一支拥护四项基本原则、拥护改革开放的优秀的队伍，是一支能够创造丰功伟业的队伍。在经过去年那场政治风波之后，这个评价还能不能够继续成立呢？党、政府和人民的回答是肯定的。在那场风波中，我国两千多万知识分子绝大多数表现是好的。他们珍惜来之不易的安定团结的政治局面，反对动乱，经受了新的考验。一小部分同志在不明真相的情况下，说了一些错话，办了一些不妥当的事情，认识到了，吸取了教训，就应该欢迎。对认识一时转不过来的一些同志，要继续热情帮助，耐心等待。对犯有严重错误的党员知识分子，要本着治病救人的态度，按照有关规定正确处理。当然，确有极少数人顽固坚持资产阶级自由化立场，依附于海外、国外的敌对势力，成为动乱和反革命暴乱的煽动者、策划者和组织者。这些人不能代表知识分子，是知识分子的败类，也是中华民族的败类。制止动乱、平息暴乱和依法制裁这极少数人，是全国工人、农民、知识分子的共同意志。

第十九章　爱国主义和我国知识分子的使命

应当看到,四项基本原则与资产阶级自由化的对立和斗争是长期的,这是社会主义条件下存在于一定范围的阶级斗争的重要表现。各级党委要把坚持四项基本原则、反对资产阶级自由化的教育,作为思想政治工作的重要任务认真抓好。资产阶级自由化是有特定政治含义的概念。邓小平同志多次指出,资产阶级自由化,就是"崇拜西方资本主义国家的'民主'、'自由',否定社会主义","在我们的国家,搞资产阶级自由化,就是走资本主义道路"。他还指出:"我们党的十一届三中全会决定实行开放政策,同时也要求刹住自由化的风,这是相互关联的问题。不刹住这股风,就不能实行开放政策。"这里讲得很清楚,资产阶级自由化是对爱国主义、社会主义的反动,是要把中国引向黑暗和倒退。反对资产阶级自由化,绝不是不要改革开放,而正是为了更好地改革开放。进行这种斗争,符合全国各族人民的利益,包括广大知识分子的利益。在斗争中,知识分子是一支重要力量。从理论与实践的结合上批判资产阶级自由化,为建设和改革提供理论根据和创造良好的舆论环境,离不开知识分子的努力。

我们要继续贯彻百花齐放、百家争鸣的方针。"双百"方针与四项基本原则是统一的而不是对立的。要在坚持四项基本原则的前提下,努力发展学术自由和创作自由。要继续提倡不同学术艺术流派、不同学术艺术观点的争鸣,鼓励知识分子研究我国建设和改革的现实问题,研究国外的情况和介绍国外先进的东西,鼓励他们解放思想、畅所欲言,努力创造一种勇于探讨和创新的气氛,增进不同学术艺术观点之间的相互了解、相互借鉴。实践是检验真理的唯一标准,科学文化领域里的是非,最终要靠实践来评判。要积极开展健康的、充分说理的、富有建设性的批评和自我批评,力戒用行政办法下结论。各级党政领导同志,要不断提高思想水平、政策水平和领导艺术,在实践中创造和总结繁荣科学文化事业的新鲜经验。

要在全社会进一步形成尊重知识、尊重人才的良好风尚,重视知识分子的劳动成果,使之在物质文明和精神文明建设中充分发挥作用,并逐步完善有利于人才脱颖而出的政策和制度。各级党委和政府要继续尽心尽力地改善知识分子的工作和生活条件,坚决克服官僚主义和拖拉作风。凡是经过努力可以解决的问题,都必须认真去办,尽快解决,少说空话,多办实事。对于一时难以办到的事情,要实事求是地把困难讲清楚,把建设和改革的前景讲清楚,做好深入细致的思想工作。我们的知识分子是理解和体谅国家当前面临的困难的,而且一定会同全体人民一道,同心同德地克服这些困难。

认真贯彻十三届六中全会的决定,加强党同知识分子的联系,是做好知识分子工作的关键。各级领导干部都要经常深入到知识分子中去,介绍政治经济形势和党的方针政策,了解情况,倾听意见,诚恳地接受他们对党和政府工作的批评、监督和帮助。要学习老一辈革命家的优良作风,以推心置腹、坦诚相见的态度,同知识分子广交朋友。

青年是社会中最富有活力的部分,是我们事业的希望。二十一世纪是你们的世纪。中国社会主义现代化建设的重任,历史地落在你们的肩上。老一代牺牲奋斗取得的成果,需要你们去巩固和发展。老一代坚持革命斗争方向的英勇精神,需要你们去继承和发扬。社会主义祖国的美好未来,需要你们去创造。青年要勤奋学习,努力实践,不断充实和提高自己。这是党和人民的殷切期望。我们坚信,有广大青年的生气勃勃的工作和劳动,有广大工人、农民、知识分子的团结奋斗,我国的社会主义现代化建设事业一定有光明的前途!

二、讲话背景

中国共产党从成立至今就十分重视知识分子工作。然而,由于国际共产主义运动中"左"倾错误的影响,再加上中国国内深厚的小生产意识对党内的渗透,中国共产党关于知识分子的理论和实践工作走过曲折。粉碎"四人帮"后,邓小平开启思想解放的闸门,提出了"尊重知识,尊重人才"等一系列马克思主义观点,使党的知识分子理论与实践重新回到马克思主义正确轨道上来。但是,要在全社会真正营造"尊重知识,尊重人才"的良好风尚需要一个过程。1989年发生的"六·四"风波引发党内部分同志对知识分子政策的质疑。因"六·四"风波中有部分知识分子参与其中并起了一定的作用,有极少数知识分子把西方的政治制度、政治价值观念当成图腾顶礼膜拜,企图使中国脱离社会主义轨道而投入西方资本主义体系。党内有的同志把矛头直指知识分子,认为"六·四"风波是知识分子刮起来的,甚至有的人一叶障目,夸大整个知识分子群体在搞"资产阶级自由化",进而对十一届三中全会以来党对知识分子队伍的基本估计和基本评价进行批评指责。1989年,江泽民到中央主持工作,敏锐地感觉到知识分子问题上"左"倾思潮的泛起。为了廓清"左"的迷雾,江泽民在不同场合反复重申党对知识分子队伍的基本估计和基本政策,呼吁各级党委和政府继续贯彻"尊重知识,尊重人才"的方针,努力为知识分子创造、提供良好的工作条件和生活条件。1990年5月3日,江泽民在首都青年纪念"五四"报告会上讲话就是在这样的背景下作的。

三、主要内容

"讲话"坚持了邓小平关于知识分子的思想,深刻地阐明了党的第三代领导集体对知识分子的基本估计和基本政策,主要内容如下:

(一)知识分子在新的历史条件下继承和发扬爱国主义传统

爱国主义,作为一种体现人民群众对自己祖国深厚感情的崇高精神,是同促进历史发展密切联系在一起的,是同维护国家独立和广大人民的根本利益密切联系在一起的。爱国主义是一个历史范畴,在社会发展的不同阶段、不同时期有不同的具体内容。在当代中国,爱国主义与社会主义,与人民民主即社会主义民主本质上是统一的。在新的历史条件下继承和发扬爱国主义传统,需要广泛深入地进行爱国主义教育,认真学习和了解祖国的历史尤其是近代以来的历史。继承和发扬爱国主义精神,要体现在实际行动:一要树立高度的民族自尊、自信、自强精神;二要勇于同破坏国家统一、损害民族团结、危害社会主义事业的行为,进行坚决的斗争;三要自觉地和社会主义现代化建设事业同呼吸、共命运,在自己的岗位上努力学习、辛勤工作,促进安定团结,促进建设和改革;四要反对狭隘的民族主义。

第十九章 爱国主义和我国知识分子的使命

(二) 充分肯定了我国知识分子在社会主义现代化建设中不可替代的作用

"讲话"在论述"知识分子在社会主义现代化建设中的使命"中指出,我国的社会主义现代化建设,是一项宏伟的、艰巨的事业。要以经济建设为中心,坚持四项基本原则,坚持改革开放。要以当代先进的科学文化为杠杆,推动社会生产力的发展和社会的全面进步。实现这一目标,需要工人、农民、知识分子的共同努力。我们要全心全意依靠工人阶级。知识分子作为工人阶级队伍中主要从事脑力劳动的一部分,在社会主义现代化建设中发挥着不可替代的作用,承担着重大的社会责任。现代科学技术的进步,先进管理理念的树立,决策科学性的形成,社会主义精神文明和民主法制建设,都离不开知识分子的参与。没有知识分子的参加,改革开放和现代化建设的胜利是不可能的。在现代化建设和改革开放的实践中,我们越加深刻地认识到,同历史上任何时期相比较,中国人民从来没有像今天这样,对自己的知识分子提出如此广泛、如此迫切的要求。

(三) 知识分子要继承和发扬优良传统,走与实践相结合、与工农相结合的成长道路

"讲话"在论述"中国知识分子成长的正确道路"中,精辟地概括了我国知识分子成长的道路和形成的传统。指出,五四以后,先进的知识分子在中国共产党领导下,在长期艰难曲折的斗争中,继承和发扬中国历史上知识分子的优良传统,表现出具有时代特征的崭新精神风貌,形成了在马列主义、毛泽东思想指导下,与实践相结合,与工农相结的正确道路,培育了爱国主义传统、和人民相结合的传统。中国知识分子热爱祖国,忠于人民,以此作为人生的最高价值;深入实际,深入工农,把自己的力量与人民的力量融合在一;追求真理,锐意进取,在改造客观世界的同时自觉改造主观世界;艰苦奋斗,乐于奉献"先天下之忧而忧,后天下之乐而乐",奉献多于索取,甘当无名英雄。当代知识分子要履行自己的历史职责,就必须沿着这条道路继续前进,在社会主义现代化建设和改革开放的实践中,丰富和发展先进知识分子的优良传统,把它一代又一代地传下去。

(四) 能不能充分发挥知识分子的积极性和创造性,是我们事业成败的关键之一

"讲话"在论述"进一步做好党的知识分子工作"中,深刻指出,能不能充分发挥知识分子的积极性和创造性,是我们事业成败的关键之一,也是衡量党的领导水平和领导艺术的一个重要标志。江泽民指出,党的十一届三中全会以来,各级党委和政府在加强和改进知识分子中做了很大的努力,取得了明显成绩。但是也必须看到,在知识分子工作中仍有不少问题。比如还存在对知识分子重视不够、使用不当甚至压抑人才的现象,对知识分子工作和生活方面的困难解决不够;有些地方党组织软弱涣散,起不到战斗堡垒作用,致使那里知识分子中的一些思想问题长期得不到解决。这些都影响了一部分知识分子的进步和积极性的发挥。各级领导必须明确,做好知识分子工作是全党的一项重要任务,要采取严肃的态度,认真总结经验教训,进一步加强和改进党的知识分子工作。

加强和改进党的知识分子工作,首先,要坚持党对知识分子的基本政策:在政治上、业务上信任和依靠知识分子;从优秀知识分子中发展党员、选拔干部;其二,认真贯彻"为人民服务,为社会主义服务"和"百花齐放,百家争鸣"的方针,努力发展学术自由和创作自由,提倡不同学术艺术流派、不同学术艺术观点的争鸣,鼓励知识分子解放思想,畅所欲言;其三,有关部门要努力为知识分子创造必要的工作和生活条件并要创造一种勇于探索和创新的气氛,积极发展科学文化的国际交流与合作,鼓励知识分子研究我国建设和改革的现实问题,研究国外的情况和介绍国外的先进的东西。各级领导干部都要经常深入到知识分子中去,介绍政治经济形势和党的方针政策,了解情况,倾听意见,诚恳地接受他们对党和政府工作的批评、监督和帮助。

四、重要意义

(1)"讲话"高度评价和充分肯定了知识分子在我国革命和建设中的历史地位和作用,明确地指出了知识分子在社会主义现代化建设中肩负的重任和历史使命,科学地阐述了知识分子成长的正确道路,重申了党的知识分子政策,充分体现了党对知识分子的信任、关怀和爱护,是党的知识分子工作的纲领性文献。这对于进一步加强和改进知识分子工作,充分调动广大知识分子的积极性和创造性,为社会主义建设服务提供了保障。

(2)"讲话"表明,以江泽民为核心的党中央第三代领导集体在错综复杂的形势下,坚持贯彻执行邓小平提出的"尊重知识,尊重人才"的方针,及时拨正知识分子工作的航向,使党的知识分子理论与实践沿着马克思主义轨道继续前进。

第二十章

Chapter 20

习近平：在同各界优秀青年代表座谈时的讲话（2013年5月4日）

一、原文

青年朋友们，同志们：

今天是五四青年节。在这个属于青春的日子里，很高兴来参加"实现中国梦、青春勇担当"主题团日活动，同各条战线的优秀青年代表一起交流，聆听大家抒发与祖国共奋进、与时代齐发展的青春感受。

首先，我代表党中央，向全国各族各界青年，致以节日的问候！向荣获中国青年五四奖章的青年朋友们，向中国大学生和全国高校辅导员年度人物、中国青年创业奖获得者、全国农村青年致富带头人标兵、"西部计划"优秀志愿者等优秀青年代表，表示热烈的祝贺！向各行各业的先进青年典型，表示由衷的敬意！

我们同青年朋友们到航天城来，就是要实地感受载人航天精神，激励包括广大青年在内的全国各族人民为实现中华民族伟大复兴的中国梦而奋斗。

刚才，不同领域的优秀青年代表作了很好的发言。在你们身上，充分体现了当代青年报效祖国的远大志向、朝气蓬勃的精神风貌、自强不息的意志品格、甘于奉献的思想境界，也充分体现了广大青年对中国特色社会主义的坚定信念、对实现中华民族伟大复兴的必胜信心。

青年最富有朝气、最富有梦想。近代以来，我国青年不懈追求的美好梦想，始终与振兴中华的历史进程紧密相联。在革命战争年代，广大青年满怀革命理想，为争取民族独立、人民解放冲锋陷阵、抛洒热血。在社会主义革命和建设时期，广大青年响应党的号召，向困难进军，向荒原进军，保卫祖国，建设祖国，在新中国的广阔天地忘我劳动、艰苦创业。在改革开放历史新时期,广大青年发出团结起来、振兴中华的时代强音,为祖国繁荣富强开拓奋进、锐意创新。在最近的芦山抗震救灾中,大批青年临危不惧、顽强拼搏,广大青年心系灾区、无私奉献,为抗震救灾作出了重要贡献。

历史和现实都告诉我们,青年一代有理想、有担当,国家就有前途,民族就有希望,实现我们的发展目标就有源源不断的强大力量。

党的十八大描绘了全面建成小康社会、加快推进社会主义现代化的宏伟蓝图,发出了向实现"两个一百年"奋斗目标进军的时代号召。根据党的十八大精神,我们明确提出要实现中华民族伟大复兴的中国梦。现在,大家都在谈论中国梦,都在思考中国梦与自己的关系、自己为实现中国梦应尽的责任。

——中国梦是历史的、现实的,也是未来的。中国梦凝结着无数仁人志士的不懈努力,承载着全体中华儿女的共同向往,昭示着国家富强、民族振兴、人民幸福的美好前景。

——中国梦是国家的、民族的,也是每一个中国人的。国家好、民族好,大家才会好。只有每个人都为美好梦想而奋斗,才能汇聚起实现中国梦的磅礴力量。

——中国梦是我们的,更是你们青年一代的。中华民族伟大复兴终将在广大青年的接力奋斗中变为现实。

在革命、建设、改革各个历史时期,中国共产党始终高度重视青年、关怀青年、信任青年,对青年一代寄予殷切期望。中国共产党从来都把青年看作是祖国的未来、民族的希望,从来都把青年作为党和人民事业发展的生力军,从来都支持青年在人民的伟大奋斗中实现自己的人生理想。

现在,我们比历史上任何时期都更接近实现中华民族伟大复兴的目标,比历史上任何时期都更有信心、更有能力实现这个目标。行百里者半九十。距离实现中华民族伟大复兴的目标越近,我们越不能懈怠,越要加倍努力,越要动员广大青年为之奋斗。

展望未来,我国青年一代必将大有可为,也必将大有作为。这是"长江后浪推前浪"的历史规律,也是"一代更比一代强"的青春责任。广大青年要勇敢肩负起时代赋予的重任,志存高远,脚踏实地,努力在实现中华民族伟大复兴的中国梦的生动实践中放飞青春梦想。

第一,广大青年一定要坚定理想信念。"功崇惟志,业广惟勤。"理想指引人生方向,信念决定事业成败。没有理想信念,就会导致精神上"缺钙"。中国梦是全国各族人民的共同理想,也是青年一代应该牢固树立的远大理想。中国特色社会主义是我们党带领人民历经千辛万苦找到的实现中国梦的正确道路,也是广大青年应该牢固确立的人生信念。

广大青年要坚持用邓小平理论、"三个代表"重要思想、科学发展观武装头脑,把理想信念建立在对科学理论的理性认同上,建立在对历史规律的正确认识上,建立在对基本国情的准确把握上,不断增强道路自信、理论自信、制度自信,增强对坚持党的领导的信念,永远紧跟党高高举起中国特色社会主义伟大旗帜。

第二,广大青年一定要练就过硬本领。学习是成长进步的阶梯,实践是提高本领的途径。

青年的素质和本领直接影响着实现中国梦的进程。古人说:"学如弓弩,才如箭镞。"说的是学问的根基好比弓弩,才能好比箭头,只要依靠厚实的见识来引导,就可以让才能很好发挥作用。青年人正处于学习的黄金时期,应该把学习作为首要任务,作为一种责任、一种精神追求、一种生活方式,树立梦想从学习开始、事业靠本领成就的观念,让勤奋学习成为青春远航的动力,让增长本领成为青春搏击的能量。

广大青年要坚持面向现代化、面向世界、面向未来,增强知识更新的紧迫感,如饥似渴学习,既扎实打牢基础知识又及时更新知识,既刻苦钻研理论又积极掌握技能,不断提高与时代发展和事业要求相适应的素质和能力。要坚持学以致用,深入基层、深入群众,在改革开放和社会主义现代化建设的大熔炉中,在社会的大学校里,掌握真才实学,增益其所不能,努力成为可堪大用、能担重任的栋梁之材。

第三,广大青年一定要勇于创新创造。创新是民族进步的灵魂,是一个国家兴旺发达的不竭源泉,也是中华民族最深沉的民族禀赋,正所谓"苟日新,日日新,又日新"。生活从不眷顾因循守旧、满足现状者,从不等待不思进取、坐享其成者,而是将更多机遇留给善于和勇于创新的人们。青年是社会上最富活力、最具创造性的群体,理应走在创新创造前列。

广大青年要有敢为人先的锐气,勇于解放思想、与时俱进,敢于上下求索、开拓进取,树立在继承前人的基础上超越前人的雄心壮志,"以青春之我……,创建青春之国家,青春之民族"。要有逢山开路、遇河架桥的意志,为了创新创造而百折不挠、勇往直前。要有探索真知、求真务实的态度,在立足本职的创新创造中不断积累经验、取得成果。

第四,广大青年一定要矢志艰苦奋斗。"宝剑锋从磨砺出,梅花香自苦寒来。"人类的美好理想,都不可能唾手可得,都离不开筚路蓝缕、手胼足胝的艰苦奋斗。我们的国家,我们的民族,从积贫积弱一步一步走到今天的发展繁荣,靠的就是一代又一代人的顽强拼搏,靠的就是中华民族自强不息的奋斗精神。当前,我们既面临着重要发展机遇,也面临着前所未有的困难和挑战。梦在前方,路在脚下。自胜者强,自强者胜。实现我们的发展目标,需要广大青年锲而不舍、驰而不息的奋斗。

广大青年要牢记"空谈误国、实干兴邦",立足本职、埋头苦干,从自身做起,从点滴做起,用勤劳的双手、一流的业绩成就属于自己的人生精彩。要不怕困难、攻坚克难,勇于到条件艰苦的基层、国家建设的一线、项目攻关的前沿,经受锻炼,增长才干。要勇于创业、敢闯敢干,努力在改革开放中闯新路、创新业,不断开辟事业发展新天地。

第五,广大青年一定要锤炼高尚品格。中国特色社会主义是物质文明和精神文明全面发展的社会主义。一个没有精神力量的民族难以自立自强,一项没有文化支撑的事业难以持续长久。青年是引风气之先的社会力量。一个民族的文明素养很大程度上体现在青年一代的道德水准和精神风貌上。

广大青年要把正确的道德认知、自觉的道德养成、积极的道德实践紧密结合起来,自觉树立和践行社会主义核心价值观,带头倡导良好社会风气。要加强思想道德修养,自觉弘扬爱国主义、集体主义、社会主义思想，积极倡导社会公德、职业道德、家庭美德。要牢记"从善如登，从恶如崩"的道理，始终保持积极的人生态度、良好的道德品质、健康的生活情趣。要倡导社会文明新风，带头学雷锋，积极参加志愿服务，主动承担社会责任，热诚关爱他人，多做扶贫济困、扶弱助残的实事好事，以实际行动促进社会进步。

为实现中华民族伟大复兴的中国梦而奋斗，是中国青年运动的时代主题。共青团要在广大青少年中深入开展"我的中国梦"主题教育实践活动，为每个青少年播种梦想、点燃梦想，让更多青少年敢于有梦、勇于追梦、勤于圆梦，让每个青少年都为实现中国梦增添强大青春能量。要用中国梦打牢广大青少年的共同思想基础，教育和帮助青少年树立正确的世界观、人生观、价值观，永远热爱我们伟大的祖国，永远热爱我们伟大的人民，永远热爱我们伟大的中华民族，坚定跟着党走中国道路。要用中国梦激发广大青少年的历史责任感，发扬"党有号召、团有行动"的光荣传统，在党和国家工作大局中找准自身工作的切入点和结合点，组织动员广大青少年支持改革、促进发展、维护稳定。要积极为广大青少年实现梦想提供服务，切实改进作风，深入基层、走进青年，想青年之所想，急青年之所急，代表和维护青少年普遍性利益诉求，努力为广大青少年成长成才创造良好环境。

青年模范人物是广大青少年学习的榜样，肩负着更多社会责任和公众期望，在青少年中乃至全社会都有着很强的示范带动作用。希望青年模范们再接再厉、严于律己、锐意进取，用自身的成长历程、精神追求、模范行动为广大青少年作好表率。

青年兴则国家兴，青年强则国家强。我们党自成立之日起，就始终代表广大青年、赢得广大青年、依靠广大青年。各级党委和政府要充分信任青年、热情关心青年、严格要求青年，为青年驰骋思想打开更浩瀚的天空，为青年实践创新搭建更广阔的舞台，为青年塑造人生提供更丰富的机会，为青年建功立业创造更有利的条件。各级领导干部要关注青年愿望、帮助青年发展、支持青年创业，做青年朋友的知心人，做青年工作的热心人。

青年朋友们，人的一生只有一次青春。现在，青春是用来奋斗的；将来，青春是用来回忆的。人生之路，有坦途也有陡坡，有平川也有险滩，有直道也有弯路。青年面临的选择很多，关键是要以正确的世界观、人生观、价值观来指导自己的选择。无数人生成功的事实表明，青年时代，选择吃苦也就选择了收获，选择奉献也就选择了高尚。青年时期多经历一点摔打、挫折、考验，有利于走好一生的路。要历练宠辱不惊的心理素质，坚定百折不挠的进取意志，保持乐观向上的精神状态，变挫折为动力，用从挫折中吸取的教训启迪人生，使人生获得升华和超越。总之，只有进行了激情奋斗的青春，只有进行了顽强拼搏的青春，只有为人民作出了奉献的青春，才会留下充实、温暖、持久、无悔的青春回忆。

青年朋友们，我坚信，在党的领导下，只要全国各族人民紧密团结、脚踏实地、开拓进取，到本世纪中叶，我们必将建成富强民主文明和谐的社会主义现代化国家，我国广大青年必将同全国各族人民一道共同见证、共同享有中国梦的实现！

二、讲话背景

2013年5月4日,在五四青年节到来之际,中共中央总书记、国家主席、中央军委主席习近平4日来到中国航天科技集团公司中国空间技术研究院,参加"实现中国梦、青春勇担当"主题团日活动。与共青团中央、教育部等有关部门负责人,"中国青年五四奖章"获得者、"中国青年创业奖"获得者、"全国农村青年致富带头人标兵"、"西部计划"优秀志愿者、2012年中国大学生年度人物和全国高校辅导员年度人物等各界优秀青年代表约70人进行了座谈。在座谈会上,习近平总书记发表了这篇重要讲话。

三、主要内容

(一)讲话肯定了青年在中华民族伟大复兴进程中发挥的重要作用和历史使命

讲话指出"青年最富有朝气、最富有梦想。近代以来,我国青年不懈追求的美好梦想,始终与振兴中华的历史进程紧密相联。在革命战争年代,广大青年满怀革命理想,为争取民族独立、人民解放冲锋陷阵、抛洒热血。在社会主义革命和建设时期,广大青年响应党的号召,向困难进军,向荒原进军,保卫祖国,建设祖国,在新中国的广阔天地忘我劳动、艰苦创业。在改革开放历史新时期,广大青年发出团结起来、振兴中华的时代强音,为祖国繁荣富强开拓奋进、锐意创新。在最近的芦山抗震救灾中,大批青年临危不惧、顽强拼搏,广大青年心系灾区、无私奉献,为抗震救灾作出了重要贡献。""历史和现实都告诉我们,青年一代有理想、有担当,国家就有前途,民族就有希望,实现目标就有源源不断的强大力量"。

(二)阐述了青年实现"我的梦"与铸就"中国梦"之间的密切联系

讲话指出:一个人的理想志愿只有同国家的前途、民族的命运相结合才有价值,一个人的信念追求只有同社会的需要和人民的利益相一致才有意义。只有每个人都为美好梦想而奋斗,才能汇集起实现中国梦的磅礴力量,"中国梦"终将在广大青年的接力奋斗中变为现实,青年也将在人民的伟大奋斗中实现自己的人生理想。广大青年要坚定理想信念、沿着正确的道路成长,才能在实现中国梦的生动实践中放飞青春梦想。

(三)讲话对青年成长成才提出了"五点希望"

讲话充分认识坚定理想信念是青年成长成才的核心灵魂,练就过硬本领是青年成长成才的牢固根基,勇于创新创造是青年成长成才的时代要求,矢志艰苦奋斗是青年成长成才的精神支柱,锤炼高尚品格是青年成长成才的立身之本。

第一,广大青年一定要坚定理想信念。

理想指引人生方向,信念决定事业成败。没有理想信念,就会导致精神上"缺钙"。中国梦是全国各族人民的共同理想,也是青年一代应该牢固树立的远大理想。中国特色社会主义是我们党带领人民历经千辛万苦找到的实现中国梦的正确道路,也是广大青年应该牢固确立的人生信念。

第二，广大青年一定要练就过硬本领。

学习是成长进步的阶梯，实践是提高本领的途径。青年人正处于学习的黄金时期，应该把学习作为首要任务，作为一种责任、一种精神追求、一种生活方式，树立梦想从学习开始、事业靠本领成就的观念，让勤奋学习成为青春远航的动力，让增长本领成为青春搏击的能量。在社会的大学校里，掌握真才实学，增益其所不能，努力成为可堪大用、能担重任的栋梁之材。

第三，广大青年一定要勇于创新创造。

广大青年要有敢为人先的锐气，勇于解放思想、与时俱进，敢于上下求索、开拓进取，树立在继承前人的基础上超越前人的雄心壮志，"以青春之我……，创建青春之国家，青春之民族"。要有逢山开路、遇河架桥的意志，为了创新创造而百折不挠、勇往直前。要有探索真知、求真务实的态度，在立足本职的创新创造中不断积累经验、取得成果。

第四，广大青年一定要矢志艰苦奋斗。

广大青年要牢记"空谈误国、实干兴邦"，立足本职、埋头苦干，从自身做起，从点滴做起，用勤劳的双手、一流的业绩成就属于自己的人生精彩。要不怕困难、攻坚克难，勇于到条件艰苦的基层、国家建设的一线、项目攻关的前沿，经受锻炼，增长才干。要勇于创业、敢闯敢干，努力在改革开放中闯新路、创新业，不断开辟事业发展新天地。

第五，广大青年一定要锤炼高尚品格。

广大青年要把正确的道德认知、自觉的道德养成、积极的道德实践紧密结合起来，自觉树立和践行社会主义核心价值观，带头倡导良好社会风气。要加强思想道德修养，自觉弘扬爱国主义、集体主义、社会主义思想，积极倡导社会公德、职业道德、家庭美德。要牢记"从善如登，从恶如崩"的道理，始终保持积极的人生态度、良好的道德品质、健康的生活情趣。要倡导社会文明新风，带头学雷锋，积极参加志愿服务，主动承担社会责任，热诚关爱他人，多做扶贫济困、扶弱助残的实事好事，以实际行动促进社会进步。

四、重要意义

1. 习近平总书记的重要讲话，思想深刻，内涵丰富，语重心长，情真意切，寄托了党对青年一代的殷切期望，体现了党对青年的高度重视，深刻揭示了实现民族伟大复兴的中国梦与当代青年的密切联系，是指导广大青年为实现中国梦而努力奋斗的纲领性文献。

2. 讲话充分肯定了我国青年在革命、建设、改革各个历史时期作出的突出贡献，强调青年在实现中国梦中的重要地位，为广大青年认识实现中国梦是当代青年运动的时代主题，勇敢的担负起实现中国梦的重任起到了巨大的鼓舞作用。

3. 讲话深刻的论述了正确处理"我的梦"与"中国梦"的关系，并对广大青年提出"一定要坚定理想信念、练就过硬本领、勇于创新创造、矢志艰苦奋斗、锤炼高尚品格的五点希望"，为当代青年在实现中国梦的实践中放飞青春的梦想指明了努力方向和提供了基本途径。

第二十一章

Chapter 21

习近平：青年要自觉践行社会主义核心价值观
——在北京大学师生座谈会上的讲话（2014年5月4日）

一、原文

各位同学，各位老师，同志们：

今天是五四青年节，很高兴来到北京大学同大家见面，共同纪念五四运动95周年。首先，我代表党中央，向北京大学全体师生员工，向全国各族青年，致以节日的问候！向全国广大教育工作者和青年工作者，致以崇高的敬意！

刚才，朱善璐同志汇报了学校工作情况，几位同学、青年教师分别作了发言，大家讲得都很好，听后很受启发。这是我到中央工作以后第五次到北大，每次来都有新的体会。在洋溢着青春活力的校园里一路走来，触景生情，颇多感慨。我感到，当代大学生是可爱、可信、可贵、可为的。

五四运动形成了爱国、进步、民主、科学的五四精神，拉开了中国新民主主义革命的序幕，促进了马克思主义在中国的传播，推动了中国共产党的建立。五四运动以来，在中国共产党领导下，一代又一代有志青年"以青春之我，创建青春之家庭，青春之国家，青春之民族，青春之人类，青春之地球，青春之宇宙"，在救亡图存、振兴中华的历史洪流中谱写了一曲曲感天动地的青春乐章。

北京大学是新文化运动的中心和五四运动的策源地，是这段光荣历史的见证者。长期以来，北京大学广大师生始终与祖国和人民共命运、与时代和社会同前进，在各条战线上为我国革命、建设、改革事业作出了重要贡献。

党的十八大提出了"两个一百年"奋斗目标。我说过，现在，我们比历史上任何时期都更接近实现中华民族伟大复兴的目标，比历史上任何时期都更有信心、更有能力实现这个目标。

行百里者半九十。距离实现中华民族伟大复兴的目标越近，我们越不能懈怠、越要加倍努力，越要动员广大青年为之奋斗。

光阴荏苒，物换星移。时间之河川流不息，每一代青年都有自己的际遇和机缘，都要在自己所处的时代条件下谋划人生、创造历史。青年是标志时代的最灵敏的晴雨表，时代的责任赋予青年，时代的光荣属于青年。

广大青年对五四运动的最好纪念，就是在党的领导下，勇做走在时代前列的奋进者、开拓者、奉献者，以执着的信念、优良的品德、丰富的知识、过硬的本领，同全国各族人民一道，担负起历史重任，让五四精神放射出更加夺目的时代光芒。

同学们、老师们！

大学是一个研究学问、探索真理的地方，借此机会，我想就社会主义核心价值观问题，同各位同学和老师交流交流想法。

我想讲这个问题，是从弘扬五四精神联想到的。五四精神体现了中国人民和中华民族近代以来追求的先进价值观。爱国、进步、民主、科学，都是我们今天依然应该坚守和践行的核心价值，不仅广大青年要坚守和践行，全社会都要坚守和践行。

人类社会发展的历史表明，对一个民族、一个国家来说，最持久、最深层的力量是全社会共同认可的核心价值观。核心价值观，承载着一个民族、一个国家的精神追求，体现着一个社会评判是非曲直的价值标准。

古人说："大学之道，在明明德，在亲民，在止于至善。"核心价值观，其实就是一种德，既是个人的德，也是一种大德，就是国家的德、社会的德。国无德不兴，人无德不立。如果一个民族、一个国家没有共同的核心价值观，莫衷一是，行无依归，那这个民族、这个国家就无法前进。这样的情形，在我国历史上，在当今世界上，都屡见不鲜。

我国是一个有着13亿多人口、56个民族的大国，确立反映全国各族人民共同认同的价值观"最大公约数"，使全体人民同心同德、团结奋进，关乎国家前途命运，关乎人民幸福安康。

每个时代都有每个时代的精神，每个时代都有每个时代的价值观念。国有四维，礼义廉耻，"四维不张，国乃灭亡。"这是中国先人对当时核心价值观的认识。在当代中国，我们的民族、我们的国家应该坚守什么样的核心价值观？这个问题，是一个理论问题，也是一个实践问题。经过反复征求意见，综合各方面认识，我们提出要倡导富强、民主、文明、和谐，倡导自由、平等、公正、法治，倡导爱国、敬业、诚信、友善，积极培育和践行社会主义核心价值观。富强、民主、文明、和谐是国家层面的价值要求，自由、平等、公正、法治是社会层面的价值要求，爱国、敬业、诚信、友善是公民层面的价值要求。这个概括，实际上回答了我们要建设什么样的国家、建设什么样的社会、培育什么样的公民的重大问题。

中国古代历来讲格物致知、诚意正心、修身齐家、治国平天下。从某种角度看，格物致知、诚意正心、修身是个人层面的要求，齐家是社会层面的要求，治国平天下是国家层面的要求。我们提出的社会主义核心价值观，把涉及国家、社会、公民的价值要求融为一体，既体现了社会

第二十一章 习近平：青年要自觉践行社会主义核心价值观

主义本质要求，继承了中华优秀传统文化，也吸收了世界文明有益成果，体现了时代精神。

富强、民主、文明、和谐，自由、平等、公正、法治，爱国、敬业、诚信、友善，传承着中国优秀传统文化的基因，寄托着近代以来中国人民上下求索、历经千辛万苦确立的理想和信念，也承载着我们每个人的美好愿景。我们要在全社会牢固树立社会主义核心价值观，全体人民一起努力，通过持之以恒的奋斗，把我们的国家建设得更加富强、更加民主、更加文明、更加和谐、更加美丽，让中华民族以更加自信、更加自强的姿态屹立于世界民族之林。

建设富强民主文明和谐的社会主义现代化国家，实现中华民族伟大复兴，是鸦片战争以来中国人民最伟大的梦想，是中华民族的最高利益和根本利益。今天，我们13亿多人的一切奋斗归根到底都是为了实现这一伟大目标。中国曾经是世界上的经济强国，后来在世界工业革命如火如荼、人类社会发生深刻变革的时期，中国丧失了与世界同进步的历史机遇，落到了被动挨打的境地。尤其是鸦片战争之后，中华民族更是陷入积贫积弱、任人宰割的悲惨状况。这段历史悲剧决不能重演！建设富强民主文明和谐的社会主义现代化国家，是我们的目标，也是我们的责任，是我们对中华民族的责任，对前人的责任，对后人的责任。我们要保持战略定力和坚定信念，坚定不移走自己的路，朝着自己的目标前进。

中国已经发展起来了，我们不认可"国强必霸"的逻辑，坚持走和平发展道路，但中华民族被外族任意欺凌的时代已经一去不复返了！为什么我们现在有这样的底气？就是因为我们的国家发展起来了。现在，中国的国际地位不断提高、国际影响力不断扩大，这是中国人民用自己的百年奋斗赢得的尊敬。想想近代以来中国丧权辱国、外国人在中国横行霸道的悲惨历史，真是形成了鲜明对照！

中华文明绵延数千年，有其独特的价值体系。中华优秀传统文化已经成为中华民族的基因，植根在中国人内心，潜移默化影响着中国人的思想方式和行为方式。今天，我们提倡和弘扬社会主义核心价值观，必须从中汲取丰富营养，否则就不会有生命力和影响力。比如，中华文化强调"民惟邦本"、"天人合一"、"和而不同"，强调"天行健，君子以自强不息"、"大道之行也，天下为公"；强调"天下兴亡，匹夫有责"，主张以德治国、以文化人；强调"君子喻于义"、"君子坦荡荡"、"君子义以为质"；强调"言必信，行必果"、"人而无信，不知其可也"；强调"德不孤，必有邻"、"仁者爱人"、"与人为善"、"己所不欲，勿施于人"、"出入相友，守望相助"、"老吾老以及人之老，幼吾幼以及人之幼"、"扶贫济困"、"不患寡而患不均"，等等。像这样的思想和理念，不论过去还是现在，都有其鲜明的民族特色，都有其永不褪色的时代价值。这些思想和理念，既随着时间推移和时代变迁而不断与时俱进，又有其自身的连续性和稳定性。我们生而为中国人，最根本的是我们有中国人的独特精神世界，有百姓日用而不觉的价值观。我们提倡的社会主义核心价值观，就充分体现了对中华优秀传统文化的传承和升华。

价值观是人类在认识、改造自然和社会的过程中产生与发挥作用的。不同民族、不同国家由于其自然条件和发展历程不同，产生和形成的核心价值观也各有特点。一个民族、一个国家的核心价值观必须同这个民族、这个国家的历史文化相契合，同这个民族、这个国家的人民正在进行的奋斗相结合,同这个民族、这个国家需要解决的时代问题相适应。世界上没有两片完全相同的树叶。一个民族、一个国家,必须知道自己是谁,是从哪里来的,要到哪里去,想明白了、想对了,就要坚定不移朝着目标前进。

去年12月26日,我在纪念毛泽东同志诞辰120周年座谈会上讲话时说:站立在960万平方公里的广袤土地上,吸吮着中华民族漫长奋斗积累的文化养分,拥有13亿中国人民聚合的磅礴之力,我们走自己的路,具有无比广阔的舞台,具有无比深厚的历史底蕴,具有无比强大的前进定力。中国人民应该有这个信心,每一个中国人都应该有这个信心。我们要虚心学习借鉴人类社会创造的一切文明成果,但我们不能数典忘祖,不能照抄照搬别国的发展模式,也绝不会接受任何外国颐指气使的说教。

我说这话的意思是,实现我们的发展目标,实现中国梦,必须增强道路自信、理论自信、制度自信,"千磨万击还坚劲,任尔东南西北风"。而这"三个自信"需要我们对核心价值观的认定作支撑。

我为什么要对青年讲讲社会主义核心价值观这个问题?是因为青年的价值取向决定了未来整个社会的价值取向,而青年又处在价值观形成和确立的时期,抓好这一时期的价值观养成十分重要。这就像穿衣服扣扣子一样,如果第一粒扣子扣错了,剩余的扣子都会扣错。人生的扣子从一开始就要扣好。"凿井者,起于三寸之坎,以就万仞之深。"青年要从现在做起、从自己做起,使社会主义核心价值观成为自己的基本遵循,并身体力行大力将其推广到全社会去。

广大青年树立和培育社会主义核心价值观,要在以下几点上下功夫。

一是要勤学,下得苦功夫,求得真学问。知识是树立核心价值观的重要基础。古希腊哲学家说,知识即美德。我国古人说:"非学无以广才,非志无以成学"大学的青春时光,人生只有一次,应该好好珍惜。为学之要贵在勤奋、贵在钻研、贵在有恒。鲁迅先生说过:"哪里有天才,我是把别人喝咖啡的工夫都用在工作上的。"大学阶段,"恰同学少年,风华正茂",有老师指点,有同学切磋,有浩瀚的书籍引路,可以心无旁骛求知问学。此时不努力,更待何时?要勤于学习,敏于求知,注重把所学知识内化于心,形成自己的见解,既要专攻博览,又要关心国家、关心人民、关心世界,学会担当社会责任。

二是要修德,加强道德修养,注重道德实践。"德者,本也。"蔡元培先生说过:"若无德,则虽体魄智力发达,适足助其为恶。"道德之于个人、之于社会,都具有基础性意义,做人做事第一位的是崇德修身。这就是我们的用人标准为什么是德才兼备、以德为先,因为德是首要、是方向,一个人只有明大德、守公德、严私德,其才方能用得其所。修德,既要立意高远,又要立足平实。要立志报效祖国、服务人民,这是大德,养大德者方可成大业。同时,还得从做好小事、管好小节开始起步,"见善则迁,有过则改",踏踏实实修好公德、私德,学会劳动、学会勤俭,学会感恩、学会助人、学会谦让、学会宽容,学会自省、学会自律。

三是要明辨,善于明辨是非,善于决断选择。"学而不思则罔,思而不学则殆。"是非明,方向清,路子正,人们付出的辛劳才能结出果实。面对世界的深刻复杂变化,面对信息时代各种思潮的相互激荡，面对纷繁多变、鱼龙混杂、泥沙俱下的社会现象，面对学业、情感、职业选择等多方面的考量，一时有些疑惑、彷徨、失落，是正常的人生经历。关键是要学会思考、善于分析、正确抉择，做到稳重自持、从容自信、坚定自励。要树立正确的世界观、人生观、价值观，掌握了这把总钥匙，再来看看社会万象、人生历程，一切是非、正误、主次，一切真假、善恶、美丑，自然就洞若观火、清澈明了，自然就能作出正确判断、作出正确选择。正所谓"千淘万漉虽辛苦，吹尽狂沙始到金"。

四是要笃实，扎扎实实干事，踏踏实实做人。道不可坐论，德不能空谈。于实处用力，从知行合一上下功夫，核心价值观才能内化为人们的精神追求，外化为人们的自觉行动。《礼记》中说："博学之，审问之，慎思之，明辨之，笃行之。"有人说："圣人是肯做工夫的庸人，庸人是不肯做工夫的圣人。"青年有着大好机遇，关键是要迈稳步子、夯实根基、久久为功。心浮气躁，朝三暮四，学一门丢一门，干一行弃一行，无论为学还是创业，都是最忌讳的。"天下难事，必作于易；天下大事，必作于细。"成功的背后，永远是艰辛努力。青年要把艰苦环境作为磨炼自己的机遇，把小事当作大事干，一步一个脚印往前走。滴水可以穿石。只要坚韧不拔、百折不挠，成功就一定在前方等你。

核心价值观的养成绝非一日之功，要坚持由易到难、由近及远，努力把核心价值观的要求变成日常的行为准则，进而形成自觉奉行的信念理念。不要顺利的时候，看山是山、看水是水，一遇挫折，就怀疑动摇，看山不是山、看水不是水了。无论什么时候，我们都要坚守在中国大地上形成和发展起来的社会主义核心价值观，在时代大潮中建功立业，成就自己的宝贵人生。

同学们、老师们！

党中央作出了建设世界一流大学的战略决策，我们要朝着这个目标坚定不移前进。办好中国的世界一流大学，必须有中国特色。没有特色，跟在他人后面亦步亦趋，依样画葫芦，是不可能办成功的。这里可以套用一句话，越是民族的越是世界的。世界上不会有第二个哈佛、牛津、斯坦福、麻省理工、剑桥，但会有第一个北大、清华、浙大、复旦、南大等中国著名学府。我们要认真吸收世界上先进的办学治学经验，更要遵循教育规律，扎根中国大地办大学。

鲁迅先生说："北大是常为新的，改进的运动的先锋，要使中国向着好的，往上的道路走。"党的十八届三中全会吹响了全面深化改革的号角，也对深化我国高等教育改革提出了明确要求。现在，关键是把蓝图一步步变为现实。全国高等院校要走在教育改革前列，紧紧围绕立德树人的根本任务，加快构建充满活力、富有效率、更加开放、有利于学校科学发展的体制机制，当好教育改革排头兵。我也希望北京大学通过埋头苦干和改革创新，早日实现几代北大人创建世界一流大学的梦想。

教师承担着最庄严、最神圣的使命。梅贻琦先生说："所谓大学者，非谓有大楼之谓也，有大师之谓也。"我体会，这样的大师，既是学问之师，又是品行之师。教师要时刻铭记教书育人的使命，甘当人梯，甘当铺路石，以人格魅力引导学生心灵，以学术造诣开启学生的智慧之门。

各级党委和政府要高度重视高校工作，始终关心和爱护学生成长，为他们放飞青春梦想、实现人生出彩搭建舞台。要全面深化改革,营造公平公正的社会环境,促进社会流动,不断激发广大青年的活力和创造力。要强化就业创业服务体系建设,支持帮助学生们迈好走向社会的第一步。各级领导干部要经常到学生们中去、同他们交朋友,听取他们的意见和建议。

现在在高校学习的大学生都是20岁左右,到2020年全面建成小康社会时,很多人还不到30岁;到本世纪中叶基本实现现代化时,很多人还不到60岁。也就是说,实现"两个一百年"奋斗目标,你们和千千万万青年将全过程参与。有信念、有梦想、有奋斗、有奉献的人生,才是有意义的人生。当代青年建功立业的舞台空前广阔、梦想成真的前景空前光明,希望大家努力在实现中国梦的伟大实践中创造自己的精彩人生。

我相信,当代中国青年一定能够担当起党和人民赋予的历史重任,在激扬青春、开拓人生、奉献社会的进程中书写无愧于时代的壮丽篇章!

二、讲话背景

2014年5月4日是第95个五四青年节,也是北大116周年校庆纪念日,中共中央总书记、国家主席、中央军委主席习近平来到北京大学,代表党中央向全国各族青年致以节日问候,向全国广大教育工作者和青年工作者致以崇高敬意。习近平考察了人文学苑、生物动态光学成像中心,参加了纪念五四诗会,并同师生代表进行了座谈。在座谈会上,习近平听取了学校领导和师生代表的发言后,发表了这篇重要讲话。

三、主要内容

(一)论述了培育和践行社会主义核心价值观的重大意义。

讲话指出:"人类社会发展的历史表明,对一个民族、一个国家来说,最持久、最深层的力量是全社会共同认可的核心价值观。核心价值观,承载着一个民族、一个国家的精神追求,体现着一个社会评判是非曲直的价值标准。"

"核心价值观,其实就是一种德,既是个人的德,也是一种大德,就是国家的德、社会的德。国无德不兴,人无德不立。如果一个民族、一个国家没有共同的核心价值观,莫衷一是,行无依归,那这个民族、这个国家就无法前进。"

"我国是一个有着13亿多人口、56个民族的大国,确立反映全国各族人民共同认同的价值观'最大公约数',使全体人民同心同德、团结奋进,关乎国家前途命运,关乎人民幸福安康。"

(二)阐述了社会主义核心价值观的丰富内涵和基本特征

讲话阐述了社会主义核心价值观的丰富内涵,指出:"每个时代都有每个时代的精神,每个时代都有每个时代的价值观念。在当代中国,我们的民族、我们的国家应该坚守什么样的核心价值观?这个问题,是一个理论问题,也是一个实践问题。经过反复征求意见,综合各方面认识,我们提出要倡导富强、民主、文明、和谐,倡导自由、平等、公正、法治,倡导爱国、敬业、诚信、友善,积极培育和践行社会主义核心价值观。富强、民主、文明、和谐是国家层面的价值要求,自由、平等、公正、法治是社会层面的价值要求,爱国、敬业、诚信、友善是公民层面的价值要求。这个概括,实际上回答了我们要建设什么样的国家、建设什么样的社会、培育什么样的公民的重大问题。"

讲话论述了社会主义核心价值观的基本特征,指出:"每个时代都有每个时代的精神,每个时代都有每个时代的价值观念。一个民族、一个国家的核心价值观必须同这个民族、这个国家的历史文化相契合,同这个民族、这个国家的人民正在进行的奋斗相结合,同这个民族、这个国家需要解决的时代问题相适应。""我们提出的社会主义核心价值观,把涉及国家、社会、公民的价值要求融为一体,既体现了社会主义本质要求,继承了中华优秀传统文化,也吸收了世界文明有益成果,体现了时代精神。"

(三)强调青年要自觉践行社会主义核心价值观及践行社会主义核心价值观的基本要求

讲话指出:"我为什么要对青年讲讲社会主义核心价值观这个问题?是因为青年的价值取向决定了未来整个社会的价值取向,而青年又处在价值观形成和确立的时期,抓好这一时期的价值观养成十分重要。这就像穿衣服扣扣子一样,如果第一粒扣子扣错了,剩余的扣子都会扣错。人生的扣子从一开始就要扣好。"凿井者,起于三寸之坎,以就万仞之深。"青年要从现在做起、从自己做起,使社会主义核心价值观成为自己的基本遵循,并身体力行大力将其推广到全社会去。"

"广大青年树立和培育社会主义核心价值观,要在以下几点上下功夫。

一是要勤学,下得苦功夫,求得真学问。二是要修德,加强道德修养,注重道德实践。三是要明辨,善于明辨是非,善于决断选择。四是要笃实,扎扎实实干事,踏踏实实做人。"

"核心价值观的养成绝非一日之功,要坚持由易到难、由近及远,努力把核心价值观的要求变成日常的行为准则,进而形成自觉奉行的信念理念。"

(四)指出培育和弘扬社会主义核心价值观的实现路径

一要与传承五四精神紧密结合起来。讲话指出:"北京大学是新文化运动的中心和五四运动的策源地,是这段光荣历史的见证者。"北京大学是最早在中国传播马克思主义和民主科学思想的基地,是中国共产党的早期活动基地,始终与国家和民族同呼吸、共命运,形成了爱国主义传统,传播和发展马克思主义的传统,紧跟党走的传统,与工农结合、服务人民的传统,民主与科学的传统,勇于担当的传统。这些光荣传统和五四精神同根同源。爱国、进步、民主、科学的五四精神,体现了中国人民和中华民族近代以来追求的先进价值观,是我们今天依然应该坚守和践行的核心价值。

二要立足中华优秀传统文化的传承。讲话指出:"中华文明绵延数千年,有其独特的价值体系。中华优秀传统文化已经成为中华民族的基因,植根在中国人内心,潜移默化影响着中国人的思想方式和行为方式。今天,我们提倡和弘扬社会主义核心价值观,必须从中汲取丰富营养,否则就不会有生命力和影响力。"

四、重要意义

1. 讲话以培育和践行社会主义核心价值观为主题,深刻回答了在当代中国我们的民族、我们的国家应该坚守什么样的核心价值观,为什么要自觉践行以及如何培育和践行社会主义核心价值观等重大命题;对践行社会主义核心价值观的重要意义、丰富内涵、历史渊源、发展脉络、基本要求进行了全面深刻的阐发,是新时期自觉践行社会主义核心价值观的纲领性文献。

2. 讲话寄托着党对青年一代的殷切期望,深刻论述了青年要自觉践行社会主义核心价值观的重大意义,对广大青年如何树立和培育社会主义核心价值观提出了四个方面的基本要求,指明了当代青年践行社会主义核心价值观的时代责任和努力方向,是指引青年学生健康成长、建功立业的行动指南。

3. 讲话深刻阐释五四精神的当代价值和社会主义核心价值观的民族特征与时代特征,为我们践行社会主义核心价值观如何与传承五四精神、如何立足中华优秀传统文化的传承紧密结合指明了方向。

第二十二章
Chapter 22

在庆祝清华大学建校100周年大会上的讲话(2011年4月24日)*

一、原文

老师们,同学们,同志们,朋友们:

4月的北京,春风送暖。在这个美好的时节,我们在这里隆重集会,庆祝清华大学建校100周年。首先,我代表党中央、国务院,向清华大学全体师生员工和广大校友,表示衷心的祝贺!向参加庆祝活动的海内外嘉宾,表示热烈的欢迎!向全国高等学校的师生员工和广大教育工作者,致以诚挚的问候!

100年前,在中华民族内忧外患、风雨飘摇的历史背景下,清华大学的前身清华学堂建立了。那个时代,外国列强的侵略欺凌,封建统治的腐败黑暗,使我们的祖国和人民蒙受了水深火热的苦难。中国人民和大批仁人志士在苦难中觉醒、在压迫下奋起,决心改变民族积贫积弱的命运和人民苦不聊生的状况。也就是在这一年,中国爆发了震惊世界的辛亥革命,为中国进步打开了闸门,推动全民族更加自觉地走上了振兴中华的奋斗历程。

90年前,在中国人民改变民族命运如火如荼的斗争中,中国共产党应运而生。90年来,中国共产党团结带领全国各族人民前仆后继、顽强拼搏,经过长期浴血奋战和艰苦奋斗,建立了新中国,进行了社会主义革命和建设,实行了改革开放,成功开辟了中国特色社会主义道路,为中华民族伟大复兴打开了前所未有的光明前景。

---

*本文是胡锦涛同志在庆祝清华大学建校100周年大会上发表的重要讲话。

建校以来，广大清华师生始终与民族共命运、与时代同步伐，形成了优良文化传统和光荣革命传统，在中国人民为实现中华民族伟大复兴而奋斗的史册上写下了自己的隽永篇章。

建校伊始，清华秉持科学救国理想，倡导"中西融会、古今贯通、文理渗透"，一批学界泰斗在清华园里潜心治学、精育良才，形成了名师荟萃、鸿儒辉映的盛况，很快发展成为我国最好的大学之一，填补了我国现代科技的诸多空白。抗日战争期间，清华同北大、南开一道，在极其艰苦的条件下，共创了西南联大的办学成就。梁启超、冯友兰、陈岱孙、费孝通、钱钟书、吴晗、曹禺、季羡林等一大批我国人文社会科学学术大师，叶企孙、茅以升、竺可桢、华罗庚、钱三强、钱学森、邓稼先、钱伟长等一大批我国自然科学学科和工程技术领域奠基人和开拓者，还有获得诺贝尔物理学奖的杨振宁、李政道，都是清华人中的佼佼者。广大清华师生始终满怀强烈的爱国情怀，积极投身"五四"运动，坚定走在"一二·九"运动等爱国民主运动前列，奋勇参加民族救亡和人民解放斗争，涌现出闻一多、朱自清等一大批革命先烈和民主志士，为新中国的诞生做出了重要贡献。

新中国成立以后，广大清华师生满怀豪情投身祖国教育、科研、建设事业，全面贯彻党的教育方针，实行教学科研生产三结合，坚持又红又专、全面发展的育人理念，重视因材施教、实践锻炼、能力培养，努力建设高水平的社会主义大学。清华大学创办了原子能、无线电等一批国家急需的新技术专业，积极参与"两弹一星"等重大工程，完成国徽、人民英雄纪念碑、密云水库等重要设计，成为我国培养高层次人才和发展先进科学技术的重要基地。我和很多同龄人在这一时期进入清华大学学习，清华园里蓬勃昂扬的青春理想、严谨勤奋的治学氛围、艰苦朴素的优良作风、生动活泼的文化生活深深熏陶了我们。当时，蒋南翔校长富有创造性的教育思想，刘仙洲、梁思成、马约翰、张光斗等大家名师执教讲坛、垂范学子的风采，令我们受益匪浅、终生难忘。

改革开放以来，广大清华师生牢记科教兴国、人才强国的使命，主动适应社会需求，深入进行教育改革，加快建设综合性、研究型、开放式的一流大学，清华大学办学总体实力大为增强，人才培养质量、学术研究水平、社会服务能力不断提高。清华大学坚持以人才培养为根本任务，强化厚基础、重实践、求创新的育人特色，大力培养高素质、高层次、多样化、创新型的人才，广大毕业生踊跃到国家重点行业和基层施展才干。清华大学紧紧围绕改革开放和社会主义现代化建设的战略需要开展科研，取得高温气冷堆等一大批先进科技成果和优秀人文社会科学成果，社会影响和国际声誉不断提升，在创建世界一流大学的征程上迈出重大步伐、取得显著成绩。

水木清华，钟灵毓秀。在一个世纪的发展历程中，清华秉承"爱国奉献、追求卓越"的传统，恪守"自强不息、厚德载物"的校训，弘扬"行胜于言"的校风，培养了17万名优秀人才，涌现出一大批学术大师、兴业英才、治国栋梁。在国家表彰的23位"两弹一星"勋章获得者中有14位是清华校友，460位清华校友当选中国科学院院士和中国工程院院士。100年来，一代又一代清华人在革命、建设、改革中顽强拼搏、真诚奉献，为祖国、为人民、为民族建立了突出功绩。

　　清华百年历史又一次表明，坚持解放思想、实事求是、与时俱进，坚持以实现国家富强、民族振兴、人类进步为己任，坚持正确办学方向，坚持以人为本，遵循高等教育规律，全面实施素质教育，不断推进改革创新，我们的大学就能获得事业发展的强大动力，就能源源不断培养出德才兼备的优秀人才。

老师们、同学们、同志们、朋友们！

　　当今世界正处在大发展大变革大调整时期。世界多极化、经济全球化深入发展，世界经济格局发生新变化，综合国力竞争和各种力量较量更趋激烈，世界范围内生产力、生产方式、生活方式、经济社会发展格局正在发生深刻变革。特别是创新成为经济社会发展的主要驱动力，知识创新成为国家竞争力的核心要素。在这种大背景下，各国为掌握国际竞争主动，纷纷把深度开发人力资源、实现创新驱动发展作为战略选择。

　　对我国来说，当前和今后一个时期是全面建设小康社会的关键时期，是深化改革开放、加快转变经济发展方式的攻坚时期。综合判断国际国内形势，我国发展仍处于可以大有作为的重要战略机遇期，既面临难得的历史机遇，也面对诸多可以预见和难以预见的风险挑战。我们既要充分认识我国发展取得的举世瞩目的伟大成就，也要清醒地看到，我国仍处于并将长期处于社会主义初级阶段的基本国情没有变，我国仍是世界上最大的发展中国家，全面建成小康社会、基本实现现代化依然任重道远。我们决不能骄傲自满、故步自封，必须谦虚谨慎、埋头苦干，更加奋发有为地推进改革开放和社会主义现代化建设，继续在中国特色社会主义道路上向着中华民族伟大复兴的光辉目标奋勇前进。

　　推动经济社会又好又快发展，实现中华民族伟大复兴，科技是关键，人才是核心，教育是基础。我们必须深入实施科教兴国战略和人才强国战略，全面贯彻落实国家中长期教育改革和发展规划纲要，加快从教育大国向教育强国迈进。高等教育作为科技第一生产力和人才第一资源的重要结合点，在国家发展中具有十分重要的地位和作用。新中国成立60多年特别是改革开放30多年来，我国建成了世界上规模最大的高等教育体系，培养了数以亿计的高层次专门人才和高技能人才，取得了一批具有世界先进水平的科研成果。同时，从总体上看，我国高等教育还不完全适应经济社会发展和人民群众接受良好教育的要求，同国际先进水平相比还有明显差距。不断提高质量，是高等教育的生命线，必须始终贯穿高等学校人才培养、科学研究、社会服务、文化传承创新各项工作之中。我们必须适应实现经济社会又好又快发展、促进人的全面发展、推动社会和谐进步的要求，坚持走内涵式发展道路，借鉴国际先进理念和经验，全面提高高等教育质量，不断为社会主义现代化建设提供强有力的人才保证和智力支撑。

　　——全面提高高等教育质量，必须大力提升人才培养水平。高等教育的根本任务是人才培养。要坚持把促进学生健康成长作为学校一切工作的出发点和落脚点，全面贯彻党的教育方针，坚持育人为本、德育为先、能力为重、全面发展，着力增强学生服务国家服务人民的社会责任感、勇于探索的创新精神、善于解决问题的实践能力，努力培养德智体美全面发展的社会主义建设者和接班人。要注重更新教育观念,把促进人的全面发展和适应社会需要作为衡量人才培养水平的根本标准,树立多样化人才观念和人人成才观念,树立终身学习和系统培养观念,造就信念执著、品德优良、知识丰富、本领过硬的高素质人才。要注重培养拔尖创新人才,积极营造鼓励独立思考、自由探索、勇于创新的良好环境,使学生创新智慧竞相迸发,努力为培养造就更多新知识的创造者、新技术的发明者、新学科的创建者做出积极贡献。

——全面提高高等教育质量,必须大力增强科学研究能力。高等学校特别是研究型大学,既是高层次创新人才培养的重要基地,又是基础研究和高技术领域创新成果的重要源泉。要积极适应经济社会发展重大需求,开展国家急需的战略性研究、探索科学技术尖端领域的前瞻性研究、涉及国计民生重大问题的公益性研究。要积极提升原始创新、集成创新和引进消化吸收再创新能力,瞄准国际前沿,加强基础研究,推动学科融合,培育新兴学科,建设重大创新平台和创新团队,以高水平科学研究支撑高质量高等教育。要积极推动协同创新,通过体制机制创新和政策项目引导,鼓励高校同科研机构、企业开展深度合作,建立协同创新的战略联盟,促进资源共享,联合开展重大科研项目攻关,在关键领域取得实质性成果,努力为建设创新型国家做出积极贡献。

——全面提高高等教育质量,必须大力服务经济社会发展。要紧紧围绕科学发展这个主题、加快转变经济发展方式这条主线,不断增强服务经济社会发展能力。要自觉参与推动战略性新兴产业加快发展,促进产学研紧密融合,加快科技成果转化和产业化步伐,着力推动"中国制造"向"中国创造"转变。要自觉参与推动区域协调发展,积极参与推进西部大开发、振兴东北地区等老工业基地、促进中部地区崛起、支持东部地区率先发展的进程,以服务和贡献开辟自身发展新空间。要自觉参与推动学习型社会建设,适应全民学习、终身学习的时代需要,加快发展继续教育,广泛开展科学普及,为社会提供形式多样的教育服务,深入开展政策研究,积极发挥思想库和智囊团作用,努力为党和国家科学决策、民主决策做出积极贡献。

——全面提高高等教育质量,必须大力推进文化传承创新。高等教育是优秀文化传承的重要载体和思想文化创新的重要源泉。要积极发挥文化育人作用,加强社会主义核心价值体系建设,掌握前人积累的文化成果,扬弃旧义,创立新知,并传播到社会、延续至后代,不断培育崇尚科学、追求真理的思想观念,推动社会主义先进文化建设。要积极开展对外文化交流,增进对国外文化科技发展趋势和最新成果的了解,展示当代中国高等教育风采,增强我国文化软实力和中华文化国际影响力,努力为推动人类文明进步做出积极贡献。

总之,我国高等学校要把提高质量作为教育改革发展最核心最紧迫的任务,完善中国特色现代大学制度,加强领导班子建设,创新教育教学方法,强化实践教学环节,形成人才培养新优势,努力出名师、育英才、创一流。各级政府要加大财政投入,引导更多社会资源支持教育,形成优先发展教育的良好社会环境,让所有受教育者学有所教、学有所成、学有所用。

建设若干所世界一流大学和一批高水平大学,是我们建设人才强国和创新型国家的重大战略举措。要以重点学科建设为基础,以体制机制改革为重点,以创新能力提高为突破,加大支持力度，健全长效机制，鼓励重点建设高校成为知识创新的策源地、深化教育改革的试验田、扩大开放的桥头堡。清华大学作为国家重点支持的大学，要坚持"中国特色，世界一流"的发展道路，改革创新，奋勇争先，在加快建设世界一流大学的进程中取得新的更大的成就。

老师们、同学们、同志们、朋友们！

青年是民族的希望、国家的未来，青年学生是国家的宝贵人才资源。党和人民对包括广大青年学生在内的全国青年寄予厚望。在这里，我想给清华大学的同学们和全国青年学生提3点希望。

第一，希望同学们把文化知识学习和思想品德修养紧密结合起来。青年人朝气蓬勃，善于接受新事物，正处于学习的黄金时期，应该珍惜美好青春年华，以只争朝夕的精神，刻苦学习科学文化知识，认真学习中华优秀文化和人类文明成果，夯实理论功底，提高专业素养，努力用人类创造的一切文明成果丰富自己。同时，要积极加强自身思想品德修养，认真学习中国特色社会主义理论体系，牢固树立正确的世界观、人生观、价值观，胸怀远大理想，陶冶高尚情操，培育科学精神，立为国奉献之志，立为民服务之志，牢牢把握人生正确航向，把个人成长成才融入祖国和人民的伟大事业之中，以实际行动创造无愧于人民、无愧于时代的业绩，谱写壮丽的青春乐章。

第二，希望同学们把创新思维和社会实践紧密结合起来。科学理论、创新思维来自于实践，又服务于实践。同学们要做到勤于学习、善于思考、勇于探索、敏于创新，激发求知欲和好奇心，在打好知识根基的前提下，提高创新思维能力，不断认识和掌握真理。同时，要坚持理论联系实际，积极投身社会实践，在基层一线砥砺品质，在同人民群众的密切联系中锤炼作风，在实践中发现新知、运用真知，在解决实际问题的过程中增长才干，不断提高实践能力、创新创业能力，切实掌握建设国家、服务人民的过硬本领，为走上社会、成就事业打下坚实基础。

第三，希望同学们把全面发展和个性发展紧密结合起来。全面发展和个性发展相辅相成。同学们要坚持德才兼备、全面发展的基本要求，在发展个人兴趣专长和开发优势潜能的过程中，在正确处理个人、集体、社会关系的基础上保持个性、彰显本色，实现思想成长、学业进步、身心健康有机结合，在德智体美相互促进、有机融合中实现全面发展，努力成为可堪大用、能负重任的栋梁之材。

教育大计，教师为本。广大教师和教育工作者是推动教育事业科学发展的生力军。广大高校教师要切实肩负起立德树人、教书育人的光荣职责，关爱学生，严谨笃学，淡泊名利，自尊自律，加强师德建设，弘扬优良教风，提高业务水平，以高尚师德、人格魅力、学识风范教育感染学生，做学生健康成长的指导者和引路人。要把加强教师队伍建设作为教育事业发展最重要的基础工作来抓，充分信任、紧紧依靠广大教师，提升教师素质，提高教师地位，改善教师待遇，关心教师健康，形成更加浓厚的尊师重教社会风尚，使教师成为最受社会尊重的职业，努力造就一支师德高尚、业务精湛、结构合理、充满活力的高素质专业化教师队伍。

老师们、同学们、同志们、朋友们！

海阔凭鱼跃，天高任鸟飞。全面建设小康社会，建设社会主义现代化国家，实现中华民族伟大复兴，为我国广大有志青年提供了创造精彩人生的广阔舞台。生长在我们这样一个伟大时代，我国青年一代应该大有作为，也必将大有作为。让我们紧紧携起手来，志存高远，脚踏实地，共同为我们伟大祖国、伟大民族更加美好的明天奋斗、奋斗、再奋斗！

二、演讲背景

2011年4月24日，百年沧桑自强不息，世纪华章厚德载物的清华大学在经历了一个世纪的风风雨雨后，迎来了自己的百年华诞。党和国家领导人，中央和国家机关有关部门同志，北京市和其他省市负责同志，国内外知名学者代表，国内外著名大学校长代表，对清华大学发展做出重要贡献的来宾代表，台湾新竹清华大学代表团，清华大学校友代表和师生代表等，共8 000多人欢聚北京人民大会堂举行了盛大的庆典。会上，中共中央总书记、国家主席胡锦涛发表了这篇热情洋溢的讲话。

三、主要内容

（一）回顾了清华大学建校100年来的发展历程，对清华大学一个世纪的办学成就给予高度评价

讲话指出，100年前，在中华民族内忧外患、风雨飘摇的历史背景下，清华大学的前身清华学堂建立了。建校以来，广大清华师生始终与民族共命运、与时代同步伐，形成了优良的文化传统和光荣革命传统，在中国人民为实现中华民族伟大复兴而奋斗的史册上写下了自己的隽永篇章。在一个世纪的发展历程中，清华大学秉承"爱国奉献、追求卓越"的传统，恪守"自强不息、厚德载物"的校训，弘扬"行胜于言"的校风，培养了17万名优秀人才，涌现出一大批学术大师、兴业英才和治国栋梁。100年来，一代又一代清华人在革命、建设、改革中顽强拼搏、真诚奉献，为祖国、为人民、为民族建立了突出功绩。改革开放以来，清华大学办学总体实力大为增强，人才培养质量、学术研究水平、社会服务能力不断提高，社会影响和国际声誉不断提升，在创建世界一流大学的征程上迈出重大步伐，取得了显著成绩。

（二）强调必须把高等教育发展的重点放在提高质量上来，阐明了全面提高高等教育质量的内在要求

讲话在对当前国际国内形势和高等教育时代使命深刻分析基础上，对我国高等教育发展所处方位做出了科学判断，强调了必须把高等教育发展的重点放在提高质量上来。指出，高等教育作为科技第一生产力和人才第一资源的重要结合点，在国家发展中具有十分重要的地位和作用。新中国成立60多年特别是改革开放30多年来，我国建成了世界上规模最大的高等教育体系，培养了数以亿计的高层次专门人才和高技能人才，取得了一批具有世界先进水平的科研成果。同时,从总体上看,我国高等教育还不完全适应经济社会发展和人民群众接受良好教育的要求,同国际先进水平相比还有明显差距。不断提高质量,是高等教育的生命线,必须始终贯穿高等学校人才培养、科学研究、社会服务、文化传承创新各项工作之中。我们必须适应实现经济社会又好又快发展、促进人的全面发展、推动社会和谐进步的要求,坚持走内涵式发展道路,借鉴国际先进理念和经验,全面提高高等教育质量,不断为社会主义现代化建设提供强有力的人才保证和智力支撑。

讲话阐明了全面提高高等教育质量的四点内在要求:全面提高高等教育质量,必须大力提升人才培养水平,必须大力增强科学研究能力,必须大力服务经济社会发展,必须大力推进文化传承创新。同时指出,全面提高高等教育质量,要完善中国特色现代大学制度,加强领导班子建设,创新教育教学方法,强化实践教学环节,形成人才培养新优势,努力出名师、育英才、创一流。并把建设世界一流大学作为提高高等教育质量的重要举措。

(三)对广大青年提出的三点希望和要求

第一,希望同学们把文化知识学习和思想品德修养紧密结合起来。以只争朝夕的精神,刻苦学习科学文化知识,认真学习中华优秀文化和人类文明成果,夯实理论功底,提高专业素养,努力用人类创造的一切文明成果丰富自己。同时,要积极加强自身思想品德修养,认真学习中国特色社会主义理论体系,牢固树立正确的世界观、人生观、价值观,牢牢把握人生的正确航向,在建设国家、服务人民中实现人生价值。

第二,希望同学们把创新思维和社会实践紧密结合起来。要做到勤于学习、善于思考、勇于探索、敏于创新,激发求知欲和好奇心,在打好知识根基的前提下,提高创新思维能力,不断认识和掌握真理。同时,要坚持理论联系实际,积极投身社会实践,深刻把握当代青年成长的正确道路,在实践中和与人民群众结合中练就本领、增长才干。

第三,希望同学们把全面发展和个性发展紧密结合起来。深刻把握当代青年全面发展的本质要求,坚持德才兼备、全面发展。广大青年要把全面发展和个性发展结合起来,在发展个人兴趣专长和开发优势潜能的过程中,在正确处理个人、集体、社会关系的基础上,保持个性、彰显本色,在德智体美互相促进、有机融合中实现全面发展,努力成长为国家建设的栋梁之才。

四、重要意义

(1)讲话在对当前国际国内形势和高等教育时代使命深刻分析基础上,对我国高等教育发展所处方位做出了科学判断,第一次提出了"高等教育作为科技第一生产力和人才第一资源的重要结合点,在国家发展中具有十分重要的地位和作用"的重要论断;明确提出了推动我国高等教育改革发展的战略要求——必须把高等教育发展的重点放在提高质量上来,阐述了全面提高高等教育质量的内在要求,并把建设世界一流大学作为提高高等教育质量的重要举措。进一步回答了"办什么样的高等学校,怎样办好高等学校"这个根本问题,是指导我国教育事业特别是高等教育事业科学发展的纲领性文献。

(2)讲话对广大青年提出的三点希望,希望当代青年学生把文化知识学习和思想品德修养紧密结合起来,把创新思维和社会实践紧密结合起来,把全面发展和个性发展紧密结合起来,这"三个结合"是对青年知识分子成长道路的科学概括,既充分体现了党和人民对青年一代健康成长的一贯要求,又具有鲜明的时代性,为广大青年健康成长指明了正确方向。

# 第二十三章
Chapter 23

习近平关于"中国梦"的两篇讲话[*]

一、原文

2012年11月29日参观《复兴之路》展览过程中,习近平发表了重要讲话:

《复兴之路》这个展览,回顾了中华民族的昨天,展示了中华民族的今天,也宣示了中华民族的明天,观后感触良多,给人以深刻的教育和启示。中华民族的昨天,正可谓"雄关漫道真如铁"。我们这个民族近代以后遭受苦难之深重、付出牺牲之巨大,这在世界历史上都是罕见的。但是,中国人民从不屈服,不断地奋起抗争,我们也终于掌握了自己的命运,我们开始了安排自己国家的建设的伟大进程,这充分展示了以爱国主义为核心的伟大的民族精神。中华民族的今天,正可谓"人间正道是沧桑"。改革开放以来,总结历史经验,不断地艰辛探索,终于找到了一条实现中华民族伟大复兴的正确道路,这条道路就是中国特色社会主义。中华民族的明天,可以说就是"长风破浪会有时"。自1840年以来我们是持续奋斗,在中国大地上展现出了中华民族伟大复兴的光明前景。我们大家都能感到,我们现在比历史的任何时期都更加接近中华民族伟大复兴这个目标,我们现在比历史上任何时期都有信心、都有能力实现这个目标。

回首过去,我们全党的同志要牢记,落后就会挨打,发展才能自强。我们审视现在,全党同志都要牢记,道路决定命运,找到一条正确的道路是多么的不容易,我们必须坚定不移地走下

---

[*] 这是习近平同志于2012年11月29日参观《复兴之路》展览和2013年3月17日在第十二届全国人民代表大会第一次会议闭幕会上发表的两次关于"中国梦"的讲话。

去。我们展望未来,全党同志也必须牢记,把蓝图变成现实,我们还将走很长的路,我们必须为之付出长期艰苦的努力。

每个人都有理想和追求,我们说的每个人都有梦想。现在,大家也在讨论中国梦,何为中国梦?我以为,实现中华民族的伟大复兴,就是中华民族近代最伟大的一个梦。因为这个梦想,它是凝聚和寄托了几代中国人的这样一种夙愿,它体现了中华民族和中国人民的整体利益,它是每一个中华儿女的一种共同期盼。历史告诉我们,我们每一个人的个人的前途命运都是和这个国家的前途命运,都是和这个民族的前途命运密切关联。国家好,民族好,大家才会好。我们为实现中华民族的伟大复兴去奋斗的这个历史任务是光荣而艰巨的,是需要我们一代又一代的中国人不懈地为之共同努力。所以说空谈误国,实干兴邦。我们这一代的共产党人就是要继往开来、承前启后,建设好我们的党,团结全国各族人民,我们要把我们的国家建设好,要把我们的民族发展好,要继续坚定不移地朝着中华民族伟大复兴的这样一个历史目标奋勇前进。

我坚信,中国共产党成立100周年时,全面建成小康社会的目标一定能够实现,我坚信,中华人民共和国成立100周年之时,把我国建成富强、民主、文明、和谐的社会主义现代化国家的目标一定会实现,我更坚信中华民族伟大复兴的梦想一定会实现。

2013年3月17日,第十二届全国人民代表大会第一次会议在人民大会堂举行闭幕会,中华人民共和国主席习近平在会上发表重要讲话:

各位代表,这次大会选举我担任中华人民共和国主席,我对各位代表和全国各族人民的信任,表示衷心的感谢!

我深知,担任国家主席这一崇高职务,使命光荣,责任重大。我将忠实履行宪法赋予的职责,忠于祖国,忠于人民,恪尽职守,夙夜在公,为民服务,为国尽力,自觉接受人民监督,决不辜负各位代表和全国各族人民的信任和重托。

各位代表!中华人民共和国走过了光辉的历程。在以毛泽东同志为核心的党的第一代中央领导集体、以邓小平同志为核心的党的第二代中央领导集体、以江泽民同志为核心的党的第三代中央领导集体、以胡锦涛同志为总书记的党中央领导下,全国各族人民戮力同心、接力奋斗,战胜前进道路上的各种艰难险阻,取得了举世瞩目的辉煌成就。

今天,我们的人民共和国正以昂扬的姿态屹立在世界东方。

胡锦涛同志担任国家主席10年间,以丰富的政治智慧、高超的领导才能、勤勉的工作精神,为坚持和发展中国特色社会主义建立了卓越的功勋,赢得了全国各族人民忠心爱戴和国际社会普遍赞誉。我们向胡锦涛同志,表示衷心的感谢和崇高的敬意!

各位代表!中华民族具有5 000多年连绵不断的文明历史,创造了博大精深的中华文化,为人类文明进步做出了不可磨灭的贡献。经过几千年的沧桑岁月,把我国56个民族、13亿多人紧紧凝聚在一起的,是我们共同经历的非凡奋斗,是我们共同创造的美好家园,是我们共同培育的民族精神,而贯穿其中的、最重要的是我们共同坚守的理想信念。

实现全面建成小康社会、建成富强民主文明和谐的社会主义现代化国家的奋斗目标,实现中华民族伟大复兴的中国梦,就是要实现国家富强、民族振兴、人民幸福,既深深体现了今天中国人的理想,也深深反映了我们的先人们不懈奋斗追求进步的光荣传统。

面对浩浩荡荡的时代潮流,面对人民群众过上更好生活的殷切期待,我们不能有丝毫自满,不能有丝毫懈怠,必须再接再厉、一往无前,继续把中国特色社会主义事业推向前进,继续为实现中华民族伟大复兴的中国梦而努力奋斗。

实现中国梦必须走中国道路。这就是中国特色社会主义道路。这条道路来之不易,它是在改革开放30多年的伟大实践中走出来的,是在中华人民共和国成立60多年的持续探索中走出来的,是在对近代以来170多年中华民族发展历程的深刻总结中走出来的,是在对中华民族5 000多年悠久文明的传承中走出来的,具有深厚的历史渊源和广泛的现实基础。中华民族是具有非凡创造力的民族,我们创造了伟大的中华文明,我们也能够继续拓展和走好适合中国国情的发展道路。全国各族人民一定要增强对中国特色社会主义的理论自信、道路自信、制度自信,坚定不移沿着正确的中国道路奋勇前进。

实现中国梦必须弘扬中国精神。这就是以爱国主义为核心的民族精神,以改革创新为核心的时代精神。这种精神是凝心聚力的兴国之魂、强国之魄。爱国主义始终是把中华民族坚强团结在一起的精神力量,改革创新始终是鞭策我们在改革开放中与时俱进的精神力量。全国各族人民一定要弘扬伟大的民族精神和时代精神,不断增强团结一心的精神纽带、自强不息的精神动力,永远朝气蓬勃迈向未来。

实现中国梦必须凝聚中国力量。这就是中国各族人民大团结的力量。中国梦是民族的梦,也是每个中国人的梦。只要我们紧密团结,万众一心,为实现共同梦想而奋斗,实现梦想的力量就无比强大,我们每个人为实现自己梦想的努力就拥有广阔的空间。生活在我们伟大祖国和伟大时代的中国人民,共同享有人生出彩的机会,共同享有梦想成真的机会,共同享有同祖国和时代一起成长与进步的机会。有梦想,有机会,有奋斗,一切美好的东西都能够创造出来。全国各族人民一定要牢记使命,心往一处想,劲往一处使,用13亿人的智慧和力量汇集起不可战胜的磅礴力量。

中国梦归根到底是人民的梦,必须紧紧依靠人民来实现,必须不断为人民造福。

我们要坚持党的领导、人民当家做主、依法治国有机统一,坚持人民主体地位,扩大人民民主,推进依法治国,坚持和完善人民代表大会制度的根本政治制度,中国共产党领导的多党合作和政治协商制度、民族区域自治制度以及基层群众自治制度等基本政治制度,建设服务政府、责任政府、法治政府、廉洁政府,充分调动人民积极性。

我们要坚持发展是硬道理的战略思想,坚持以经济建设为中心,全面推进社会主义经济建设、政治建设、文化建设、社会建设、生态文明建设,深化改革开放,推动科学发展,不断夯实实现中国梦的物质文化基础。

我们要随时随刻倾听人民呼声、回应人民期待,保证人民平等参与、平等发展权利,维护社会公平正义,在学有所教、老有所得、病有所医、老有所养、住有所居上持续取得新进展,不断实现好、维护好、发展好最广大人民根本利益,使发展成果更多更公平惠及全体人民,在经济社会不断发展的基础上,朝着共同富裕方向稳步前进。

我们要巩固和发展最广泛的爱国统一战线,加强中国共产党同民主党派和无党派人士团结合作,巩固和发展平等团结互助和谐的社会主义民族关系,发挥宗教界人士和信教群众在促进经济社会发展中的积极作用,最大限度团结一切可以团结的力量。

各位代表!"功崇惟志,业广惟勤。"我国仍处于并将长期处于社会主义初级阶段,实现中国梦,创造全体人民更加美好的生活,任重而道远,需要我们每一个人继续付出辛勤劳动和艰苦努力。

全国广大工人、农民、知识分子,要发挥聪明才智,勤奋工作,积极在经济社会发展中发挥主力军和生力军作用。一切国家机关工作人员,要克己奉公,勤政廉政,关心人民疾苦,为人民办实事。中国人民解放军全体指战员,中国人民武装警察部队全体官兵,要按照听党指挥、能打胜仗、作风优良的强军目标,提高履行使命能力,坚决捍卫国家主权、安全、发展利益,坚决保卫人民生命财产安全。

一切非公有制经济人士和其他新的社会阶层人士,要发扬劳动创造精神和创业精神,回馈社会,造福人民,做合格的中国特色社会主义事业的建设者。

全国广大青少年,要志存高远,增长知识,锤炼意志,让青春在时代进步中焕发出绚丽的光彩。

香港特别行政区同胞、澳门特别行政区同胞,要以国家和香港、澳门整体利益为重,共同维护和促进香港、澳门长期繁荣稳定。广大台湾同胞和大陆同胞要携起手来,支持、维护、推动两岸关系和平发展,增进两岸同胞福祉,共同开创中华民族新的前程。广大海外侨胞,要弘扬中华民族勤劳善良的优良传统,努力为促进祖国发展、促进中国人民同当地人民的友谊做出贡献。

中国人民爱好和平。我们将高举和平、发展、合作、共赢的旗帜,始终不渝走和平发展道路,始终不渝奉行互利共赢的开放战略,致力于同世界各国发展友好合作,履行应尽的国际责任和义务,继续同各国人民一道推进人类和平与发展的崇高事业。

各位代表!中国共产党是领导和团结全国各族人民建设中国特色社会主义伟大事业的核心力量,肩负着历史重任,经受着时代考验,必须坚持立党为公、执政为民,坚持党要管党、从严治党,全面加强党的建设,不断提高党的领导水平和执政水平、提高拒腐防变和抵御风险能力。全体共产党员特别是党的领导干部,要坚定理想信念,始终把人民放在心中最高的位置,弘扬党的光荣传统和优良作风,坚决反对形式主义、官僚主义,坚决反对享乐主义、奢靡之风,坚决同一切消极腐败现象做斗争,永葆共产党人政治本色,矢志不移为党和人民事业而奋斗。

各位代表!实现伟大目标需要坚韧不拔的努力。全国各党派、各团体、各民族、各阶层、各界人士要更加紧密地团结在中共中央周围,全面贯彻落实中共十八大精神,以邓小平理论、

"三个代表"重要思想、科学发展观为指导,始终谦虚谨慎、艰苦奋斗,始终埋头苦干、锐意进取,不断夺取全面建成小康社会、加快推进社会主义现代化新的更大的胜利,不断为人类做出新的更大的贡献!

二、讲话背景

2012年11月29日,在全党全国上下认真学习贯彻党的十八大精神的热潮中,中共中央总书记、中央军委主席习近平和中央政治局常委李克强、张德江、俞正声、刘云山、王岐山、张高丽等29日来到国家博物馆,参观《复兴之路》基本陈列,回顾近代以来中国人民为实现民族复兴走过的历史进程,他在回顾中华民族的昨天、展示今天、宣示明天时,引用了前人的三句诗:"雄关漫道真如铁""人间正道是沧桑""长风破浪会有时"。号召全党同志承前启后、继往开来,把我们的党建设好,团结全体中华儿女把我们国家建设好,把我们民族发展好,继续朝着中华民族伟大复兴的目标奋勇前进。在这里习近平总书记首次就"中国梦"展开阐述。

2013年3月17日,第十二届全国人民代表大会第一次会议在人民大会堂举行闭幕会,中华人民共和国主席习近平在会上发表重要讲话。号召人们为实现"中国梦"而努力奋斗。这是习近平对中国梦的又一次全面阐述。在这次讲话中他用将近25分钟的发言,9次提到"中国梦",有关"中国梦"的论述更一度被掌声打断。可见"中国梦"的提出得到人们的赞誉。

习近平主席之所以提出"中国梦",是基于一定的国内、国际背景的。

从国内情况来看,我们经过新中国60多年的发展,特别是改革开放30多年的连续高速发展,已经在物质基础和综合国力方面打下了中华复兴的坚实基础。伴随着经济持续快速增长,我们在综合国力方面已从贫穷落后跃升为世界第二大经济体。这进一步激发了中华民族赶超世界强国的信心和不畏他国围堵、遏制而努力进取的斗志。

中国已在国际舞台上发挥越来越大的作用,为实现中国梦提供了物质保障。我国大多数工农业产品产量位居世界第一,已成为具有全球影响力的制造业大国。在人民生活方面,不仅用不足世界10%的耕地养活了占世界22%的人口,而且实现了人民生活从贫困到温饱再到总体小康的历史性跨越。近十年内办成了一系列大事、喜事和难事,如载人航天、北京奥运、上海世博、抗击非典、抗震救灾等。特别是随着中国加快转变经济发展方式,进一步完善民主制度,大幅增强文化软实力,全面提高公共服务水平,积极推进生态文明建设,加快推进国防和军队现代化建设,这些因素共同推进了中国自身的发展,为中国梦的实现提供更加有力的保障。但另一方面,我国正处于并将长期处于社会主义初级阶段的国情没有变,作为一个拥有13亿人口的巨大经济体,在迎来了连续快速发展的机遇期的同时,当然也进入了矛盾增多、爬坡、过坎的关键期。要保持快速、稳定发展,必须解决发展中存在的诸多问题,这是中国人的新的期望,正是基于此习近平主席提出了"中国梦"。

从国际环境看,中国经济总量和国际影响力扩大是近十年来最为显著的大趋势,一个强大且增长潜能依然深厚的大国崛起让世界各国对我国担忧甚至恐惧,一些国家限制、遏制我国发展的图谋没有改变,在世界的聚光灯下,中国在被竞争、被崛起。但尽管当前形势错综复杂,中国发展仍处于可以大有作为的重要战略机遇期,总体而言,经济全球化、政治多极化、文化多元化、社会信息化、科技高新化的趋势未变,国际力量对比朝着有利于维护世界和平的方向发展,这是"中国梦"的提出的国际环境。

三、主要内容

习近平关于"中国梦"的这两次讲话,内容十分丰富,其主要内容有以下四个方面:

(一)揭示了"中国梦"的本质内涵

习近平在这两次关于"中国梦"的讲话中,深刻地揭示了"中国梦"的本质内涵,即"实现中华民族伟大复兴,就是中华民族近代以来最伟大的梦想";"实现中华民族伟大复兴的中国梦,就是要实现国家富强、民族振兴、人民幸福";实现"两个百年"的目标;第一个是到中国共产党成立100周年时全面建成小康社会,第二个是到新中国成立100周年时建成富强民主文明和谐的社会主义现代化国家。

(二)指明了实现"中国梦"的路径

讲话指明了实现中国梦,"必须走中国道路,必须弘扬中国精神,必须凝聚中国力量"的途径,并具体论述了其内容。

实现中国梦必须走中国道路,这就是中国特色社会主义道路。当今中国之所以能够取得举世瞩目的成就,正是由于我们走出了一条中国特色社会主义道路。这条道路来之不易,必须珍惜,必须坚持走下去。全国各族人民一定要增强对中国特色社会主义的理论自信、道路自信、制度自信,坚定不移沿着正确的中国道路奋勇前进。

实现中国梦必须弘扬中国精神。这就是以爱国主义为核心的民族精神,以改革创新为核心的时代精神。这种精神是凝心聚力的兴国之魂、强国之魄。爱国主义始终是把中华民族坚强团结在一起的精神力量,改革创新始终是鞭策我们在改革开放中与时俱进的精神力量。全国各族人民一定要弘扬伟大的民族精神和时代精神,不断增强团结一心的精神纽带、自强不息的精神动力,永远朝气蓬勃迈向未来。

实现中国梦必须凝聚中国力量。这就是中国各族人民大团结的力量。中国梦是民族的梦,也是每个中国人的梦。只要我们紧密团结,万众一心,为实现共同梦想而奋斗,实现梦想的力量就无比强大,我们每个人为实现自己梦想的努力就拥有广阔的空间。全国各族人民一定要牢记使命,心往一处想,劲往一处使,用13亿人的智慧和力量汇集起不可战胜的磅礴力量。

(三)提出了"中国梦"归根到底是人民的梦

讲话提出"中国梦"归根到底是人民的梦。必须紧紧依靠人民来实现,必须不断为人民造福的思想。

"中国梦"之所以是人民的梦是因为人民是实现中国梦的主体,必须紧紧依靠人民来实现。人民群众是历史的创造者,"中国梦"的实现也要依靠亿万中国人民的努力奋斗。"历史告诉我们,每个人的前途命运都与国家和民族的前途命运紧密相连。国家好,民族好,大家才会好。"

"中国梦"之所以是人民的梦是因为它最终要落实到人民的幸福,必须不断为人民造福。人民怎样才能更加幸福呢？在生活上解决人民的民生问题。学有所教、劳有所得、病有所医、老有所养、住有所居。不断实现好、维护好、发展好最广大人民根本利益,使发展成果更多更公平惠及全体人民,在经济社会不断发展的基础上,朝着共同富裕方向稳步前进。人民梦不仅体现在经济方面实现小康,更体现在人民的尊严上,让我们的人民群众生活得更加有尊严,活得更加有自信,活得更加全面发展。使人民"共同享有人生出彩的机会,共同享有梦想成真的机会,共同享有同祖国和时代一起成长与进步的机会"。

（四）提出了"中国梦"也是世界的梦想

针对国际上一些人别有用心地鼓吹"中国威胁论",习近平以发展的眼光从历史的角度说明了中国梦的实现并不以牺牲他国利益为代价。相反,中国梦的实现会给世界带来更多的机遇,中国梦的实现将会更有力地推动世界梦的实现。中国梦的实现,不同于以往的大国崛起,而是基于中华民族爱好和平、珍惜和平、维护和平的优良传统、美好愿望和坚定意志,是以和平发展、科学发展为基本路径和基本方式,中国的发展不是建立在掠夺和侵犯他国利益的基础上,而是与其他国家和民族携手发展、和谐发展、共同发展、共享繁荣。

四、重要意义

（1）"中国梦"的提出给中国人民继续向前奋斗指明了方向。

"中国梦"实际上就是我国社会的共同理想,中国特色社会主义就是中国社会的共同理想。但对于很多普通老百姓来说,这种表达过于抽象,感觉距离自己的生活较远。所以,"中国梦"的提出,将中国特色社会主义共同理想的基本内容全部包含进去,并通过运用人民群众喜闻乐见,能够听得进去、记得住的话语表达出来,这样更加能激发中国社会奋勇前行的一种力量,给人们继续向前指出了明确的奋斗方向。

（2）"中国梦"的提出使民众把"个人梦"与"中国梦"联系起来。

"中国梦"这种深刻的政治理论的通俗表达,使这一理论成为家喻户晓、妇孺皆知,并得到广大民众的积极响应。"中国梦"是民族之梦,是个体之梦,既是对百余年来中华民族奋斗过程的历史概括,也是当下中国人对自己未来的期许。"中国梦"的提出使民众把"个人梦"与"中国梦"联系起来,把每个人的前途命运与国家、民族的前途命运紧密联系起来。民族复兴之梦,是我们每一个人的华彩梦想。

（3）"中国梦"的提出有助于解决现实社会中存在的危机。

由于经济发展与市场经济体制的逐步完善,社会生活的浮躁,我国社会出现了信仰危机、诚信危机和公信力危机等三大危机,这跟一部分人缺乏梦想、缺乏追求、缺乏理想密切相关,而

"中国梦"有助于解决三大危机,有助于使社会更加和谐友善。

(4)"中国梦"的提出使当代大学生把个人理想融入"中国梦"的实现中。

理想信念是人们对未来的向往和追求,是一个人世界观和政治立场在奋斗目标上的集中体现。人生理想决定着一个人的发展方向,大学生是祖国和民族的希望,是社会发展的关键力量。他们的理想信念、政治思想观念如何,直接关系着党的事业和社会主义建设的兴衰成败。大学生是"中国梦"的践行者。因此,大学生要把个人的理想信念引导到实现"中国梦"的道路上去,要在中华民族复兴的道路上实现个人价值,以个人理想的实现来推动中国梦的实现,把实现个人价值与中华民族伟大复兴结合起来。

参考文献

[1] 中组部,中宣部,中央编译局.马列主义经典著作选编学习导读[M].北京:党建读物出版社,2011.

[2] 刘树宏.试论列宁的青年共产主义理想信念教育思想——读《青年团的任务》有感[J].思想教育研究,2011(12):10.

[3] 王君.读陈独秀的《敬告青年》[J].民主与科学,2004(4):12.

[4] 王岳川.儒家经典重释的当代意义——《大学》《中庸》讲演录:1[J].西南民族大学学报,2007(194):5.

[5] 冯恩大.启蒙立场的民族主义宣言——梁启超《少年中国说》新解[J].济南大学学报,2008(5):32.

[6] 赵景云.英雄本色 儿女情长——林觉民《与妻书》赏析[J].新闻与写作,2006(5):32.

[7] 吉林大学社会科学丛刊编辑部.毛泽东著作选读介绍[J].吉林大学社会科学丛刊,1987(44):24.

[8] 宋贵伦,郭思敏.索我理想之中华——革命先驱诗文选粹[M].北京:北京十月文艺出版社,2001.

[9] 张石松.学习周恩来我的修养要则[J].党建研究,2010(10):26.

[10] 中共中央文献研究室.邓小平年谱(一九七五——一九九七):上,下[M].北京:中央文献出版社,2004.

[11] 桂昭明.当代中国青年知识分子的历史使命[J].学校党建与思想教育,1998(5):22.

[12] 瞿振元.继承五四传统,促进青年学生健康成长成才[N].光明日报,2009-05-07.

[13] 中共教育部党组.学习胡锦涛总书记在庆祝清华大学建校100周年大会上重要讲话精神[N].人民日报,2011-06-08.

[14] 陈晋.从中国道路到中国梦——学习习近平主席在第十二届全国人民代表大会第一次会议上的重要讲话[N].光明日报,2013-03-19.